LES GÉNÉRAUX

DE LA

RÉPUBLIQUE

OUVRAGES DU MÊME AUTEUR

EN VENTE A LA MÊME LIBRAIRIE

La République des États-Unis et la France, 1 vol. in-8 carré..	1 »
Kléber, 1 vol. in-8 carré............................	1 10
Hoche...	1 10
Hoche en Vendée, 1 vol. in-32.......................	0 50
Marceau, 1 vol. in-8 carré...........................	1 10
Le général F.-S. Marceau, sa Vie, sa Correspondance, d'après des documents inédits, un magnifique volume in-8 raisin, orné d'une eau-forte, d'un fac simile d'autographe et de cartes............	7 50

EN PRÉPARATION :

Hoche, sa Vie, sa Correspondance, deux volumes in-8 raisin, avec portrait à l'eau-forte, autographe, cartes, etc. . . . .

LES GÉNÉRAUX
DE LA RÉPUBLIQUE

KLÉBER, HOCHE, MARCEAU

PAR

HIPPOLYTE MAZE

SÉNATEUR

LIBRAIRIE D'ÉDUCATION DE LA JEUNESSE

14, Rue de l'Abbaye, 14

PARIS

LA PREMIÈRE GÉNÉRATION

DES SOLDATS DE LA RÉVOLUTION

Il y a dans la première époque de la Révolution toute une génération de soldats que la France ne connaît pas assez ; on s'imagine encore trop souvent que, dans les guerres de ce temps, il n'y a eu qu'un seul homme vraiment digne de mémoire, Bonaparte, comme s'il avait seul conduit ces luttes héroïques, comme s'il n'avait pas été précédé d'une pléiade de grands hommes, comme si c'était lui qui avait sauvé la France en 1792 et même en 1799! C'est, du reste, grâce surtout à Bonaparte lui-même, à ses courtisans et à ses panégyristes que les premières et plus pures gloires militaires de la Révolution sont restées dans l'ombre ; il faut réagir contre cette iniquité et d'autant plus qu'elle constitue un vrai péril politique ; elle élève un homme seul aux dépens de tous ses rivaux et elle nous prive des exemples qui pourraient être les plus utiles à la patrie ; nous voudrions remettre en lumière quelques-uns de ces soldats, de ces généraux qui furent les dignes ancêtres de la République.

« Il y avait, a dit excellemment M. Lanfrey[1], il y avait dans

[1] Histoire de Napoléon Ier, Tome II, chap. v. Nous ne saurions trop recommander ce beau livre dans lequel Napoléon a été, selon nous, jugé pour la première fois à sa juste valeur. — L'auteur a très habilement mis à profit la publication de la correspondance impériale et une foule d'autres documents ou travaux récents que M. Thiers n'avait pas eus à sa disposition.

« ces fils de la Révolution quelque chose de plus que des mili-
« taires. Associés à toutes les idées de leur temps, ils en
« partageaient les grandes ambitions; ils ne se regardaient
« comme étrangers à aucune des questions qui intéressaient ou
« passionnaient leur pays. Venus au milieu d'une tourmente
« sans exemple, ils ont vu leur patrie déchirée par les factions,
« mais ils ne l'ont connue que libre et ne se sont inclinés que
« devant la Loi. Ce n'est pas eux qu'on eût jamais vu vendre
« leur dignité et leur indépendance de citoyens au prix d'un
« bâton de maréchal ou se courber docilement sous leur égal
« devenu leur maître. Il est aussi difficile de les supposer ser-
« viteurs satisfaits sous un joug doré, que de concevoir Mirabeau,
« Danton ou Vergniaud dans l'assemblée des muets. On sent
« dans tout ce qui reste d'eux une âme plus haute, une race
« plus forte qui dépasse de cent coudées toute cette cohue des
« hommes spéciaux de l'Empire qui, hors du champ de bataille,
« n'avaient plus ni cœur, ni idées. Ils ne servirent la même
« cause ni ne cherchèrent les mêmes honneurs, car ils vécurent
« et moururent pauvres; mais, puisque la Révolution devait
« finir par tomber dans la main des soldats, il est à jamais
« regrettable que ceux-là qui étaient de grands citoyens, en
« même temps que de grands capitaines, n'aient pas été appe-
« lés à influer plus puissamment sur ses destinées. » Dans cette
fière génération de soldats que M. Lanfrey dépeint avec tant
de vérité et d'éloquence, il y a un homme auquel le jugement
de l'historien s'applique d'une façon plus spéciale peut-être et
dans lequel se sont véritablement incarnées les vertus républicaines: c'est Kléber [1].

[1] Nous croyons avoir consulté sur Kléber à peu près tout ce qui mérite de l'être, soit comme documents, soit comme publications; l'on n'a pas beaucoup écrit sur ce grand homme; deux livres cependant doivent être signalés ici: 1° *Kléber et Marceau* par Claude Desprez, Paris, Dumaine 1857; 2° *Kléber, sa vie, sa correspondance*, par le général Pajol, Paris, Didot, 1877; ce dernier travail, dû au fils d'un aide-de-camp de Kléber et composé par un militaire, est surtout fait pour l'armée à laquelle il est dédié, mais il contient les documents les plus nombreux, les plus intéressants et nous y avons largement puisé. H. M.

A LA MÉMOIRE DE MON PÈRE

LE COMMANDANT LOUIS MAZE.

H. M.

KLÉBER

Falsum stare non potest.
Le mensonge ne peut durer.
KLÉBER.

1763 — J.-B. KLÉBER — 1800

KLÉBER

I

LA JEUNESSE DE KLÉBER

Dès ses origines, la vie de Jean-Baptiste Kléber présente plus d'un attrait à la France contemporaine. Ce héros sortait des derniers rangs du peuple et c'était un enfant de l'Alsace; il naquit à Strasbourg au milieu du règne de Louis XV, le 9 mars 1753; son père était tailleur de pierres; il vint au monde avec une magnifique constitution; dès son jeune âge, il fut remarqué par un puissant personnage qui avait connu et employé son père, le cardinal évêque de Strasbourg, Rohan; le célèbre prélat le présenta même au gouverneur d'Alsace, marquis de Contades: « Forte nature! » s'écria celui ci; l'homme devait mériter en tous sens cette appréciation portée sur l'enfant.

Le futur général faillit être architecte. Il avait perdu son père presque en venant au monde; sa mère, encore très jeune et fort jolie femme, s'était remariée avec un riche charpentier, entrepreneur de bâtiments; ce M. Burger était déjà veuf lui-même et avait plusieurs enfants. Kléber s'entendit mal avec lui; on le mit en pension chez un curé de village; il y travailla, mais se montra si rebelle à l'enseignement religieux du vieux prêtre que celui-ci le rendit à sa famille; dans l'atelier de son beau-père, il prit goût au dessin et aux sciences exactes; dès qu'il sut quelque chose, on l'envoya étudier l'architecture à Munster, puis à Paris même, aux cours du célèbre Chalgrin: il resta peu de temps dans la capitale et ce séjour ne paraît pas avoir exercé sur lui une grande influence; il était, du reste, fort jeune encore et très enclin au plaisir; il n'avait guère que dix-sept ans quand ses parents crurent devoir le rappeler à Strasbourg.

M. Burger le pressait de se tirer d'affaire; il hésitait encore sur le choix d'une profession et ne savait trop que devenir; une circonstance bizarre décida tout à coup de sa destinée.

Un jour, il était avec quelques camarades dans une brasserie; entrent des Bavarois de passage dans la ville; on cause; soudain, la conversation s'anime: on s'échauffe; une querelle éclate entre Français et Allemands. N'écoutant que sa générosité naturelle, Kléber qui donne raison aux Bavarois prend parti pour eux; son attitude inspire à ces étrangers estime et reconnaissance. Rentrés dans leur pays, ces Bavarois parlent de leur courageux défenseur et lui font bientôt offrir une bourse à l'Ecole des Cadets de Munich; la France se trouvait alors en paix avec l'Allemagne; Kléber était dans une situation plus que précaire; il accepte.

A Munich, il se distingue; ses maîtres le remarquent assez pour le présenter comme un de leurs plus brillants sujets au prince de Kaunitz, fils du premier ministre d'Autriche: sa personne, ses talents frappent le prince qui lui confie d'abord quelques travaux de dessin, lui fait faire plusieurs voyages à Vienne, puis lui propose un grade dans son régiment; le voilà enseigne et bientôt sous-lieutenant autrichien en garnison à Mons, à Luxembourg et à Malines; ainsi, le général français et républicain qui devait porter de si rudes coups au vieil empire germanique allait apprendre en Autriche le métier des armes. Chose étrange! C'est près de Mons, sa première garnison, qu'il retrouvera, en 1794, Kaunitz à la tête de l'armée impériale et qu'il le battra.

Cependant, malgré la bienveillance de son protecteur, Kléber ne pouvait espérer dans les armées de l'Allemagne qu'un avancement fort limité : là, plus encore que dans le reste de l'Europe, les grades supérieurs étaient réservés à l'aristocratie et le fils du tailleur de pierres n'avait pas de parchemins à faire valoir ; en contact quotidien avec la noblesse autrichienne sur les bancs de l'École de Munich, puis au régiment, il n'avait point appris à s'incliner devant elle ; il avait ferraillé avec plusieurs de ses collègues qui ne s'étaient pas montrés très courtois envers lui ; d'autre part, il lui coûtait de servir à l'étranger ; il avait espéré du moins faire campagne d'abord contre les Turcs puis contre la Prusse et deux fois ses espérances avaient été déçues ; il donna sa démission pour rentrer en France[1]. Kaunitz et le prince de Wurtemberg, colonel du régiment où servait le jeune officier, avaient inutilement essayé de le retenir ; c'était bien un Français que ce Strasbourgeois enrôlé par hasard sous les drapeaux de l'Autriche ; c'était bien aussi un homme de son temps, un enfant du dix-huitième siècle que ce plébéien indigné des privilèges de l'aristocratie ; mais ces privilèges furent une fois, du moins, bons à quelque chose, puisqu'ils contribuèrent à nous rendre Kléber.

A Strasbourg, Kléber retrouva la gêne ; il vécut de quelques travaux d'architecture et d'un petit emploi[2] que sa mère lui procura à Belfort. Il passa six ans dans cette ville ; on y montre encore un petit pavillon qu'il s'était construit et qu'il habita de 1783 à 1789.

Il fit là des travaux intéressants ; en 1785, il fut question de tranférer l'Hôtel-Dieu de Paris dans l'île des Cygnes ; le roi ordonna à l'Académie des sciences d'examiner les différents projets qui seraient présentés. Kléber prépara un plan et avec d'autant plus de zèle qu'il espérait le voir exécuter à Belfort en petit, quand même l'Académie ne le goûterait pas ; l'intendant d'Alsace, M. de la Galaisière, un véritable ami de l'art et

---

[1] 1783.

[2] Celui d'inspecteur des bâtiments publics dans la Haute-Alsace ; Kléber y fut nommé par M. de la Galaisière, intendant de la province, qui le prit en affection, mais son nouveau poste ne lui donnait pas d'appointements fixes.

des artistes, lui avait fait, à cet égard, des promesses formelles; Kléber consacra plus d'une année à ce travail que des connaisseurs jugèrent fort beau et dont la Révolution seule empêcha l'exécution[1].

C'est encore lui qui fit bâtir le château de Grandvillars, l'hôpital de Thann et surtout les maisons des chanoinesses de Massevaux chez lesquelles on prétend que le jeune architecte n'était pas seulement attiré par son art[2].

Cependant, Kléber trouvait du temps pour se livrer à de fortes études littéraires et philosophiques : il lisait les Anciens, les Latins dans le texte même; les grands hommes de la Grèce et de Rome l'attiraient invinciblement : Plutarque et Quinte-Curce faisaient ses délices; il était sensible aux douceurs de l'amitié; il se liait intimement et pour la vie avec quelques jeunes gens de Belfort, surtout avec les frères Lubert de Héricourt dont l'un devint son médecin et l'autre son biographe; il prenait en même temps un vif intérêt aux querelles du Parlement et de la cour; il se passionnait pour d'Epresmenil; les patriotiques efforts de Necker l'enthousiasmaient; il était de ceux qui souhaitaient ardemment la convocation des États-Généraux; il lisait, il dévorait tout ce qui avait trait à ce grand sujet; ses idées étaient toutes républicaines; il faisait et défaisait avec ses amis Lubert des plans de constitution.

Durant ces années de jeunesse, tant en France qu'à l'Étranger, il faut beaucoup chercher pour trouver dans la vie de Kléber des taches même légères, de l'imprévoyance, certains goûts de dépenses, quelque vanité peut-être; les femmes y tinrent une certaine place; Kléber était remarquablement beau et il avait un tempérament de feu. Qu'on s'imagine une constitution vraiment athlétique, une taille de six pieds, une tête forte, large, superbe, un regard franc, fier, d'une ardeur extraordinaire, d'épais sourcils, une bouche expressive, des dents très blanches, une magnifique chevelure blonde ombrageant le front et retombant en longues boucles jusque sur le cou, un profil d'une admirable pureté, une poitrine qui semblait appeler l'uniforme, une voix faite pour le commandement, tout un

---

[1] Ce travail fut déposé en 1792 aux archives du département du Haut-Rhin.
[2] Lubert de Héricourt, *Vie du Général Kléber*, Paris, 1801.

ensemble à la fois vigoureux, élégant et soigné; tel était ce jeune homme; on comprend qu'il eût de médiocres dispositions pour la vie monacale et qu'il attirât l'attention du sexe féminin; il n'en faut pas moins écarter, comme ridicule et odieuse, la fable qui l'a fait passer pour le favori de l'impératrice pendant son séjour en Autriche; Marie-Thérèse avait alors plus de soixante ans; le brillant officier en avait vingt-trois. S'il eut quelques aventures de jeunesse, elles furent honorables; il rappela toujours avec plaisir une affaire de cœur qui lui valut un duel étrange. C'était à Besançon, au retour de Paris; un rival malheureux, Doney, après l'avoir provoqué, refusa tout à coup de se battre; contraint par Kléber de venir sur le terrain, Doney fut blessé; alors il se vengea misérablement en faisant emprisonner son vainqueur par le commandant de la place; indignée, la jeunesse bisontine alla en masse réclamer l'élargissement de Kléber, l'obtint et fit au prisonnier délivré une véritable ovation. Il y a des hasards étranges : le lâche Doney devait émigrer au début de la Révolution; son adversaire sera l'une des gloires de la République.

II

LA RÉVOLUTION

KLÉBER A MAYENCE

La Révolution éclate; Kléber embrasse sa cause avec ardeur; il prend part à la rédaction des cahiers de Belfort et de quelques communes voisines; il joue un rôle actif et utile dans les élections aux États-Généraux; enrôlé dans la garde nationale dès le mois de juillet 1789, il se fait bientôt remarquer. Un jour, les soldats avinés de Bouillé se répandent dans la ville et se livrent à une manifestation séditieuse : Vive le roi, s'écrient-ils; au diable la nation ! Ceints de leur écharpe, les magistrats municipaux essayent de faire rentrer les révoltés dans le devoir; ils sont insultés, menacés. Témoin de cette scène odieuse, Kléber met le sabre au poing, fait un rempart de son corps aux magistrats, appelle aux armes ses camarades, provoque en duel les officiers de M. de Bouillé. Un peu plus tard, a lieu une démonstration démagogique; les gardes nationaux y prennent part; Kléber refuse de s'y associer. Ainsi donc, il se montre dévoué aux idées de la Révolution, mais ennemi des violences ; c'est l'un de ces esprits si rares, surtout dans les temps de troubles, qui ne se laissent point entraîner aux extrêmes, qui savent dominer la tourmente de leur libre jugement, de leur ferme bon sens ; aux jours les plus orageux de notre histoire et dans l'âge où les emportements de la passion se comprennent si aisément, Kléber fut l'un de ceux-là : honneur à lui ! Ni jacobin, ni royaliste, républicain, tel il nous apparaît dès le début de sa carrière ; tel il restera toute sa vie.

1792, la grande année, commence ; la France est envahie. Dès le mois de janvier, Kléber s'enrôle au quatrième bataillon des volontaires du Haut-Rhin. La loi qui organisait ces bataillons créait dans chacun d'eux un poste d'adjudant-major ; des amis demandent ce grade pour Kléber au général Wimpfen ; ils l'obtiennent ; le nouvel adjudant-major rejoint son corps à Ribeauvilliers, près de Colmar ; il débute sous les ordres du colonel Guittard[1]. Ce vieil officier royaliste presqu'octogénaire était un homme instruit, distingué ; plusieurs des généraux les plus illustres de la République eurent ainsi la bonne fortune d'entrer dans la carrière sous des chefs d'une véritable valeur qui avaient longtemps appartenu à l'ancienne armée et conservé ses plus nobles traditions, tout en mettant leur épée au service de la Révolution ; Hoche fut l'élève du général Le Veneur, Kléber celui du colonel Guittard ; la France doit un souvenir à ces vétérans de la monarchie qui furent les dignes maîtres de nos jeunes généraux républicains.

Guittard, qui a discerné de suite toute la valeur de son adjudant-major, lui laisse prendre de l'autorité. Kléber inspire confiance aux chefs et aux soldats : en peu de mois, il fait de son bataillon l'un des meilleurs de l'armée, l'un de ceux qui devaient s'illustrer en Vendée et sur le Rhin ; en même temps, il cherche à préserver de toutes violences les prêtres non assermentés contre lesquels l'opinion publique était alors fort surexcitée, spécialement dans l'Est : « Je ne suis, disait-il, ni « pour Baal, ni pour le Dieu d'Israël, mais j'ai horreur des

---

[1] Le fils de ce colonel Guittard fut membre de presque toutes les assemblées politiques de la Révolution.

« persécutions. » Du reste, sa conduite fut telle qu'il s'attira l'estime de tous les partis et, quand il dut partir avec son bataillon pour le département de l'Ain, il laissa d'unanimes regrets à Ribeauvilliers,

Ses talents, ses services furent bientôt récompensés; en quelques mois, il devint lieutenant-colonel; l'avancement était rapide alors; on se moquait beaucoup à Coblentz et à Mayence, dans l'état-major de la coalition et parmi les émigrés, de ces enfants du peuple transformés si vite en capitaines, en colonels, en généraux; la raillerie était commode; ce qui l'était moins, c'était de trouver dans la plus horrible tourmente, avec la guerre civile au dedans et en face de soi l'Europe coalisée, des hommes capables de sauver la patrie envahie; il fallait choisir vite et bien. On commit des erreurs; qui le nie? Mais on peut s'être trompé quelquefois, quand on a tiré de la foule des hommes de guerre comme Kléber, Hoche, Marceau, Jourdan, Masséna, Desaix, Joubert, Bonaparte lui-même et qu'avec eux on a sauvé la France !

Kléber fit avec Custine une pointe en Allemagne qui aurait pu être une heureuse témérité, puis il se trouva enfermé avec son bataillon dans Mayence. Doyré et Munier avaient ordre de défendre à tout prix cette place d'une importance capitale; le belliqueux conventionnel Merlin de Thionville dirigeait les travaux; il déployait la plus grande bravoure et se montrait encore plus soldat que représentant du peuple; Kléber fut son collaborateur dans cette rude tâche; grâce à lui, par la capture d'un convoi considérable de bestiaux et de grains, dans la nuit du 5 au 6 avril, Mayence fut réapprovisionnée pour quelques semaines; le 30 mai, il était à la tête de la division qui surprit le roi de Prusse et faillit le ramener prisonnier; il vécut là quatre mois, sous une voûte de feu, ignorant si la France existait encore, assistant à toutes les sorties, résistant à toutes les attaques, soutenant la garnison contre les horreurs de la famine et contre les nouvelles mensongères que les Prussiens nous transmettaient dans *de faux Moniteurs;* c'est là qu'il se lia avec les Aubert Dubayet, les Marigni, les Vidalot, ses généreux émules; vingt fois, ils jouèrent ensemble leur vie; Merlin appelait cette défense de Mayence l'Iliade Kléber.

Quand on eut épuisé les bombes et les boulets, quand il ne resta plus un grain de poudre, quand, après avoir dévoré les chevaux morts et les rats des égouts, l'on se trouva en face de la plus atroce famine, il fallut bien se rendre.

Tous les honneurs de la guerre furent accordés aux vaillants défenseurs de la place; on n'exigea d'eux que le serment de ne point servir d'une année contre les alliés. Cependant, il y avait eu capitulation; Kléber fut traduit avec ses collègues devant la Convention; à Mayence, ils s'étaient conduits en héros; à Paris, on les accusait de lâcheté; Kléber était indigné : « Oui, disait-il, nous sommes *les*
« *lâches de Mayence;* cette épithète qui nous a été donnée
« par des hommes qui ne savent ce que c'est que la valeur,
« nous la porterons et nous saurons en faire un titre de
« gloire. »

L'irritation de Kléber se conçoit; toutefois, la Convention remplissait son devoir en examinant de près la conduite de nos généraux, en se montrant sévère pour eux alors que l'ennemi était sur le sol national. *Les lâches de Mayence* devaient au reste se justifier aisément : le 29 juillet, ils comparaissaient; le 4 août, après avoir entendu Merlin de Thionville retracer avec émotion, avec éloquence, dans le langage le plus patriotique, les luttes et les souffrances de ses compagnons d'armes, la grande assemblée rendait par acclamations, aux applaudissements de la France, cette sentence que l'Histoire a confirmée : « L'armée de Mayence a bien mérité de la Patrie ! »

Moins heureux, Custine, mis aussi en jugement, devait, peu après, monter à l'échafaud; il avait commis des fautes et peut-être eût-il pu empêcher la capitulation de Mayence; Kléber n'en fit pas moins les plus généreux efforts pour le sauver quand il comparut, comme témoin, avec ses collègues, dans le procès; pour paraître impartial, il adressa cependant une critique au général; il lui reprocha d'avoir laissé le commandement de Francfort à un incapable. Custine se hâta de répondre :
« Cela est vrai, mais je n'avais pas le choix et si j'avais connu
« alors le témoin que je déclare être un des plus éclairés et
« des plus braves officiers des armées de la République, c'est
« lui qui aurait commandé à Francfort, et Mayence serait

« encore au pouvoir des Français. » Il faut également louer la conduite de Kléber envers Custine et remarquer l'éloge si désintéressé que l'infortuné général faisait de lui dans un tel moment.

III

KLÉBER EN VENDÉE

Promu chef de brigade à Mayence[1], Kléber fut, peu de temps après, nommé général[2] et envoyé en Vendée; il allait y soutenir une lutte terrible et bien douloureuse.

Là, en effet, on se battait frères contre frères et, quelle que fût l'issue des combats, c'était uniquement le sang français qui coulait; nos généraux étaient en butte aux périls les plus divers et les plus multipliés; cette guerre de partisans, toute nouvelle pour eux, était féconde en incidents redoutables et imprévus; il y fallait une fermeté, une vigilance inouïes. Irritée de la résistance prolongée des Vendéens, placée entre ce foyer d'opposition au dedans et la coalition européenne au dehors, la Convention imposait en quelque sorte à ses généraux l'obligation de vaincre; c'était pour elle et pour la France une nécessité de salut public; la disgrâce, la prison, la mort même attendaient le général vaincu; il fallait choisir entre la guillotine et la victoire; même hors du champ de bataille, le danger était immense;

[1] 6 avril 1793. — [2] 17 août.

né pas se montrer impitoyable, c'était se faire accuser de connivence avec les révoltés; déployer de l'énergie, c'était s'exposer au reproche d'inhumanité, souiller sa réputation, sa mémoire; nulle part, pendant les guerres de la Révolution, le commandement ne fut plus difficile à exercer. Bonaparte recula devant cette tâche; désigné pour la Vendée, il y alla, examina la situation et, presque aussitôt, demanda son rappel; Kléber resta et fut à la hauteur de sa mission; dans cette grande tâche, il ne devait avoir qu'un égal ou même un maître; ce fut Hoche.

L'insurrection Vendéenne s'était fortement organisée; elle avait des chefs habiles, hardis, redoutables; après s'être bien défendue, elle attaquait; elle venait d'occuper Saumur et Angers; elle menaçait Nantes; le danger parut si grand à la Convention qu'elle fit transporter en poste l'armée de Mayence dans l'Ouest.

Aussitôt désigné pour la Vendée, à Paris même, avant son départ, Kléber s'entoure de renseignements, interroge tous ceux qui peuvent lui donner un conseil utile, prend sur le pays où il va commander les informations les plus exactes, prépare enfin sa campagne avec un soin minutieux.

A peine arrivé[1], il justifie l'ovation que lui ont faite les Saumurois en remportant un premier succès à Saint-Léger[2] et en assurant la prise de Montaigu; malgré d'excellentes dispositions, il est battu à Torfou[3]; il n'avait que deux mille hommes à mettre en ligne contre vingt ou vingt-deux mille; il eût cependant été vainqueur sans une terreur panique qui s'empara de ses soldats au moment où ils étaient maîtres des positions de l'ennemi; grièvement blessé à l'épaule, pendant qu'on le panse, sur le champ de bataille même, il rédige son rapport et il écrit à son collègue Beysser : « Ma blessure est sans danger. Si « j'avais été victorieux, je serais resté quelques jours pour la « soigner; j'ai été battu; je m'empresse à chercher ma re- « vanche. » Des journaux l'accusent de s'être laissé surprendre; il se défend de ce reproche avec la dernière énergie, avec la fermeté et l'autorité d'un homme dont la conscience est en repos; il renvoie les calomniateurs à son rapport et il ajoute : « Tout général peut être battu et il peut n'y avoir point de sa

---

[1] 10 septembre 1793. — [2] 16 septembre. — [3] 19 septembre.

« faute; mais rien n'excuse une surprise, surtout dans un pays
« qui, par sa nature, indique, si impérieusement, combien il est
« nécessaire d'être éclairé dans sa marche. » C'était parler en
chef qui connaît ses devoirs et mesure l'étendue de sa responsabilité.

Cependant, comme il vient de l'annoncer, Kléber prépare sa revanche; à Torfou, il a perdu son artillerie; le brave général Canclaux lui propose de la remplacer; il refuse; il entend que ses soldats reprennent à l'ennemi leurs canons; ils la reprennent en effet et participent de la façon la plus brillante aux journées des Treize-Septiers et de Saint-Christophe[1]. Après celle des Treize-Septiers, Kléber est un moment chargé du commandement en chef; mais il se trouve bientôt replacé sous les ordres d'un homme aussi ignorant qu'incapable, sorte de héros de club, ce Léchelle dont la tactique devant l'ennemi se résumait en ces mots : « S'avancer majestueusement et en masse »; à ses ordres ridicules, Kléber opposait des plans habilement et mûrement conçus. « Majestueusement et en masse, » répétait Léchelle; avec cette formule, il avait réponse à tout. Commandés par un tel chef, nos soldats ne pouvaient qu'être vaincus; Kléber remporta, malgré son général, on peut le dire, la victoire de Cholet[2] après laquelle il fut nommé général de division, mais il ne put conjurer notre défaite à Laval; dans cette journée, Léchelle se montra inintelligent comme toujours et, de plus, lâche; il fut jeté en prison; admirons la constance de Kléber qui supporta avec une patience toute patriotique les fautes et les perpétuels excès de langage, les accusations même de cet inepte personnage, respectant jusqu'au bout en lui son général et calmant la légitime irritation des soldats. Malheureusement, on remplaça d'abord Léchelle par des hommes qui ne valaient guère mieux : Westermann, soldat énergique, il est vrai, mais plein de forfanterie et sans mesure, puis Rossignol, moins confiant en lui-même, aussi dépourvu de vrais talents militaires. Nous fûmes encore battus à Antrain[3]; il était temps de réparer toutes ces fautes; la Convention eut la main plus heureuse en donnant sa confiance à un jeune homme qui avait déjà rempli avec une rare distinction

---

[1] 6 et 15 octobre 1793. — [2] 17 octobre 1793. — [3] 22 novembre 1793.

les fonctions de chef d'état-major par intérim sous les ordres de Léchelle; il se nommait Marceau.

C'était Kléber lui-même qui avait conseillé d'appeler Marceau au commandement en chef; avec un désintéressement admirable, il avait désigné son collègue beaucoup plus jeune d'âge et de services : « J'étais l'ami de Marceau, écrivait-il alors; « j'étais certain qu'il n'entreprendrait rien sans s'être concerté « avec moi. Il était jeune, actif, plein d'intelligence, de cou- « rage, et d'audace; plus froid que lui, j'étais là pour contenir « sa vivacité si elle l'avait entraîné au delà des bornes. Nous « prîmes ensemble l'engagement de ne point nous quitter, jusqu'à « ce que nous eussions ramené la victoire sous nos drapeaux. » Union touchante de deux belles intelligences, de deux grands caractères dans lesquels s'incarnait le génie de la Patrie! Kléber et Marceau se donnant la main, combattant ensemble pour le salut de la Révolution et de la France, voilà l'un des plus émouvants spectacles qui aient jamais été donnés aux hommes! Marceau disait à son généreux émule : « Je garde « la responsabilité; je te laisserai, à toi, les moyens de sauver « l'armée. »; Kléber répondait : « Sois tranquille; nous nous « battrons et, au besoin, nous nous ferons guillotiner ensemble.» Eh quoi! ces nobles têtes furent donc menacées! Oui; profitant des orages déchaînés sur la patrie, des misérables dénoncèrent les deux héros et les réduisirent à se justifier! Quel est cet homme enveloppé dans son manteau qui se dirige par une nuit sombre vers la tente du représentant Prieur de la Marne? A cette haute stature, à cette allure martiale, je reconnais Kléber; des éclairs luisent dans ses yeux; il marche à pas pressés. Va-t-il communiquer quelque plan de bataille au délégué de la Convention? Non; il vient se défendre; il a été signalé comme suspect au Comité de Salut public et Prieur n'a pas craint d'annoncer à Marceau qu'il allait le traduire en jugement. Il pénètre dans la tente de Prieur et, de cette voix qui avait par moments, a dit Bonaparte, les éclats du tonnerre, il rappelle ses services, démontre l'inanité des calomnies dirigées contre lui, étonne, émeut le conventionnel. « Allons, « Kléber! allons, s'écrie Prieur convaincu de son erreur et « désarmé, vive la République! ». « Elle vit toujours dans « mon cœur », répond le général et il se borne à ajouter en

racontant lui-même ce dramatique incident : « Je sortis pour
« me placer à la tête de ma troupe qui allait se mettre en
« marche. » Que de simplicité! Que de dévouement! Ni chez
les Anciens, ni chez les Modernes, il n'y a de scène plus dramatique, plus grandiose; nulle part le patriotisme n'éclate en
traits plus saisissants. Toutefois, en admirant Kléber, gardons-nous bien de prendre parti, en principe au moins, contre ces
délégués de la Convention, si ardents et si passionnés qu'ils
fussent; nous partageons absolument l'avis de M. Thiers :
« La passion n'est jamais ni sage, ni éclairée, mais c'est la
« passion seule qui peut sauver le peuple dans les grandes
« extrémités... Ces Jacobins fougueux, répandus dans les
« armées, les troublaient souvent, mais ils y communiquaient
« cette énergie de résolution sans laquelle il n'y aurait eu ni
« armement, ni approvisionnements, ni moyens d'aucune
« espèce. » Ils furent parfois d'une révoltante injustice, mais
ils ne permettaient ni les faiblesses ni les hésitations et leur
ardeur extraordinaire, se combinant avec la prudence d'hommes
plus calmes, produisit à la fin les résultats les plus heureux,
assura le salut de la patrie.

Kléber et Marceau répondirent par d'éclatants succès aux
accusations dont ils étaient l'objet. Après avoir imposé, non
sans peine, leur plan de bataille aux Représentants, ils remportèrent, le 23 décembre, à Savenay, une victoire décisive. Un
moment, nos grenadiers fléchirent; Kléber accourut : Général,
nous n'avons plus de cartouches, lui dit-on. — « Eh! répond
« Kléber, ne sommes-nous pas convenus hier que nous écrase-
« rions l'ennemi à coups de crosses? » Il fait alors avancer de
nouvelles forces; il charge à droite, Marceau au centre et
Canuel à gauche; le cri de vive la République! retentit sur
toute la ligne; les Vendéens prennent la fuite. « Équipages,
« canons, tout tombe en notre pouvoir et pour cette fois la
« destruction de l'armée est certaine[1]. »

Les vainqueurs entrèrent en triomphe à Nantes; la population tout entière alla à leur rencontre et comme les délégués
de la Convention s'indignaient de ces manifestations, s'en
allaient répétant « qu'elles puaient à plein nez l'ancien régime, »

---

[1] Rapport de Kléber.

que c'étaient les soldats seuls qui gagnaient les batailles, Kléber s'écriait sans s'humilier, mais avec une modestie capable de désarmer les critiques les plus prévenus et dans un langage digne de ces temps héroïques : « Ce sont les armées, c'est-à-« dire les officiers et les soldats qui font triompher la Répu-« blique. Marceau et moi nous n'acceptons cette couronne « que pour l'offrir à nos camarades et l'attacher à leur drapeau. » Kléber n'était pas, ne devait jamais être de ces capitaines qui se dressent un piédestal de leurs services et ne songent qu'à exploiter leurs victoires, à mettre sous leurs pieds les instruments de leur gloire; comme presque tous ses collègues, dans la première époque de la Révolution, il était plein d'une admiration sincère pour ses soldats; il voyait en eux ce qu'ils étaient véritablement, la France en armes; leurs souffrances, leur abnégation, leurs vertus avaient en lui un témoin attentif, ému, reconnaissant.

La gloire acquise par Kléber en Vendée serait bien incomplète si le brillant général n'avait été dans une telle guerre que général, s'il ne s'était pas souvenu qu'il luttait contre des Français; tout en faisant son devoir, jamais Kléber n'étouffa en lui la voix de la nature, de l'humanité; il était sincèrement ému des malheurs auxquels s'exposaient volontairement les Vendéens, tristement frappé du contraste de leur pays si calme, si riche, si beau et des calamités que la guerre attirait sur lui. Au moment même où il prenait possession de son commandement, il avait écrit : « En passant devant le beau lac « de Grand-lieu, nous avions des paysages charmants et des « échappées de vue aussi agréables que multipliées. Sur une « prairie immense, erraient au hasard de nombreux troupeaux « abandonnés à eux-mêmes. Je ne pus m'empêcher de gémir « sur le sort de ces infortunés habitants qui, égarés et fanati-« sés par leurs prêtres, repoussaient les bienfaits d'un nouvel « ordre de choses pour courir à une destruction certaine. » En toute circonstance, par ses conseils et par son exemple, il s'efforça de modérer les emportements du soldat; il punissait de mort les incendiaires; il donnait les ordres les plus sévères pour que les réquisitions se fissent en épargnant le plus possible l'habitant; il ne craignit pas de manifester hautement son horreur pour les violences de Carrier; dans la journée de

Cholet, comme le trop fameux commissaire de la Convention reculait : « Laissez passer le représentant Carrier, s'écriait-il ; « rejetez-le sur les derrières ; il tuera après la victoire ! » Il voulait concentrer la lutte sur quelques points et épargner le reste du pays ; en un mot, il ne se montra pas moins humain que brave et qu'habile ; dans des circonstances si difficiles, il sut sauvegarder à la fois son honneur d'homme et son honneur de soldat. Envoyé à Nantes, il profita de son séjour dans cette ville pour méditer sur les moyens de terminer promptement, en versant le moins de sang possible, cette douloureuse guerre ; il ne se faisait pas d'illusions sur sa gravité ; chargé de remplacer, à Châteaubriand, Marceau qui était tombé malade, il disait après avoir remporté quelques nouveaux succès : « N'exagé- « rons pas nos victoires ; les chouans se riraient de notre jac- « tance. J'ai reçu d'eux beaucoup de coups de fusil qui ont « porté. J'ai riposté et je n'ai pas eu le bonheur de venger « nos frères morts. On ne voit les chouans qu'à leur loisir... « La guerre des frontières n'est qu'un jeu auprès de celle des « chouans. » C'était aller trop loin peut-être et Kléber devait bientôt s'en rendre compte, car, au moment même où il écrivait ces lignes, il fut chargé de faire la guerre des frontières. En avril 1794, la Convention l'envoya à l'armée de Sambre-et-Meuse ; c'était, du reste, combler tous ses vœux ; depuis longtemps, il avait exprimé le désir d'être appelé à combattre l'étranger.

IV

KLÉBER A L'ARMÉE DE SAMBRE-ET-MEUSE

CAMPAGNE DE 1794 AUX PAYS-BAS

L'armée de Sambre-et-Meuse supportait en ce moment, avec celles du Nord et du Rhin, le principal effort de la redoutable coalition formée après la mort de Louis XVI et qui avait réuni dans une haine commune contre la France presque tous les peuples de l'Europe; elle avait en face d'elle le prince de Cobourg, généralissime des alliés, qui ne visait à rien moins qu'à prendre Paris; Kléber s'y trouva placé sous les ordres d'un habile général, Jourdan et eut la bonne fortune d'y retrouver pour collègue son ami Marceau.

La première opération à laquelle il prit part fut le siège de Charleroi, siège long et difficile; investie au commencement du mois de mai, la place ne succomba que le 26 juin; mais il ne tint pas au nouveau lieutenant de Jourdan qu'elle ne fût emportée plus tôt; l'Autrichien Wartensleben qui avait essayé de la dégager s'était vu rejeté par Kléber sur Nivelles. Le général en chef put dire que s'il avait à former beaucoup de ses collaborateurs, il n'avait rien à apprendre à Kléber.

A Fleurus[1], dans la mémorable journée qui contraignit les Autrichiens à la retraite et nous donna la Belgique, Kléber se signale à l'aile gauche et décide en partie notre victoire; cinq jours après, il s'empare de Mons en enlevant à la baïonnette de redoutables positions; bientôt, il culbute le prince d'Orange dans la forêt de Soignes, entre dans Bruxelles, et le rude combat de la Montagne de Fer, où Cobourg est battu, lui livre Louvain; alors, il campe sur la petite Geete et s'empare de Tongres. Jourdan le lance sur Maëstricht; il va investir cette place; le général en chef le rappelle pour prendre part à la grande bataille de la Roër[2]; là, il fait un admirable usage de son artillerie; sans attendre que les ponts soient jetés sur la rivière, ses grenadiers se mettent à l'eau et, malgré la mitraille, vont s'établir sur l'autre rive; un sanglant combat s'y engage; Kléber fait avancer ses pièces de position; ses jeunes canonniers protègent leurs camarades par un feu roulant, d'une justesse étonnante; il contribue plus que personne à l'éclatante victoire qu'on dut acheter par deux jours de lutte acharnée mais qui nous livra la rive gauche du Rhin et dans laquelle nos conscrits républicains se montrèrent dignes des plus vieilles troupes de l'Europe.

Au lendemain de cette bataille, Jourdan ordonne à Kléber de retourner devant Maëstricht; pour réduire ce boulevard de la Hollande, il ne lui donne que 25,000 hommes; la hardiesse et l'habileté de nos opérations font croire à la présence de 50,000; cependant, en dépit des sommations aussi pleines d'humanité que de fermeté, le gouverneur de la place, prince de Hesse, résiste; Maëstricht est bombardée; le 4 novembre, cette ville est réduite à capituler sans conditions; le prince de Hesse se rend prisonnier de guerre avec 8,000 hommes; nous trouvons dans la place trois cents pièces de canon, vingt mille fusils, d'abondantes provisions, un matériel immense et Kléber envoie quinze drapeaux à la Convention.

Il était heureux et fier de commander à des troupes qui venaient de s'aguerrir et de s'illustrer pendant cette glorieuse

[1] 27 juin 1794.
[2] 2 et 3 octobre.

année 1794, lorsque le Comité de Salut public lui ordonna de se rendre à l'armée du Rhin. Telle était, en ces temps héroïques, la vie de nos généraux ; à peine s'étaient-ils signalés sur un point, à peine avaient-ils formé et conduit à la victoire leurs soldats, que de nouveaux besoins, de nouveaux périls les faisaient appeler ailleurs pour recommencer leur tâche. Dur sacrifice, le plus cruel qu'on puisse imposer à un officier digne de ce nom! Les liens qui se nouent sous les drapeaux comptent parmi les plus forts de ce monde. Quand Kléber dut quitter ses chers camarades de Sambre-et-Meuse, « ses petits Philistins, » (c'était le surnom amical qu'il leur donnait), il pleura comme un enfant ; il obtint d'emmener avec lui quelques officiers qu'il avait remarqués, entre autres Ney, mais il était désolé de quitter Jourdan, ses collègues, ses braves troupes que leurs vertus républicaines avaient, disait-il, *familiarisées avec la victoire*. Il devait leur conserver un inviolable attachement. Nul chef ne fut, aussi, plus regretté d'elles.

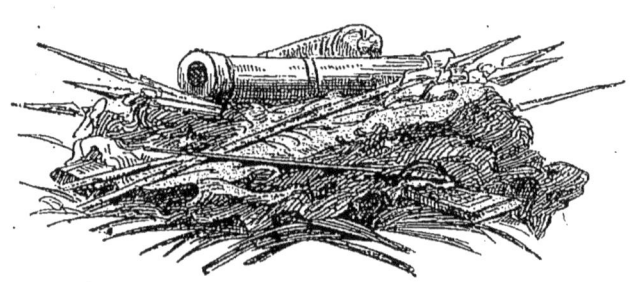

V

KLÉBER A L'ARMÉE DU RHIN
OPÉRATIONS DEVANT MAYENCE
RETOUR A L'ARMÉE DE SAMBRE-ET-MEUSE
OPÉRATIONS SUR LE RHIN

C'était une rude tâche que la Convention nationale imposait à Kléber; elle la lui imposait, du reste, dans les conditions les plus honorables, à la demande unanime des généraux de l'armée du Rhin; pleine de confiance dans les talents qu'il venait de déployer, elle lui demandait de rendre Mayence à la France; mais Mayence ne pouvait être prise comme en 1792, lorsque Custine y était entré presque sans tirer un coup de fusil; elle était bien pourvue de munitions et de vivres, défendue par une armée prussienne de secours, par cent mille hommes de troupes fraîches auxquelles nous n'en pouvions guère opposer que trente ou trente-cinq mille.

La Convention avait donné à Kléber cinq lieutenants dignes de le seconder : Desaix, Saint-Cyr, Renaud, Tugnot et Desbureaux; mais, tout en lui confiant la direction du siège et en assignant aux forces réunies sous son commandement le nom indépendant d'*Armée de Mayence*, elle avait eu le tort de le subordonner à Michaud, général aussi timide que médiocre et, de plus, fort jaloux de son autorité; comme, d'autre part, le fougueux Merlin de Thionville représentait toujours à l'armée le Comité de Salut public, Kléber se trouvait placé pour exécuter une opération si difficile sous deux autorités diverses et trop souvent en contradiction l'une avec l'autre, Michaud trouvant toujours qu'on allait trop vite et Merlin qu'on n'en faisait pas assez; c'était là une première et regrettable difficulté; mais la plus grave vint du triste état dans lequel se trouvaient et devaient rester nos troupes. « S'il ne faut que de la constance « et de l'audace, disait Kléber, je me promets de les surmonter « avec le soldat; » malheureusement, ici, l'audace et la constance ne suffisaient pas; il fallait des canons, des gabions, des fascines, tout un matériel de siège et l'on en manquait absolument; le Comité de Salut Public de 1793 et 1794 avait été reconstitué; ses nouveaux membres ne déployaient pas toujours l'énergie et la vigilance de leurs prédécesseurs; par cet affreux hiver de 1795, un des plus rigoureux dont les hommes aient gardé la mémoire, nos soldats étaient sans pain, presque nus; la maladie les décimait; quelques-unes de leurs compagnies ne comptaient plus un homme valide; on les vit, après avoir détruit la forêt de Monbach, couper les arbres fruitiers, puis démolir des maisons pour se procurer du bois à brûler et quand les représentants les menaçaient de les faire fusiller : « Autant mourir d'une balle que de froid, » répondaient-ils; il fallut réprimer à *coups de fusils* plusieurs émeutes dans notre camp; les officiers ne touchaient plus de solde et non seulement ils ne portaient plus d'uniforme, mais ils n'avaient même plus d'insignes; leurs subordonnés ne pouvaient plus les reconnaître; le commandement devenait impossible; les chevaux, déjà rares au début et mal nourris, disparaissaient de jour en jour; on ne peut s'étonner d'entendre Kléber parler « des inquiétudes et des tourments d'esprit » que lui cause ce misérable siège, « si on peut appeler ainsi, ajoute-t-il, la posi- « tion dans laquelle nous nous trouvons, dénués de tout[1]; »

[1] Lettre du 4 janvier 1795 au général Barbou.

il faisait cependant bonne contenance et prenait d'excellentes dispositions ; mais le gouvernement, ne pouvant, malgré toutes ses instances, lui procurer le matériel nécessaire, il se bornait à maintenir ses troupes en ordre dans leurs lignes, engageait quelques escarmouches pour laisser le soldat en haleine et repoussait avec vigueur les sorties des Mayençais. Pourtant, il s'attristait quand il comparait sa situation présente à celle qu'il occupait, quelques mois avant, aux Pays-Bas et ses soldats de Sambre-et-Meuse illustrés par tant de victoires à l'armée du Rhin, excellente au fond, mais si misérable et condamnée à une tâche si ingrate ; il suppliait Jourdan de le faire rappeler sous ses ordres ; il le demandait comme l'unique « récompense de ses travaux. »

Le dégel ramena un moment l'espoir dans son cœur, mais les troupes avaient trop souffert ! Il fallut se résigner à l'inaction, trop heureux encore d'avoir évité, à force d'énergie et de constance, quelque grand désastre.

Sur ces entrefaites, atteint d'une maladie de peau assez grave, Kléber fut obligé de solliciter un congé[1] ; il alla passer quelques semaines dans sa ville natale, à Strasbourg. Une bonne nouvelle vint l'y surprendre ; le 10 mars, le gouvernement lui avait confié le commandement de l'armée de Sambre-et-Meuse ; malheureusement, ce n'était que par intérim ; trois semaines après, Merlin le faisait rappeler sur le Rhin ; du moins, il ne devait pas cette fois y rester longtemps ; la conclusion du glorieux traité de Bâle avec la Prusse[2] lui permit d'aller retrouver ses chers Philistins ; il rejoignit Jourdan qui s'apprêtait à franchir le Rhin ; il fut placé au centre avec Bernadotte, Championnet, Grenier et Tilly sous ses ordres.

Le passage du Rhin en face de l'ennemi était une redoutable opération ; elle traîna en longueur pour les mêmes raisons que le siège de Mayence, faute de matériel ; il fallut construire, en grande partie sur place, ce matériel ; l'activité, la persévérance, le génie des chefs et des soldats triomphèrent à la fin de tous les obstacles ; le 5 septembre, un brillant ordre du jour daté de Crefeld annonçait aux troupes que l'heure décisive avait sonné : « Aujourd'hui, mes camarades, disait Kléber, nous

[1] Février 1795.
[2] 5 avril 1795.

« passons le Rhin. Depuis longtemps vous attendiez ce signal
« avec l'impatience du courage; il est donné; volez à la victoire.
« Dans cette belle entreprise, j'attends tout de votre valeur;
« familiarisés avec la gloire et les périls, cette expédition est
« digne de vous.

« Audacieux dans l'attaque, intrépides dans le combat, em-
« portant tout à la baïonnette, tel est le caractère des Français;
« tel est le caractère que vous saurez soutenir.

« Le général Jourdan est parmi vous; il vient partager et
« vos dangers et vos triomphes. »

Le fleuve devait être franchi la nuit[1]; l'embarquement était ordonné pour neuf heures du soir; on espérait surprendre l'ennemi. « La lune, levée depuis longtemps, laissa apercevoir notre
« mouvement: mais cet incident qui aurait pu enlever à d'autres
« que des Français la victoire... n'a servi qu'à relever le cou-
« rage des grenadiers et à éclairer leur triomphe. Malgré le feu
« des batteries ennemies, les grenadiers atteignent le rivage;
« le général Legrand se jette à l'eau : Camarades, suivez-
« moi[2]! » s'écrie-t-il, et dix compagnies de grenadiers débarquent sur la rive droite sous les boulets autrichiens, malgré les courageux efforts du comte d'Erlach; le reste de l'armée suit; sur tous les points, l'ennemi est refoulé; il abandonne même Neustadt et Dusseldorf.

Ce grand succès était dû à Kléber; non seulement il avait dirigé le passage de main de maître mais il l'avait préparé avec une habileté consommée, par des instructions admirables de prévoyance et de précision; quand un général a ainsi tout disposé pour assurer le triomphe de ses soldats, il est en droit de leur dire : « Emportez tout à la baïonnette? » Le courage, l'élan dans la lutte, peuvent achever ce que la science militaire a si bien commencé; Kléber était l'un de ces rares chefs d'armée qui ne laissent au hasard que ce qu'il est matériellement impossible au génie humain de lui enlever.

Le passage du Rhin ne produisit pas les grands résultats sur lesquels on avait compté; on avait songé à reprendre le siège de Mayence et Kléber, désigné de nouveau pour diriger les travaux d'investissement, s'était mis à l'œuvre; le succès final fut

[1] A la hauteur d'Eichelskamp et de Uerdingen.
[2] Notes de Kléber.

compromis par une marche en avant, au delà du Mayn, qui n'était pas sans témérité; Championnet fut battu à Kostheim; Clairfayt reprit l'offensive avec toutes ses forces et Jourdan, obligé de revenir sur le Mayn, puis sur la Lahn, se vit enfin contraint à repasser le Rhin,

La rupture des ponts compliquait les difficultés de la retraite; Kléber fait venir le chef des pontonniers : « Combien de temps « vous faut-il pour assurer le passage de l'armée? — Vingt-« quatre heures, général. — Je vous en accorde trente, mais « vous m'en répondez sur votre tête. » Puis, se tournant vers les troupes : « Soldats! leur dit-il, les Autrichiens sont enfin « dignes de vous; eh bien! faisons-leur voir qu'arrêtés par un « fleuve, c'est sur eux que nous nous précipitons; ouvrons-« nous dans leurs rangs un passage que le Rhin nous refuse « encore? » L'armée tout entière a les yeux fixés sur le général; sa fière attitude raffermit les courages ébranlés; les troupes montrent une activité et une énergie extraordinaires; la retraite s'effectue dans un ordre admirable et Kléber ne craint pas de la comparer à une victoire; il quitta le dernier la rive droite du fleuve.

Toutefois, cette rive était presque entièrement perdue pour nous; l'hiver revint avec toutes ses rigueurs; le découragement s'empara de nos soldats; ils souffraient cruellement; ils se mirent à déserter; leurs officiers, leurs généraux qui n'étaient pas plus heureux étaient las eux-mêmes de la campagne; leur solde n'était plus payée; Kléber se trouva à Coblentz dans le plus affreux dénûment. Jourdan profita d'un succès partiel de Marceau, à Sultzbach, pour accepter l'armistice que lui offrait le général Clairfayt; il signa, le 1er janvier 1796, une convention applicable à l'armée de Rhin-et-Moselle comme à celle de Sambre-et-Meuse. Cette convention stipulait la liberté de commerce sur le fleuve.

VI

CAMPAGNE DE 1796 EN ALLEMAGNE

A la fin de l'année 1795, le Directoire avait succédé à la Convention ; il héritait d'une situation difficile ; il n'y avait point d'argent dans le trésor public ; les courriers étaient souvent retardés faute de la petite somme nécessaire pour les faire partir... L'anarchie et le malaise étaient partout ; le papier monnaie, parvenu au dernier degré de ses émissions et de son discrédit, détruisait toute confiance, tout commerce ; la famine se prolongeait, chacun refusant de vendre ses denrées, car c'eût été les donner ; les arsenaux étaient épuisés ou vides. Au dehors, les armées restaient sans caissons, sans chevaux, sans approvisionnements ; les soldats étaient nus et les généraux manquaient souvent des huit francs en numéraire qu'on leur allouait par mois comme un supplément indispensable, quoique bien modique, de leur solde en assignats [1].

La continuation de la guerre était cependant nécessaire ; le Rhin était ouvert du côté de Mayence, la guerre de la Vendée rallumée ; l'Angleterre menaçait les côtes de l'Océan et de la

---

[1] Mignet, *Révolution française*. Ch. XII.

Hollande; Scherer et Kellermann se maintenaient à grand'peine au-delà des Alpes; l'Autriche venait d'envoyer en Italie et en Allemagne de nouvelles forces sous de très habiles capitaines, Wurmser, tacticien consommé, et l'archiduc Charles. L'un des nouveaux directeurs, Carnot, qui avait pris la conduite des opérations militaires, prépara et fit accepter à ses collègues un plan dans lequel tout son génie se révélait; les trois armées de Sambre-et-Meuse, du Rhin et d'Italie, sous les ordres de Jourdan, de Moreau et de Bonaparte, devaient attaquer l'Empire par l'Allemagne et l'Italie, se rejoindre au débouché du Tyrol et marcher alors sur Vienne. Kléber resta avec Jourdan à l'armée de Sambre-et-Meuse.

D'abord chargé de surveiller d'importants travaux de fortifications à Dusseldorf, Coblentz et Trèves, il reçut bientôt l'ordre de se porter sur la Sieg et la Lahn, pour faciliter à Moreau le passage du Rhin. En commençant cette nouvelle campagne, il adresse à ses troupes un ordre du jour que nous ne saurions passer sous silence; il y fait appel à l'énergie de ses soldats; pour les encourager, il évoque tous leurs souvenirs de gloire et leur donne, en même temps, ces généreux conseils :

« Le courage ne doit pas être la seule vertu qui vous carac« térise; un amour ardent de vos devoirs me répond de la dis« cipline que vous observerez dans le pays que nous allons
« conquérir. Les propriétés des paisibles habitants des cam« pagnes seront donc respectées; vous ne souffrirez pas que
« des hommes ennemis de votre gloire, de votre honneur,
« ternissent vos victoires par des actions indignes de l'huma« nité, se portent partout au pillage et ne présentent aux
« malheureux paysans que l'horrible spectacle de ces hordes
« du Nord qui, jadis, ne quittaient leur pays que pour porter
« chez leurs voisins le fer, la flamme et tous les crimes qui
« accompagnent l'anarchie et la licence; le soldat français
« traite en frères ceux qui ne sont point armés contre lui! »
Puis, le général déclare qu'il est décidé à frapper « sans ménagement » ceux de ses soldats qui manqueraient « aux lois de
« l'humanité; — un prompt jugement des coupables vengerait,
« dit-il, mes camarades et l'honneur de mon pays[1]. »

[1] Proclamation datée de Crefeld le 25 mai 1796.

On ne peut se défendre d'une émotion profonde en lisant cette page véritablement digne d'un général républicain parlant au nom de la France, au nom du gouvernement d'un peuple civilisé qui, réduit à faire la guerre, en discerne cependant toutes les douloureuses conséquences et voudrait faire partager ses sentiments à ses soldats. Pourquoi faut-il que le même langage n'ait pas été tenu partout à nos armées? Oui, au moment même où Kléber donnait des ordres si sages, si honorables pour lui et pour la République, un autre jeune général, illustre aussi, mais dont la gloire devait être bien fatale à son pays, Bonaparte ne parlait à ses troupes d'Italie que *de grandes villes et de fertiles provinces à piller*, *de richesses à conquérir*, faute immense qui devait avoir des conséquences incalculables! C'est en employant de si détestables stimulants, en faisant appel aux appétits grossiers, aux passions brutales, à la cupidité, qu'on écartera nos soldats de leurs véritables voies, qu'on attirera sur la Patrie les longs ressentiments, les colères hélas! trop justifiées de l'Europe et d'épouvantables catastrophes.

Kléber inaugura brillamment la campagne ; après avoir rapidement franchi la Wipper et la Sieg, il remporta à Ukerath et à Altenkirchen d'éclatants succès. Les hauteurs qu'occupait l'ennemi semblaient inabordables; guidées par Lefèvre, Soult, Brunet, d'Hautpoul, Richepanse, infanterie et cavalerie montrent une audace, une intrépidité inouïes: d'admirables charges à la baïonnette font reculer les meilleurs soldats de l'Autriche: notre cavalerie achève la défaite de l'ennemi; en deux heures, la victoire est assurée; nous avons fait 3,000 prisonniers parmi lesquels trois bataillons, le colonel et tous les officiers du même régiment. 4 drapeaux, 12 pièces de canon, quantité de caissons et d'équipages restent entre nos mains ; nous n'avions pas plus de vingt hommes tués et de cent blessés. Kléber reçut du Directoire la lettre suivante [1].

« Nous vous adressons nos félicitations sur la manière dont
« vous avez ouvert la campagne par de glorieux succès à Ukerath
« et Altenkirchen. Le général en chef Jourdan n'a pas laissé
« ignorer qu'ils sont dus à la sagesse, à l'activité de vos dispositions, à ce talent heureux et brillant qui vous caractérise.

[1] 30 juin 1796.

« Les braves troupes sous votre commandement savent que
« vous les conduirez toujours à la victoire. Le Directoire a la
« même confiance et recueille avec intérêt les titres que vous
« acquérez à l'estime nationale. »

Le vainqueur d'Altenkirchen répondit avec une modestie touchante :

Freilingen, 17 juin 1796.

« Citoyens Directeurs,

« Guidé par un grand maître, secondé par le zèle infatigable
« des officiers généraux et la plus étonnante valeur des troupes
« sous mes ordres, il me restait peu de chose à faire pour
« obtenir les éclatants succès sur la Sieg et sur les hauteurs
« d'Altenkirchen ; aussi, par ce même zèle, par cette même
« valeur et surtout par cet ardent amour pour notre patrie qui
« nous enflamme tous, j'ose vous promettre que les soldats de
« Sambre-et-Meuse seront toujours dignes d'eux, toujours
« dignes des grands exemples qu'ils ont fournis à l'Europe et
« si des raisons militaires leur prescrivaient parfois un mou-
« vement rétrograde, ils sauraient encore lui donner le carac-
« tère d'audace qui les a distingués jusqu'ici.

« Recevez, citoyens Directeurs, les témoignages de ma plus
« vive reconnaissance des marques de satisfaction que vous
« avez bien voulu me donner. »

Ainsi c'est à Jourdan, à ses lieutenants, que Kléber rapporte uniquement l'honneur de ses éclatants succès ; au reste, toute sa correspondance est sur ce ton ; fort rarement, il parle de lui et, quand il se nomme, c'est toujours à la troisième personne, en s'effaçant le plus possible ; quelle différence avec Bonaparte qui se mettait en scène à perpétuité, rapportait tout à lui, avait l'art de noyer la gloire de ses rivaux et de ses soldats dans la sienne !

La sanglante journée d'Ukerath [1] fut moins décisive que celle d'Altenkirchen ; nos troupes y déjouèrent cependant les plans de l'ennemi qui avait espéré les culbuter dans la Sieg ; à la tête de ses grenadiers, Kléber gravit en personne le plateau qu'occupait le général Kray mais il ne fut pas soutenu et dut revenir sur ses positions. Il ne se trouva pas moins en

[1] 19 juin 1796.

mesure de seconder, peu après, son éminent collègue et ami Moreau. Ce général, l'un des plus habiles que la Révolution eût révélés, venait de réussir à franchir le Rhin; suivant le plan tracé par le Directoire, l'armée de Sambre-et-Meuse devait manœuvrer dans sa direction et le soutenir énergiquement; le corps de Kléber fut lancé en avant et accomplit de véritables prodiges.

L'offensive est reprise le 28 juin; le 10 juillet, les Autrichiens sont chassés de Friedberg; quatre jours après, le général Wartensleben, qui s'est porté au secours de son collègue Kray, est obligé à son tour de reculer et capitule dans Francfort; le 18, Kléber franchit la Kintzig; chargé, par intérim, du commandement en chef pendant une indisposition de Jourdan [1], il s'entend à merveille avec Moreau, s'empare de Königshofen, contraint l'ennemi à repasser le Mayn et la Regnitz, enfin entre dans Bamberg où il trouve des magasins considérables; il était plein d'élan et d'enthousiasme; admirablement secondé par Grenier, Lefèvre, Championnet, Bernadotte, Richepanse, Mortier, Ney qu'il regardait comme le premier de ses lieutenants et qu'il venait de nommer général de brigade, il écrivait au Directoire : « Avec de tels chefs, un général se dispense de compter le nombre de ses ennemis [2] ; » continuant sa marche en avant, ses chasseurs et ses cuirassiers venaient encore de remporter deux brillants succès [3]; ses troupes réunies sur une ligne bien appuyée et couverte de rivières faisaient face au Danube; il allait les porter droit sur ce fleuve et rejoindre Moreau qui, déjà maître d'Ulm, d'Augsbourg et de la ligne du Lech, lançait son avant-garde sur les gorges du Tyrol ; enfin il était prêt à couronner son admirable campagne, lorsque Jourdan rétabli vint reprendre le commandement en chef. Ce ne fut pas, on le conçoit, sans tristesse que Kléber abandonna, dans un pareil moment, la direction des opérations; mais cette tristesse se changea en une véritable douleur, en irritation profonde, quand il vit Jourdan compromettre son œuvre. Jourdan, en effet, ne s'entendit pas avec Moreau, découvrit la gauche de l'armée du Rhin, se laissa entamer par l'archiduc

---

[1] 30 juillet — 17 août 1796.
[2] Adelsdorf, 4 août 1796.
[3] A Altendorf et à Forckheim.

Charles et bientôt se mit en pleine retraite, donnant ainsi du répit à l'Autriche, empêchant, en réalité, l'accomplissement du plan directorial[1] ; vainement, Kléber qui, du reste, ne cessait pas de faire son devoir à la tête de sa division, essaya-t-il d'atténuer ce désastre; ses représentations ne furent pas écoutées ; il s'emporta ; le désespoir lui arracha des paroles amères et bientôt il demanda à résigner ses fonctions en donnant pour prétexte l'état de sa santé. Jourdan, de son côté, avait offert sa démission que le gouvernement accepta ; malheureusement, Moreau avait dû revenir du Lech sur le Rhin et la République perdait un de ses plus grands serviteurs, Marceau, le jeune et brillant général, l'ami de Kléber et de Jourdan, mortellement blessé à Altenkirchen, en couvrant, avec l'arrière-garde, la retraite de l'armée[2].

Chargé de remplacer Jourdan à la tête de l'armée de Sambre-et-Meuse, Beurnonville, l'ancien ministre de la guerre de la Convention, supplia Kléber de ne pas le quitter; officiers et soldats joignirent leurs instances aux siennes; Kléber consentit à garder provisoirement le commandement de l'aile droite; il surveilla même quelques opérations sur le Rhin et empêcha encore les Autrichiens de passer le fleuve; mais il était inconsolable de l'insuccès de la campagne, de la perte de son ami, de l'état de dénuement où se trouvait l'armée qu'il avait failli conduire à Vienne. Le Commissaire Alexandre achevait de l'exaspérer en lui annonçant sans cesse des provisions de tout genre qui n'arrivaient jamais ; il ne croyait pas qu'il fût possible, comme le voulait le Directoire, de reprendre l'offensive sur le Rhin ; on ne pouvait plus maintenant, disait-il, qu'assurer l'intégrité de la rive gauche ; il parlait avec amertume des projets du gouvernement, les considérant comme irréalisables et ne voulait pas, disait-il, « se déshonorer » en entreprenant de les exécuter ; il croyait à la nécessité absolue d'un armistice; quand Beurnonville lui fit offrir bien tardive-

---

[1] Mignet, *Révolution française*. Ch. XII.

[2] Circonstance touchante ; ce fut Kléber qui, faisant appel à ses souvenirs de jeunesse, donna le plan du tombeau de son ami après avoir organisé une souscription dans l'armée pour en faire les frais ; ce tombeau si intéressant, dans lequel devait être déposé, un an plus tard, Lazare Hoche, est hélas ! en terre prussienne, aux portes de Coblentz ; il consiste en une simple pyramide tronquée qui était déjà bien délabrée quand je l'ai vue pour la dernière fois, dans l'automne de 1869.

ment le commandement en chef, il le refusa; il ne cessait de réclamer la permission de se retirer dès que l'on pourrait se passer de ses services; il rappelait qu'il était resté à l'armée uniquement pour seconder un instant à son arrivée le général Beurnonville : « J'ai rempli cette tâche, ajoutait-il, et ma « santé se délabrant tous les jours davantage, moins à la « vérité par la fatigue que par les dégoûts et l'amertume dont « on nous abreuve, je viens de nouveau réclamer ma retraite... ». Sa lettre du 28 novembre au ministre de la guerre se terminait par ces mots : « C'est dans le département du Haut-Rhin « que j'établirai mon domicile; avec très peu de biens, j'y vivrai « de mes talents et de mon industrie; scrupuleux observateur « des lois, j'y remplirai les devoirs d'un bon citoyen. » Une indisposition de Beurnonville le contraignit encore à retarder son départ; il ne quitta l'armée qu'à la fin de janvier 1797. Il était sans ressources :

« Je vous aurais volontiers, écrivait-il au ministre [1], parlé « d'une retraite, d'une pension, mais je n'ai ni l'âge, ni les « années de services nécessaires pour avoir quelques droits à « la gratitude nationale. En me livrant à une branche d'indus-« trie quelconque, j'espère trouver de quoi vivre et rendre tou-« jours, quoique dans une carrière différente, des services à « ma patrie. » Le gouvernement estima que le vainqueur d'Altenkirchen et d'Ukerath méritait bien un dédommagement; après avoir inutilement insisté pour lui faire retirer sa démission, il l'accepta dans les termes les plus honorables pour Kléber et lui accorda spontanément le traitement d'officier général réformé.

On a trop médit du Directoire et Kléber même n'a pas toujours été juste pour lui; ce gouvernement hérita d'une situation terrible et il eut le malheur de compter dans son sein des hommes corrompus : placé entre la Convention et le Consulat, il n'a pas laissé comme eux de grands souvenirs, mais il n'a eu à sa disposition ni la terrible dictature de la première de ces Assemblées, ni l'autre genre de dictature dont jouit en réalité Bonaparte. Constitué au lendemain de la Terreur, il était divisé, investi de pouvoirs insuffisants; il fut, en grande partie au moins, la victime de la Constitution de l'an III; il supporta,

[1] 21 décembre 1796.

parfois avec honneur, le poids des affaires dans l'une des crises les plus difficiles de notre histoire ; souvenons-nous aussi que la République ne survécut pas à sa chute et que Bonaparte, en le renversant par un coup d'État criminel, détruisit, en même temps, toutes nos libertés. Soyons justes pour les gouvernements comme pour les hommes ; tenons-leur compte des circonstances au milieu desquelles ils se sont trouvés ; surtout, repoussons énergiquement les théories qui condamnent un gouvernement par cela seul qu'il est tombé ; ces théories-là peuvent conduire à d'étranges injustices ; je le dis pour tous les partis ; elles font à la fatalité une trop large part dans les affaires humaines ; il faut condamner les gouvernements et les hommes, non parce qu'ils sont tombés, mais pour les fautes qu'ils ont commises, pour le mal qu'ils ont fait à la Patrie.

VII

GRANDES QUALITÉS DE KLÉBER

SON ROLE AU 18 FRUCTIDOR. — LE SOLDAT CITOYEN

Si Kléber avait été bien traité par le Directoire, ce n'était que justice ; il laissait dans l'armée d'impérissables souvenirs. Sur le champ de bataille, il déployait des qualités de premier ordre, la justesse du coup d'œil, la décision, l'autorité, un élan irrésistible dans l'attaque, une fermeté stoïque dans la résistance ; sa bravoure était légendaire ; désigné par sa haute taille, par l'ampleur de toute sa personne aux coups de l'ennemi, il se portait volontiers au-devant de lui, l'étonnant par son altière attitude, entraînant nos conscrits républicains, les animant, les échauffant de son regard étincelant, de sa voix chaude et vibrante, de son geste large et superbe. « Rien n'était beau comme Kléber un jour de combat »[1] ; au feu, c'était le génie même de la guerre, le *Dieu Mars:* mais, en lui, le tacticien et l'administrateur valaient l'homme d'action ; il

[1] C'est un mot de Bonaparte.

aimait à ne rien laisser au hasard ; il passait les nuits courbé sur ses cartes à préparer les plans qu'il devait exécuter au jour ; son service d'informations en pays ennemi était organisé d'une façon hors ligne pour le temps ; il n'admettait pas qu'un général se laissât surprendre ; il donnait à ses lieutenants les instructions les plus complètes, les plus minutieuses; il les réunissait et les consultait fréquemment, quitte à décider seul ; nul ne réalisa mieux l'adage de son glorieux émule, Lazare Hoche : « La réflexion doit préparer, la foudre exécuter. » Il était sévère pour ses troupes et même très redouté d'elles : sa surveillance s'étendait à tout, aux feux de cuisine, aux faisceaux d'armes et aux avant-postes, comme aux grandes lignes de l'armée ; il se montrait impitoyable pour l'inertie et la légèreté ; il défendait la chasse « parce que la poudre doit être uniquement destinée à détruire l'ennemi ; » il interdisait sévèrement le pillage ; il faisait fonctionner au besoin, avec rigueur, les tribunaux militaires ; il disait ; « Sans la punition prompte « et exemplaire d'un délit constaté, le délit se répète, la disci- « pline est perdue et, sans discipline, point d'armée.[2] » Ces tribunaux eux-mêmes, il en surveillait la composition ; plus d'une fois, il les épura comme trop indulgents ou suspects de corruption.

Malgré sa sévérité, Kléber était adoré des officiers et des soldats ; c'est que nul général ne s'occupa davantage de ses subordonnés, de leur bien-être, de leurs intérêts ; pour eux, il était sans cesse en lutte avec les commissaires des guerres, les intendants militaires de l'époque ; il trouvait que ces administrateurs avaient trop à se reprocher, tandis qu'il louait constamment la patience, la constance du soldat ; dans ses lettres, dans ses rapports à Jourdan, à la Convention, au Directoire, il plaidait, à chaque page, avec une chaleur d'âme extraordinaire, la cause de ses troupes ; selon lui, les distributions de pain, de viande, de vêtements, étaient toujours insuffisantes. « Nu et « sans pain, s'écriait-il, que peut faire l'homme le plus brave ? » Quand des actes d'insubordination se produisaient, tout en les réprimant avec fermeté, il recherchait si ce n'était pas la misère, les privations qui les avaient amenés ; il avait confiance en ses soldats ; il les aimait, il les estimait, il les trouvait dignes de

---

[2] Lettre au général Ernouf, de Bassenheim, 7 juin 1795.

leur grande tâche, de la République, de la France ; il passait fréquemment dans leurs tentes, avait toujours pour eux de bonnes paroles, de chaleureux encouragements ; il ne négligeait aucune occasion de récompenser le bien dans quelque rang qu'il se produisît ; il demandait beaucoup à ses officiers. « Tu « sais, écrivait-il au représentant Gillet, comme je fais servir « mes jeunes gens et comme ils servent, mais aussi faut-il ré- « compenser ceux qui ont bien servi »[1] ; il veillait à ce que leur solde fût « payée avec une extrême régularité. »; il réclamait, il exigeait de l'avancement pour eux ; s'il n'obtenait pas tout ce qu'il demandait, il criait, ce sont ses expressions, à l'injustice ; il n'avait rien de plus à cœur que de mettre en évidence les hommes d'une réelle valeur. C'est lui qui distingua Ney, Richepanse, Mortier, vingt autres et les fit élever aux premiers grades ; on ne trouve pas trace chez lui de cette jalousie mesquine si fatale aux armées et aux nations ; dès que la discipline n'était pas en jeu, il se montrait avec tous d'une rare simplicité ; jamais il ne voulut se soustraire aux privations des troupes ; jamais il ne se sépara de son état-major ; dans les moments difficiles, dans les rudes campagnes de 93 et 94, tant qu'il avait du pain, de l'argent en poche, il partageait avec ses aides de camp. On lui voyait parfois des emportements étranges, mais c'était affaire de tempérament, non de cœur, et il trouvait moyen de réparer ses torts quand il en avait ; en pareil cas, il allait souvent le premier au-devant même de ses subordonnés. Un jour, il avait froissé un jeune officier de son état-major, Strolz ; depuis ce temps, Strolz faisait son devoir comme d'habitude, mais ne venait plus dîner chez le général ; Kléber en souffrait ; il mande chez lui son aide de camp : « Mon cher « Strolz, lui dit-il en souriant, vous êtes chrétien et j'ai le « même bonheur ; cependant, si nous mourions avec la haine « que nous avons l'un pour l'autre, la foi nous enseigne que « l'enfer serait notre partage et que nous serions à jamais pri- « vés des joies du ciel. Voulez-vous continuer à rester dans un « pareil état ? » Le jeune officier fondit en larmes et se jeta dans les bras de son général. C'est par de tels traits que Kléber gagnait les âmes.

Pendant le séjour que sa santé l'obligea de faire à Strasbourg,

[1] 7 juin 1795.

au milieu du terrible hiver de 95, il dut vendre, pour subsister, la pauvre petite maison qu'il avait conservée dans sa ville natale. C'était sa suprême ressource; eh bien! sur le produit de la vente, il préleva des secours pour plusieurs de ses « camarades »; de Strasbourg, il fit parvenir quelques louis à des officiers, à des soldats, ses compatriotes, entre autres à *un simple hussard*; nul ne fut plus sensible aux souvenirs d'enfance et de jeunesse; séparé par le temps, les événements et sa haute fortune de ses amis de Belfort, il ne cessait de leur écrire, de leur rendre service sans jamais regarder à leur situation, encore moins à leurs opinions politiques[1]; voilà l'homme; faut-il s'étonner, dès lors, de l'estime, de l'affection, du dévouement dont il était environné? Faut-il s'étonner que ses collègues le regardassent comme leur maître à tous?

Suivons-le cependant au milieu des troubles politiques qui remplirent les derniers jours du Directoire et voyons si nous pourrons le louer jusqu'au bout.

Aussitôt que Hoche eût été appelé à commander l'armée de Sambre-et-Meuse, Kléber résigna ses fonctions et se rendit d'abord à Strasbourg, puis à Paris; il s'installa dans un faubourg de la capitale alors isolé, à Chaillot; il occupa, rue des Batailles, un petit pavillon qu'habita depuis Del Sarte, le grand artiste. On était alors à Paris en pleine crise: tous les partis s'agitaient, s'accusaient aussi; il y avait dans l'air des bruits de coups d'État; les généraux, spécialement ceux qui étaient en résidence dans la capitale, étaient fort recherchés, fort surveillés; entourés, circonvenus, les uns par les royalistes, les autres par les jacobins, ils avaient bien de la peine, à défendre leur indépendance; comme Lefebvre, Humbert, Hoche, Augereau, Bernadotte et tant d'autres, Kléber fut pressé de se prononcer; il sut résister à toutes les sollicitations. A l'armée, il n'avait pas cessé de suivre la ligne de conduite si correcte qu'il avait adoptée dès sa première jeunesse; il était resté tel qu'il s'était montré à Strasbourg et à Belfort, au début de sa carrière,

[1] Lubert de Héricourt déclare dans sa *Vie de Kléber* que si la correspondance avec son ami a parfois cessé, ce fut sa faute et non celle du général : « Souvent, dit-il, « quoique la Révolution ait opéré dans nos situations un changement tel qu'il s'est « vu extrêmement élevé et moi infiniment rabaissé, il m'a prié, sollicité de le re-« joindre et de me réunir à lui, me promettant de me protéger envers et contre « tous. »

c'est-à-dire également éloigné des excès dans tous les sens, évitant personnellement et écartant rigoureusement de ses troupes les agents de la réaction comme les terroristes, réprimant toutes manifestations dans un sens ou dans l'autre, tandis que Bonaparte les fomentait à l'armée d'Italie ; après la journée du 1er prairial, il écrivait à son ami le représentant Gillet en le félicitant d'avoir échappé aux ennemis de la Convention : « Si « tous les bons citoyens ont frémi d'horreur en apprenant cet « attentat, c'est avec joie et satisfaction qu'ils ont considéré la « victoire que vous avez remportée sur les terroristes. *Profitez* « *de vos succès pour les anéantir. Mais il faut aussi des mesures* « *répressives contre les royalistes qui se démasquent imprudem-* « *ment dans les départements. Pourrions-nous consentir, mon* « *ami, après une révolution aussi étonnante que celle à laquelle* « *nous travaillons depuis sept ans, après quatre campagnes de* « *fatigues, de privations, mais de gloire, à reprendre un maître ?* « *Nos sacrifices, nos maux, presque autant que les principes,* « *doivent nous attacher à la liberté*[1]. »

Admirons ce langage élevé, ferme, vraiment politique. Kléber est là tout entier, fidèle au véritable esprit de la Révolution, ni jacobin, ni royaliste, républicain !

Il ne se départit pas de ses principes, lors du coup d'état de fructidor ; il n'avait guère de sympathies pour le Directoire mais il ne se serait rien permis contre lui ; il exprimait son opinion à ce sujet d'une façon étrange ; comme les amis des Directeurs lui demandaient ce qu'il ferait en cas d'émeute : « Je tirerai sur « vos ennemis s'ils vous attaquent ; mais en faisant face à eux, « je vous tournerai le dos à vous. »

Avec sa légèreté ordinaire, Barras l'avait bien maladroitement froissé ; lors de son arrivée à Paris, Kléber, qui était triste, mécontent, n'avait pas rendu visite aux Directeurs : le ministre de la guerre Pétiet, qui avait de l'affection et la plus haute estime pour le général, voulut le mettre en relations avec les membres du gouvernement ; il lui persuada de l'accompagner un jour à l'une des réceptions de Barras ; le Directeur jouait au piquet quand Pétiet vint lui présenter Kléber ; il s'inclina légèrement, continua sa partie et, quand elle fut terminée, échangea à peine deux ou trois phrases banales avec le vainqueur d'Altenkirchen,

[1] Lettre du 7 juin 1795.

se bornant à lui demander des nouvelles de certains officiers qu'il avait connus; Kléber fut froissé de ce sans-façon; il devait l'être; mais il se borna à rentrer dans la retraite et à n'en plus sortir, vivant avec quelques amis, écrivant ses campagnes. N'ayant pu l'accaparer, les partis commencèrent à l'accuser; il devint suspect à tous, ce qui arrive souvent aux hommes modérés; les royalistes le traitaient de terroriste et les jacobins de réactionnaire; méprisant ces soupçons, il jugeait avec bon sens les violences des uns et des autres, les caractérisait, à l'occasion, avec verve, avec malice, décochant parfois des traits acérés à ses calomniateurs mais restant inattaquable dans son rôle de citoyen.

Après le 18 fructidor, on songea, paraît-il, un moment, à le proscrire; on n'osa; nous en félicitons les proscripteurs; ils n'auraient fait que se déshonorer en frappant un tel homme; pour lui, il estimait que l'armée doit rester en dehors des luttes politiques; presque seul[1] parmi les chefs célèbres de son temps, il n'aspira jamais à jouer un rôle politique actif; lors des élections de l'an VI, ses amis de Strasbourg lui avaient offert la candidature à la députation; il était alors en inactivité : il se laissa porter, mais en déclarant que, s'il était élu, il ne pourrait conserver longtemps son mandat : l'accomplissement de ses devoirs de soldat était son unique préoccupation; froissé par le Directoire, il refusa constamment de s'associer à toutes démarches illégales contre lui parce qu'il était le gouvernement régulier du pays; honneur, trois fois honneur à ce soldat citoyen!

[1] Trompé par Barras, Hoche lui-même se laissa entraîner, un moment, à prendre part au coup d'État de Fructidor, triste présage de celui de Brumaire; averti à temps de son erreur, il se hâta, du reste, de rentrer dans le devoir.

VIII

KLÉBER ET BONAPARTE EN ÉGYPTE ET EN SYRIE

DÉSERTION DE BONAPARTE

Au printemps de l'année 1798, Kléber qui était, depuis plus d'un an, éloigné de l'armée, commençait à se lasser de son inaction quand il reçut une offre faite pour le tenter. On parlait beaucoup alors d'une lointaine expédition dont la direction devait être confiée à Bonaparte ; il s'agissait d'une conquête de l'Egypte, entreprise dans laquelle le Directoire voyait à la fois l'espérance d'ébranler la puissance anglaise aux Indes et l'occasion d'éloigner un général ambitieux, remuant, d'autant plus redoutable qu'il s'était tout récemment couvert de gloire en Italie ; Bonaparte, de son côté, ne croyait pas encore venu le moment de tout oser ; il craignait de compromettre par son inaction l'idée qu'on avait conçue de lui... ; il voyait dans l'expédition d'Egypte un nouveau moyen d'étonner les hommes [1] ; tranformant et dépassant de beaucoup

---

[1] Mignet, — *Révolution française*, Ch. XIII.

les projets déjà grandioses du Directoire, il se plaisait à considérer la conquête de l'Égypte comme la moindre partie de sa tâche ; il ne songeait à rien moins qu'à détruire l'Empire Ottoman, à lui substituer une domination chrétienne, grecque ou autre, pour prendre ensuite à revers l'Europe étonnée et en régler à son gré les destins ; heureusement pour lui Bonaparte tenait alors secrètes ces folles visées, ces rêves renouvelés de Pyrrhus, car il eût trouvé peu d'hommes sérieux disposés à le suivre en Orient et il cherchait précisément à grouper autour de lui les noms les plus estimés, les plus illustres de l'époque.

Il avait naturellement pensé à Kléber dont il connaissait la haute valeur ; il le fit sonder par un ami commun, ce Caffarelli du Falga dont le rôle a été beaucoup plus considérable qu'on ne l'a dit et qui ne manquait ni d'habileté, ni de distinction ; Kléber ne vit dans l'expédition d'Égypte que l'occasion de reprendre du service ; il savait qu'il se trouverait là-bas en bonne compagnie, que ses camarades Desaix, Menou, Davoust, Lannes, Rampon, Junot, Marmont, allaient partir avec Bonaparte ; il promit son concours ; il se mit à étudier l'histoire, la géographie, la topographie de l'Égypte, de l'Inde, de la Perse ; il dévora tout ce que contenait le Dépôt de la guerre dirigé alors par son ami le général Ernouf : le fils de ce général, qui le surprit un jour au milieu de ses travaux, nous l'a dépeint, dans sa petite maison de Chaillot, vêtu d'une grande houppelande verte à collet et à brandebourgs, entouré de livres, de cartes, de plans, profondément absorbé dans l'étude du cours du Nil et n'entendant même pas approcher le visiteur ; il donnait un exemple, trop peu suivi alors par ses collègues et par nos généraux de tous les temps, même au xixe siècle ; il savait bien, lui, ce que nous avons eu, ce que nous avons encore tant de peine à nous persuader, qu'il faut préparer longtemps, fortement la guerre et que la victoire doit rester en définitive à la science.

Le 12 avril, il reçut l'avis officiel de sa désignation pour l'Égypte et, le 18 mai, il s'embarquait à Toulon sur *Le Francklin ;* un tel nom convenait à merveille au vaisseau qui portait le général républicain.

[1] Baron Ernouf, *Le général Kléber*.

On était à peine débarqué que Kléber faillit périr; au siège d'Alexandrie, comme il indiquait à ses grenadiers l'endroit où l'assaut devait être donné, il fut atteint d'une balle au front; la blessure était fort grave; elle obligea le général à abandonner le commandement de sa division ; nos soldats le vengèrent en s'emparant de la ville; ne pouvant, pour le moment, utiliser autrement ses services, Bonaparte lui confia la garde de cette place si importante et l'administration de la province environnante.

A peine remis, Kléber déploya dans ces fonctions une habileté consommée; en même temps qu'il pourvoyait aux besoins des troupes, il employait les procédés les plus sûrs pour maintenir son autorité; par ses ordres, les propriétés des habitants, leurs usages, leur culte étaient scrupuleusement respectés et il trouvait moyen d'améliorer la condition des classes inférieures en faisant supprimer des taxes odieuses; son principe était de ménager le plus possible les indigènes.

Bonaparte ne pensait pas toujours ainsi, surtout quand il s'agissait de lever les contributions de guerre; en dépit de proclamations retentissantes, de promesses trop mal tenues, la politique de ce général était souvent, en Égypte comme en Italie, dure, impitoyable, peu loyale.

Souvent, Kléber n'approuvait pas les procédés de son chef et le lui disait avec la franchise, la vivacité que nous connaissons; les difficultés ne tardèrent pas à surgir entre ces deux hommes peu faits pour s'entendre. Dès le départ, Kléber s'était tenu dans une grande réserve; il trouvait l'expédition « légèrement calculée; » quant à Bonaparte : « Je ne le connais
« point, écrivait-il à la veille de son embarquement; il parut si
« opinément sur la scène, il s'entoura aussitôt de tant de pres-
« tige et son ascension fut tellement rapide qu'à la distance
« où je me trouvais placé, il m'eût été impossible de l'observer
« et de le suivre. C'est donc au milieu des évènements qui se
« préparent qu'il me faut l'examiner ; là, de plus près, je
« tâcherai de saisir ses traits dans les moyens qu'il emploiera
« pour parvenir aux grands résultats qu'il espère et sa physio-
« nomie dans les anecdotes[1] qu'il ne manquera pas de fournir
« dans des conjectures si extraordinaires. »

[1] Lettre du 11 mai 1796 à la comtesse***, citée par le général Pajol.

De très bonne heure, il fut blessé du ton de maître que prenait si volontiers Bonaparte, des leçons qu'il croyait devoir et pouvoir donner, à tout propos, à tout le monde; l'on n'était pas accoutumé à ces façons-là, aux armées de Sambre-et-Meuse et du Rhin.

L'esprit d'anarchie et de désordre qui régnait dans la marine avait suscité à Kléber les plus graves difficultés; il en avait triomphé non sans peine ; cependant, Bonaparte ne se déclarait pas satisfait; il trouvait aussi que l'administrateur de la province d'Alexandrie dépensait trop, qu'il pourrait faire rendre davantage à l'impôt en pressurant les populations. Kléber demanda d'abord à rejoindre sa division. « Je vois, « écrivait-il, le 3 septembre, au général en chef, je vois ma « conduite trop en contradiction avec vos ordres, trop opposée « au système d'administration qui paraît être adopté pour « n'être pas certain de vous déplaire; » et, trois jours après, comme Bonaparte après avoir eu le premier tort d'accueillir des dénonciations blessantes pour le héros osait y faire allusion dans une nouvelle lettre, il recevait de son lieutenant une éclatante leçon; l'homme sur la gestion duquel il semblait laisser planer un soupçon était le type même du désintéressement : « Des richesses ! avait-il dit en partant pour l'Égypte, je n'en « veux point! *Une simple obole de plus, et surtout mal acquise,* « *dérangerait tout le système de mon bonheur, de ma philo-* « *sophie;* si je vous faisais, ferme et féal ami, l'énumération « *des services que m'a rendus ma pauvreté*, au milieu de cet « orage politique dont la foudre, dirigée par la cupidité et l'en- « vie, atteignit, frappa, atteint et frappe encore tant d'inno- « centes victimes, vous la presseriez de ne point m'abandonner; « je la conserverai toujours [1]. »

On comprend son indignation en se voyant presque soupçonné de concussion; il répondit aussitôt à Bonaparte :

« ... J'étais loin de croire mériter aucun reproche sur l'admi- « nistration des fonds.

« S'il est vrai qu'Alexandrie ait coûté le double du reste de « l'armée, abstraction faite des réquisitions frappées ailleurs

---

[1] Lettre au docteur Vivot datée de Toulon, 13 mai 1798.

« et qui n'ont jamais eu lieu ici, abstraction faite de ce qui a
« sans cesse été payé au génie, à l'artillerie et à la marine, on
« a droit de conclure qu'il y a eu une dilapidation infâme...
« Ma conduite même doit être examinée et je vous en fais la
« demande formelle.

« Vous avez oublié, lorsque vous avez écrit cette lettre, que
« vous teniez en main le burin de l'histoire *et que vous écriviez*
« *à Kléber*. Je ne présume pourtant pas que vous ayez eu la
« moindre arrière-pensée ; *on ne vous croirait pas*.

« J'attends, général, par le retour du courrier, l'ordre de
« cesser mes fonctions, non-seulement dans la place d'Alexan-
« drie, mais encore dans l'armée, jusqu'à ce que vous soyez un
« peu mieux instruit de ce qui s'est passé ici. *Je ne suis point*
« *venu en Égypte pour faire fortune ; j'ai su jusqu'ici la dédai-*
« *gner partout ; je ne laisserai jamais planer sur moi aucun*
« *soupçon*[1]. »

Éloquente réponse, pleine d'une légitime fierté ! Ah ! pourquoi ne s'est-il pas trouvé parmi les généraux de cette époque plus d'hommes capables de parler sur ce ton à Bonaparte et de lui faire sentir ses torts, son arrogance ; ces hommes-là auraient rendu à la France et peut-être à Bonaparte lui-même d'immenses services ; ils auraient peut-être fait rentrer en lui-même ce grand ambitieux. Il était si peu habitué à ce qu'on lui tint tête que toute résistance l'étonnait, le troublait, le faisait même reculer : il écrivit à Kléber, courrier par courrier :

« J'ai vu avec peine que vous donniez à ma lettre un sens
« qu'elle n'a, ni n'a pu avoir. Si je tenais le burin de l'histoire,
« personne n'aurait moins à s'en plaindre que vous. » — On ne saurait être plus aimable, mais après coup et trop tard en vérité ! Bonaparte se tint, du reste, pour averti et le ton de sa correspondance avec son lieutenant ne fut plus le même. Pour donner le change à Kléber, il employa tour à tour la plaisanterie et des termes affectueux qui venaient rarement sous sa plume ; mais Kléber avait été profondément blessé ; il ne pouvait pardonner ; il persistait à vouloir rentrer en France ; aussi,

[1] Lettre du 7 septembre 1798.

comme Bonaparte devient doux et caressant! Le général est tombé malade; personne ne s'intéresse plus à sa santé que son chef :

« Croyez, lui écrit-il [1], au désir que j'ai de vous voir promp-
« tement rétabli et au prix que j'attache à votre estime et à
« votre amitié. Je crains que nous ne soyons un peu brouillés;
« vous seriez injuste si vous doutiez de la peine que j'en éprou-
« verais. Sur le sol de l'Égypte, les nuages, lorsqu'il y en a,
« passent en six heures ; de mon côté, s'il y en avait, ils
« seraient passés en trois; l'estime que j'ai pour vous est au
« moins égale à celle que vous m'avez témoignée quelquefois.
« J'espère vous voir sous peu de jours au Caire. » Le lion
blessé finit par s'apaiser; il consentit même à se rendre au
Caire sur la demande de Bonaparte.

Pour l'attirer au Caire et déterminer ainsi une réconciliation définitive avec un lieutenant dont il avait tant besoin, Bonaparte avait fait luire à ses yeux l'espoir de commander en chef une expédition projetée en Syrie; une fois Kléber arrivé, calmé, il ne lui parle même pas de cette expédition; il a l'air de ne plus savoir ce qu'on veut lui dire ; c'est une de ces scènes de haute comédie qu'il s'entendait si bien à jouer; du reste, Kléber n'était pas sa dupe : « Bonaparte, disait-il, ne confie « jamais à personne que ce que les circonstances ne lui per- « mettent pas de faire lui-même. » Il alla en Syrie, mais simplement à la tête de sa division.

Là, il se conduisit, comme toujours, en héros. Partout, il est à l'avant-garde. C'est lui qui entre le premier à El-Arysch, à Gaza, à Jaffa; c'est lui qui triomphe à Sedjarra; ce sont ses troupes qui donnent à Saint-Jean-d'Acre les plus rudes assauts; ce sont ses carrés qui, par leur admirable résistance, laissent à Bonaparte le temps d'arriver sur le champ de bataille dans la journée du Mont-Thabor et assurent par conséquent la victoire [2]. Bonaparte, si jaloux de sa gloire, n'a pu s'empêcher de dire plus tard : « En homme de tête et de cœur, Kléber fit « tout ce qu'on pouvait attendre de lui [3]. »

[1] 4 octobre 1798.
[2] 16 avril 1799.
[3] Commentaires. — Tome III.

Cependant, la résistance de Saint-Jean-d'Acre, merveilleusement soutenue par la flotte anglaise de Sidney Smith, avait fait échouer, en réalité, l'expédition de Syrie ; la situation de l'armée française décimée par la peste devenait des plus inquiétante ; elle ne fut pas modifiée par le glorieux combat d'Aboukir qui ne fit que nous débarrasser de 15,000 Turcs [1].

Bonaparte avait beau multiplier les bulletins de victoires et se faire dresser des arcs de triomphe dans les villages qu'il traversait, il ne réussissait pas à tromper les observateurs perspicaces. Dès l'époque de la défaite navale d'Aboukir, un mois seulement après le débarquement en Égypte, Kléber avait été inquiet sur l'issue de l'expédition ; avec une admirable perspicacité, il avait compris qu'une telle entreprise ne pouvait réussir sans le concours sérieux d'une flotte ; depuis les échecs de Syrie, il ne cessait de représenter au général en chef la nécessité de conclure une transaction honorable, si l'on ne recevait pas de secours du gouvernement ; mais tel n'était pas le plan de Bonaparte ; il était venu en Égypte chercher le prestige nécessaire à l'exécution de ses desseins personnels, au couronnement de sa fortune, à la satisfaction de son ambition politique ; traiter, signer une convention qui eût pu sauver l'armée, c'était la ruine à ses yeux ! Aussi, tandis qu'il amusait le grand vizir par un commencement de négociations pour s'éviter à lui-même de nouvelles difficultés, de nouvelles luttes qui eussent encore amoindri ses forces, au fond, il ne songeait qu'à quitter l'Égypte, mais en y laissant ses soldats, afin de faire encore illusion à la France et de lui persuader que son entreprise n'avait pas échoué.

Dans l'exécution de ce plan machiavélique à l'étrange habileté duquel il faut rendre hommage, Bonaparte daignait réserver à Kléber un grand rôle ; il voyait en lui le seul homme capable de commander, après le départ qu'il méditait, l'armée française, de continuer l'occupation et d'en tirer tout le parti possible ; mais il connaissait la loyauté de son âme, la mâle et rude franchise de son langage ; il n'osa affronter sa présence.

Le 19 août, il lui ordonnait de se trouver le 24 à Rosette ; il avait, disait-il, à l'entretenir « d'affaires extrêmement importantes [2] : » Kléber ne reçut la lettre de son chef que le 22 ; il

---

[1] 25 juillet 1799. — [2] Lettre de Kléber à Menou, 25 août 1799.

fit l'impossible pour être exact au rendez-vous ; en deux jours, il traversa le désert et le lac Bourlos ; il parvint à Rosette le 24, à dix heures du soir ; *Bonaparte n'y était même pas venu et il avait quitté l'Égypte depuis deux jours* ; le 22, il avait pris le large avec deux frégates chargées *des seules pièces d'artillerie en bon état qui restassent encore au corps expéditionnaire* [1] ; il emmenait avec lui Lannes, Murat, Berthier, Andréossy, Duroc, Bessières, l'élite de ses collaborateurs, sans parler de Monge et de Berthollet. Il laissait à l'armée un ordre du jour dans lequel il annonçait que son absence ne serait pas longue et à Kléber, en lui léguant le commandement en chef, une lettre qui contenait les lignes suivantes dignes d'être retenues :

« L'intérêt de la patrie, sa gloire, l'obéissance, les événe-
« ments extraordinaires qui viennent de s'y passer me décident
« seuls à passer au milieu des escadres ennemies pour me
« rendre en Europe...
« Je serai d'esprit et de cœur avec vous ; je regarderai comme
« *mal employés tous les jours de ma vie* où je ne ferai pas
« quelque chose pour l'armée dont je vous laisse le comman-
« dement et pour consolider le magnifique établissement dont
« les fondements viennent d'être jetés [2]. »

Ainsi c'étaient l'intérêt de la patrie et sa gloire, c'était l'obéissance (remarquons bien ce mot) qui déterminaient Bonaparte à abandonner le commandement de son armée pour rentrer en France ! Quand on connaît la situation de nos troupes en Égypte et qu'on pèse de telles paroles, on demeure stupéfait. Où donc sont, où doivent être aux yeux d'un soldat, d'un général, l'intérêt de la patrie, sa gloire, l'obéissance, sinon à son poste ? Tout soldat, tout général qui quitte son poste sans ordres sert mal son pays, manque au premier de ses devoirs, trahit sa mission ; mais quand ce poste est le commandement d'une armée qu'on a demandée à conduire au-delà des mers, quand ce poste est la direction d'une entreprise gigantesque dont l'équilibre européen peut dépendre, comment appellerons-nous la faute de celui qui l'abandonne ? Ah ! il s'agissait bien

[1] *Rapport de Kléber au Directoire*, du 26 septembre 1799.
[2] Lettre du 22 août 1799.

pour Bonaparte de servir le pays et d'obéir! Il s'agissait de venir intriguer à Paris, s'y frayer un chemin au pouvoir, chercher et surveiller de près l'occasion favorable pour se substituer lui-même au gouvernement légal, pour égorger la République! Parler, en pareille occurence, de patrie et de devoir, c'était en vérité le comble de l'impudence! Au reste, Bonaparte n'osait même pas avouer qu'il s'éloignait sans retour ; dans son dernier ordre du jour à ses soldats [1], il disait : « Mon absence ne sera que momentanée ! » Il savait bien qu'il ne reviendrait pas.

Il y a un autre mot dans la lettre adressée à Kléber qui arracherait, à défaut du reste, un cri d'indignation; c'est celui-ci : « *Je serai de cœur et d'esprit avec vous.* » Procédé commode en vérité ! On déserte, on abandonne au milieu de périls sans nombre et sur le sol africain l'armée qu'on a sollicité d'y mener; on revient en France pour y satifaire ses ambitions politiques et l'on écrit alors à ses collègues, au général sur lequel on trouve bon de reporter une effroyable responsabilité : « *Je serai de « cœur et d'esprit avec vous !* Raillerie cruelle, inhumaine, déloyale !

Mais cette armée que Bonaparte désertait, en quel état la laissait-il ? Qu'était-ce que ce magnifique établissement d'Egypte dont il rappelait si complaisamment, *au moment du départ*, qu'il avait jeté les fondements ? Donnons ici la parole à Kléber; relisons le rapport qu'il adressait au Directoire le 26 septembre 1799. Ce rapport a d'autant plus de poids qu'il fut rédigé cinq semaines après le départ de Bonaparte et, par conséquent, lorsque son successeur avait pu envisager avec calme l'état des choses; nous supplions tous ceux sous les yeux desquels tomberont ces pages, trop peu connues, de vouloir bien les lire en entier; nous le leur demandons au nom de l'Histoire et de la Justice; quiconque aura pris connaissance de ce document pourra désormais juger Bonaparte à sa juste valeur :

« L'armée, disait Kléber, est réduite à moitié... Cependant,
« il ne s'agit plus comme autrefois de lutter contre des hordes
« de Mamelucks découragés, mais de combattre et de résister
« aux efforts réunis de grandes puissances, la Porte, les Anglais
« et les Russes.

[1] 22 août 1799.

« Le dénûment d'armes, de poudre de guerre, de fer coulé
« et de plomb présente un tableau aussi alarmant... Les troupes
« sont nues et cette absence de vêtements est d'autant plus
« fâcheuse qu'il est reconnu que, dans ce pays, elle est une des
« causes les plus actives de la dyssenterie et des ophtalmies
« qui sont les maladies constamment régnantes. La première
« surtout a agi cette année sur les corps affaiblis et épuisés
« par les fatigues. Les officiers de santé remarquent et rap-
« portent constamment que, quoique l'armée soit considéra-
« blement diminuée, il y a, cette année, un nombre beaucoup
« plus grand de malades qu'il n'y en avait l'année dernière à la
« même époque.

« Le général Bonaparte, avant son départ, avait, à la vérité,
« donné des ordres pour habiller l'armée en drap, *mais, pour*
« *cet objet comme pour beaucoup d'autres, il s'en est tenu là* et
« la pénurie des finances, qui est un nouvel obstacle à com-
« battre, l'a mis, sans doute, dans la nécessité d'ajourner l'exé-
« cution de cet utile projet. — Il faut parler de cette pé-
« nurie.

« Le général Bonaparte a épuisé toutes les ressources extraor-
« dinaires dans les premiers mois de notre arrivée. Il a levé
« alors autant de contributions de guerre que le pays pouvait
« en supporter. Revenir aujourd'hui à ces moyens, alors que
« nous sommes, au dehors, entourés d'ennemis, serait préparer
« un soulèvement à la première occasion favorable. *Cependant*
« *Bonaparte, à son départ, n'a pas laissé un sou en caisse, ni*
« *aucun objet équivalent.*

« Il a laissé au contraire *un arriéré de* 12 *millions*; c'est plus
« que le revenu d'une année dans la circonstance actuelle. *La*
« *solde arriérée pour toute l'armée se monte seule à* 4 *millions.*

« L'inondation rend impossible en ce moment le recouvre-
« ment de ce qui reste dû sur l'année qui vient d'expirer et qui
« suffirait à peine pour la dépense d'un mois. Ce ne sera donc
« qu'au mois de novembre qu'on pourra en recommencer la
« perception; et alors, il n'en faut pas douter, on ne pourra s'y
« livrer, parce qu'il faudra combattre.

« Enfin, le Nil étant cette année très mauvais, plusieurs pro-
« vinces, faute d'inondation, offriront des non-valeurs, aux-
« quelles on ne pourra se dispenser d'avoir égard.

« Tout ce que j'avance ici, citoyens Directeurs, je puis le
« prouver et par des procès-verbaux et par des états certifiés
« de différents services. »

Kléber montre ensuite l'Egypte prête à se soulever, tranquille en apparence mais non soumise et attendant le moment de la revanche, les Mamelucks toujours en armes, le sultan préparant une nouvelle campagne, envoyant sans cesse des forces nouvelles, enflammant le fanatisme des Arabes et leur prodiguant des dons pour les détacher de nous ; il rappelle que le succès d'Aboukir a été illusoire, qu'El-Arysch et Alexandrie, « les deux clefs de l'Égypte » selon Bonaparte, sont l'une « un méchant fort à quatre jours de marche du désert, » très difficile à approvisionner et à défendre, l'autre un camp sans résistance sérieuse, depuis que son artillerie de siège a été employée et perdue « dans la
« désastreuse campagne de Syrie, depuis que le général Bo-
« naparte a *retiré toutes les pièces de marine pour armer au*
« *complet les deux frégates avec lesquelles il est parti....* »

« Telle est, citoyens Directeurs, ajoute Kléber, la situation
« dans laquelle Bonaparte m'a laissé l'énorme fardeau de
« l'armée d'Orient. Il voyait la crise fatale s'approcher ; vos
« ordres, sans doute, ne lui ont pas permis de la surmonter[1].

« Que cette crise existe, ses lettres, ses instructions, sa né-
« gociation entamée en font foi ; elle est de notoriété pu-
« blique et nos ennemis semblent aussi peu l'ignorer que les
« Français qui se trouvent en Égypte...

« Si, cette année, me dit le général Bonaparte, malgré
« toutes les précautions, la peste était en Égypte et que vous
« perdissiez plus de 1,500 soldats, perte considérable, puis-
« qu'elle serait en sus de celle que les événements de la guerre
« occasionneraient journellement, dans ce cas, vous ne devez
« pas hasarder à soutenir la campagne prochaine et vous êtes
« autorisé à conclure la paix avec la Porte Ottomane, *quand*
« *même l'évacuation de l'Égypte en serait la condition principale.*

« Je vous fais remarquer ce passage, citoyens Directeurs,
« parce qu'il est caractéristique sous plus d'un rapport et qu'il
« indique surtout la situation critique dans laquelle je me
« trouve.

---

[1] Non seulement les Directeurs n'avaient pas donné à Bonaparte l'ordre de rentrer en France, mais ils redoutaient vivement et avec raison son retour.

« Que peuvent quinze cents hommes de plus ou de moins « dans l'immensité de terrain que j'ai à défendre et aussi jour- « nellement à combattre[1] ? »

Par un hasard vraiment fatal, le rapport de Kléber ne parvint en France qu'après le coup d'État du 18 Brumaire et fut remis à Bonaparte lui-même devenu premier consul; il essaya de le réfuter et de démontrer que Kléber avait tout exagéré, notamment la faiblesse numérique de l'armée; par *malheur* pour lui, nous avons les lettres qu'il écrivit au gouvernement *plusieurs mois* avant son départ d'Égypte et nous voyons que, *dès le 28 juin,* il disait en réclamant instamment des forces nouvelles : « *S'il vous est impossible de nous faire parvenir tous « ces secours, il faudrait faire la paix.* » Il prétend dans sa réponse à Kléber qu'à la date où celui-ci écrivait, l'armée n'avait encore perdu que 4,500 hommes et, le 28 juin, il affirmait qu'elle en avait déjà perdu « cinq mille trois cent quarante-quatre. » Or, depuis cette époque, le corps expéditionnaire avait livré plusieurs combats et la seule affaire d'Aboukir lui avait coûté quinze cents soldats au moins; la peste y avait fait aussi dans les trois derniers mois de cruels ravages; enfin, Bonaparte avait encore emmené quatre ou cinq cents personnes avec lui; quand il soutenait « qu'au mois de septembre 1799 l'armée d'Égypte « était encore de vingt-huit mille cinq cents hommes, « éclopés, vétérans. tout compris », il oubliait que le 28 juin, il avait estimé l'effectif de ses troupes à *quinze mille hommes* dont *douze mille seulement en état de porter les armes,* et déclaré « qu'il ne pourrait pas résister à un dé- « barquement combiné avec une attaque par le désert; » il avait donc démenti *lui-même* et à l'avance ses assertions, tandis que celles de Kléber se trouvent corroborées par les rapports du chef d'état-major Damas, par ceux du contrôleur général Poussielgue qui peignait des couleurs les plus sombres la détresse de l'armée, enfin par les lettres de plusieurs généraux et notamment de Dugua; celui-ci écrivait aux Directeurs : « Bonaparte nous a abandonnés sans argent, sans poudre, sans « boulets, et une partie des soldats sans armes[2]. »

[1] *Rapport au Directoire* daté du quartier général du Caire, le 4 Vendémiaire an VIII (26 septembre 1799).
[2] Voir, pour la détresse de l'armée : Lanfrey, *Histoire de Napoléon Ier*, Tome I, Chap. xi.

Oui, quiconque a étudié la question et ne cherche que la vérité doit dire : en abandonnant sans ordre ses soldats, en laissant sur la terre d'Égypte, dans une situation épouvantable, les troupes qu'il avait demandé à y mener, pour venir conspirer à Paris et se frayer un chemin au pouvoir, Bonaparte a commis contre l'armée et contre la patrie l'une des fautes les plus graves que l'Histoire ait jamais enregistrées ; c'est une violation flagrante de la loi militaire comme de la loi morale ; c'est, selon l'expression de Kléber dont la postérité doit partager la juste indignation, une lâche désertion, digne présage du criminel attentat qui allait être commis contre la République.

IX

KLÉBER GÉNÉRAL EN CHEF DE L'ARMÉE D'ÉGYPTE

CONVENTION D'EL-ARYSCH

Que fit cependant Kléber dans de telles circonstances ?
Comment se conduisit-il à la tête de forces insuffisantes, au milieu de si graves périls ? Il montra un patriotisme et une grandeur d'âme qui sont au-dessus de tout éloge.

S'il sentait et s'il révélait au Directoire, comme c'était son devoir, toute l'horreur de la conduite de Bonaparte, il avait trop le sentiment de la redoutable responsabilité que lui laissait son prédécesseur pour jeter dans le désespoir les débris de l'armée d'Egypte. Il eut la force de dissimuler son irritation personnelle; il fit plus; il entreprit de justifier aux yeux de ses collègues, de ses soldats justement étonnés et inquiets le départ de Bonaparte; il poussa l'abnégation jusqu'à leur présenter ce départ comme une preuve de dévouement à leurs intérêts, à leur bien-être [1], jusqu'à dire qu'il fallait par conséquent s'en féliciter et non s'en affliger. Il se contenta de de-

---

[1] Proclamation datée du Caire, le 30 août 1799.

mander à ses collègues un redoublement de zèle, d'activité, d'efforts : « Vous devez ces efforts, disait-il, à votre patrie; « vous les devez à votre gloire, vous les devez à l'estime « et à l'affection que je vous ai vouées [1]. » Il conservait peut-être encore un vague espoir que Bonaparte ne voudrait pas le tromper jusqu'au bout et ferait diriger sur l'Egypte, comme il l'avait promis, des forces nouvelles. Quoiqu'il en soit, il se mit résolument à l'œuvre.

Il commence par rassurer les populations de l'Égypte sur leurs intérêts; il leur promet justice, bienveillance, respect des croyances religieuses. « Dites au peuple, écrit-il aux Ulé- « mas, dites-lui que la République française, en me conférant « le gouvernement de l'Égypte, m'a spécialement chargé de « veiller au bonheur des Égyptiens; c'est de tous les attributs « du commandement le plus cher à mon cœur. » Puis, il trouve moyen de faire rentrer quelque argent dans la caisse de l'armée sans fouler les populations, réprime de scandaleux abus en matière de comptabilité, pourvoit aux besoins les plus urgents des troupes, assure les approvisionnements, ordonne d'importants travaux de fortifications, encourage, soutient ses collaborateurs, inflige quelques sévères leçons aux Turcs et à des tribus révoltées, mais en ménageant, selon sa belle expression, « l'effusion du sang français. »

Il se ménage encore du temps pour s'occuper de travaux scientifiques; il donne ses idées sur la publication des recherches historiques faites et à faire en Égypte; il demande qu'on la fasse précéder d'une « introduction générale partant d'un seul jet [2] » et accompagner d'illustrations confiées à d'habiles dessinateurs; il témoigne à Geoffroy Saint-Hilaire un empressement et une bienveillance extrêmes; il encourage les quelques artistes qui sont restés à la suite de l'armée; il fait rechercher *le marbre le plus pur* pour sculpter un intéressant zodiaque retrouvé dans les ruines de l'ancienne Thèbes et modelé en cire par le sculpteur Costez; il montre un goût passionné pour ce qu'il appelle « les merveilles de l'antiquité. » Ses lettres font preuve d'une grande intelligence scientifique et de goûts vraiments élevés; il ne considérait pas les collections

---

[1] Lettre aux généraux Menou, Belliard, etc., datée de Rosette, le 26 août 1799.
[2] Lettre au président de l'Institut d'Égypte, du 22 novembre 1799.

d'art et de science uniquement comme un butin de guerre, ainsi que l'avait fait Bonaparte. En négociant avec l'amiral Sidney Smith le retour des membres de l'Institut égyptien, il lui écrivait : « Comme l'Europe entière doit profiter des recherches
« qu'ils ont faites dans ces contrées, je pense qu'ils doivent
« avoir des droits à la protection de toutes les nations, mais
« particulièrement de la vôtre qui s'est distinguée de tout
« temps par son amour pour les sciences et pour les
« arts. »

Nul détail ne lui échappait ; il avait l'œil à tout et cependant, toujours modeste, simple, il évitait les occasions de se mettre personnellement en évidence, autant que Bonaparte les recherchait, parlant constamment de la patrie, de la République, jamais de lui. Un jour, le directeur de l'artillerie, Grosbert, lui soumet le programme du feu d'artifice qu'on devait tirer pour l'anniversaire de la fondation de la République ; le nom du général en chef figurait dans plusieurs pièces ; il donne aussitôt l'ordre suivant :

« Mon nom ne doit se trouver nulle part et rien de ce qui
« pourrait y être relatif ; ainsi, au lieu de dire : *Kléber est notre*
« *père à tous*, vous pourriez dire : *La patrie veille sur nous*,
« ou quelque autre chose de semblable, mais plus analogue à
« l'institution même de la fête, c'est-à-dire la fondation de la
« République...

« Le grand défaut, qu'on pourrait reprocher à ce feu d'arti-
« fice est celui de ne paraître consacré qu'à quelques avantages
« remportés à Malte, en Égypte et en Syrie, et certes ces
« avantages sont bien accessoires à l'étonnant réveil d'une
« nation, en dépit de la coalition de l'Europe entière[1]. » Voilà bien le langage d'un fils aîné de la Révolution ! Comme il est simple et patriotique ! Comme il va droit au cœur ! Comme on y reconnaît l'esprit des volontaires de 92, des soldats du Rhin et de Sambre-et-Meuse !

Cependant, Kléber n'avait pas dissimulé au Directoire qu'il considérait comme une impérieuse nécessité la continuation des négociations entamées par Bonaparte pour l'évacuation de l'Égypte ; il s'était mis en correspondance avec le grand vizir et lui avait envoyé le duplicata de la dernière lettre de son

[1] Du Caire, 14 septembre 1799.

prédécesseur restée jusqu'alors sans réponse; mais, comme le vizir l'avait pris d'un peu haut, il s'était hâté de déclarer que la conversation allait continuer à coups de canon et à la pointe des baïonnettes; nous montrerons, avait-il dit, ce que peuvent des « hommes à qui dix années de guerre et de succès « ont donné l'habitude de vaincre. » Sa fermeté avait obligé les envoyés de la Porte à faire amende honorable et, dans une entrevue diplomatique avec le général en chef, ils s'étaient montrés fort conciliants.

Kléber ne cessait, du reste, de combattre tout en négociant; le 1er novembre, un de ses lieutenants, Verdier, rejetait à la mer 4,000 Janissaires débarqués par la flotte anglaise sur la rive droite du Nil; les généraux Morand, Boyer, Friant faisaient sans cesse reculer notre infatigable adversaire Mourad-Bey; mais ces luttes étaient aussi stériles qu'héroïques; elles contribuaient encore à épuiser nos forces, tandis que l'Angleterre mettait de plus en plus d'acharnement à nous chasser d'Égypte et ne cessait de surexciter le sultan contre nous; le grand vizir n'était en réalité *qu'un homme de paille manié par elle*.

Le général en chef fit alors savoir au Directoire que « dans « deux mois l'Égypte serait retournée au pouvoir de la Porte, « soit par la voie des négociations, soit par le sort des armes; « encore, dois-je supposer, disait-il, que je serai victorieux, « car, vaincu, il n'est point de salut pour l'armée.

« Si Bonaparte est arrivé en France dans une circonstance « où son intérêt ne lui commande pas de trahir la vérité, si « les dépêches que je vous ai expédiées vous sont parvenues, « vous vous attendiez, citoyens Directeurs, à l'évènement que « je vous annonce; dans le cas contraire, votre justice vous « fera suspendre le jugement sur ma conduite, jusqu'à ce que « je puisse me faire entendre [1]. »

Lorsque Kléber écrivait cette lettre, le Directoire n'existait déjà plus; le criminel attentat de Brumaire avait livré la France à Bonaparte; c'était bien le moment pour lui de tenir les promesses qu'il avait faites solennellement au départ : « Je regar- « derai comme *mal employés tous les jours de ma vie où je ne* « *ferai pas quelque chose pour l'armée dont je vous laisse le* « *commandement et pour consolider le magnifique établissement*

[1] Lettre au Directoire, datée du Caire, le 26 novembre 1799.

« dont les fondements viennent d'être jetés¹; » mais il ne trouva pas le temps de s'occuper de nos soldats d'Orient; il leur adressa, à la vérité, une de ces proclamations sonores qu'il excellait à faire, chargeant d'éloges, qui ne lui coûtaient guère, son successeur, parce qu'il le croyait seul capable de mener à bon terme l'affaire d'Egypte et qu'il n'était pas fâché de le tenir éloigné de France jusqu'à nouvel ordre. Il protestait, du reste, qu'il était toujours en pensée avec l'armée d'Orient; c'était une variante de la formule que nous connaissons : « *Je serai d'esprit et de cœur avec vous* »; mais il avait grand soin de réserver toutes ses forces pour sa nouvelle campagne d'Italie; avec le gouvernement de la France entre ses mains, il ne devait jamais réussir à faire passer en Égypte plus de quelques centaines d'hommes; pour le moment, il n'essayait même pas d'envoyer des secours... Kléber n'en espérait pas du reste; il disait, avec une admirable clairvoyance, en homme qui avait vu de près Bonaparte et le connaissait maintenant à merveille :

« Je n'ai point reçu des nouvelles de France et j'ai même la
« conviction qu'il ne m'en arrivera pas, par la raison que,
« n'ayant point de secours à m'envoyer, on trouvera plus com-
« mode de me laisser le soin de débrouiller cette affaire, *sauf
« à m'approuver ou à m'improuver ensuite, suivant les circons-
« tances. Il n'en faut pas douter; Bonaparte avait fait le sacri-
« fice de ce pays longtemps avant son départ;* mais il lui fallait
« une occasion pour le fuir et il *ne l'a fui que pour éviter la
« catastrophe de sa reddition;* je dis plus : c'est que s'il avait
« trouvé à Toulon 10,000 hommes destinés à me porter du
« renfort, il se serait bien gardé de les faire embarquer; il en
« aurait plutôt renforcé l'armée dont il va prendre le comman-
« dement; car, c'est à présent plus que jamais où il doit s'as-
« surer de ses succès en Europe, puisque, sans eux, il serait
« perdu et culbuté en moins de temps qu'il ne s'est élevé². »

S'imagine-t-on cependant l'état d'esprit de Kléber? S'il n'écoutait que ses inspirations de soldat, il romprait des négociations qui le fatiguent, qui l'écœurent et que l'Angleterre fait traîner parce qu'elle sent bien qu'à chaque heure qui s'écoule

¹ Lettre à Kléber, du 22 août 1799.
² Lettre à Desaix, datée de Salayeh, 16 janvier 1801.

la situation de nos troupes s'aggrave; libre alors de toute entrave, il réunirait ses forces pour livrer de nouvelles batailles, des combats à mort et comme il les aime; mais ces combats ne serviront-ils pas encore les projets de nos ennemis? Ils éclairciront les rangs de notre armée qui ne se renouvelle pas, qui n'a aucun espoir de se renouveler, tandis que la Porte et l'Angleterre, maîtresses de la mer, peuvent sacrifier autant d'hommes qu'elles le voudront et remettre sans cesse en ligne des troupes fraîches.

Dans l'âme du héros se passe une lutte terrible; chaque soir, il se couche avec l'intention arrêtée d'engager le lendemain une lutte suprême et, le matin, à son réveil, il se dit qu'il n'a pas le droit de compromettre en quelques heures nos dernières chances de salut, « qu'il faut savoir sacrifier la gloire « personnelle à l'intérêt général et n'être pas même arrêté « par l'injustice qui nous attend [1]. » « Si je remporte la vic- « toire, écrivait-il encore à Desaix [2], je n'obtiendrai qu'un délai « de trois mois et il faudra, de nouveau, non point combattre, « mais capituler; si je suis battu, je suis comptable envers la « République de 20,000 hommes qui ne pourront échapper au « fer assassin d'une soldatesque effrénée et furieuse... » Si brave, si audacieux sur le champ de bataille, Kléber avait le respect de la vie humaine; dans la première époque de la Révolution, presque tous nos généraux l'eurent comme lui; Hoche disait: « La plus terrible des responsabilités, c'est d'avoir à « rendre compte à l'Être suprême du sang humain qu'on aurait « répandu sans nécessité, et celle-là seule me fait trembler; » Marceau écrivait à sa sœur: « Ne parle pas de mes lauriers; « ils sont trempés de sang humain. » A ces traits, reconnaissons les élèves des philosophes du dix-huitième siècle, de ces maîtres qui avaient rappelé au monde ce que tant de batailleurs et de despotes lui avaient fait oublier, la valeur de la vie humaine; quelle joie l'on éprouve à saluer de tels sentiments chez de grands hommes de guerre, chez des victorieux comme Kléber, Hoche et Marceau!

Après de longues et patriotiques hésitations, le général en chef demeura convaincu que son devoir consistait à faire de

---

[1] Lettre au général Dugua, du 25 janvier 1800.
[2] 19 janvier 1800.

suprêmes efforts pour sauver les restes de l'armée et, en tous cas, à gagner du temps pour permettre au gouvernement de lui faire connaître ses ordres. Il charge alors Desaix et le contrôleur général Poussielgue de conférer avec les délégués du grand vizir et Sidney Smith, plénipotentiaire anglais à Constantinople, sur l'évacuation de l'Égypte: il leur donne les instructions les plus fermes, les plus prudentes, les plus honorables; ils exigeront la dissolution de la triple alliance entre la Porte, les Anglais et les Russes, la restitution à la France des îles de Corfou, Zante et Céphalonie; en cas d'entente pour l'évacuation de l'Égypte, Malte et Gozzo devront être occupées par nous et la Porte se chargera du rapatriement des troupes françaises avec leurs armes, leurs bagages et leurs munitions; la vie, les biens, toutes les franchises, tous les privilèges d'usage dans le pays seront garantis aux Français qui resteront en Égypte et aux alliés de la République; dans aucun cas, les négociateurs ne consentiront à une évacuation pure et simple quand même les nouvelles venues d'Europe seraient déplorables, « quand même nos frontières seraient déjà enva-
« hies et nos places principales prises ou attaquées »; dans ce cas, « les plénipotentiaires déclareront que jamais le général
« français ne consentirait à une semblable évacuation que sur
« les ordres par écrit de son gouvernement; ils demanderont
« un sauf-conduit pour expédier un courrier extraordinaire au
« Directoire exécutif et une suspension d'hostilités jusqu'à son
« retour qui sera fixé à quatre mois[1]. »

Mais Kléber s'était fait illusion en donnant ses ordres à ses délégués, en croyant possible d'obtenir de telles conditions; l'Angleterre et la Porte étaient trop bien instruites de la détresse de notre armée pour y accéder. Desaix et Poussielgue s'en rendirent bientôt compte et durent le faire sentir au général en chef.

Celui-ci cependant ne pouvait se résigner à une évacuation pure et simple; à une proposition faite dans ce sens par le commodore Sidney Smith, il répondait: « Vous n'avez jamais
« pensé sérieusement qu'une armée française et chacun des
« individus qui la composent puissent écouter des propositions

[1] Instructions au général Desaix et à l'administrateur Poussielgue, datées du Caire, 7 décembre 1799.

« incompatibles avec la gloire et l'honneur. » Il espérait diviser ses adversaires et il employait à cette œuvre à la fois l'énergie qu'on lui connaît et la plus rare finesse, toutes les ruses de la diplomatie, mettant sans cesse la Porte en défiance contre l'Angleterre et la Russie, invoquant, l'histoire à la main, les antiques relations de la France et de l'Empire Turc, insistant sur la nécessité d'un rapprochement immédiat et d'une alliance solide entre les deux puissances ; mais la situation s'aggravait d'instant en instant ; la peste avait reparu dans nos rangs et y faisait de terribles ravages ; les finances étaient dans un état déplorable.

« Je ne vis plus au jour le jour, disait Kléber[1], mais du moment « actuel à celui qui lui succède. » Nos soldats étaient aigris par les privations et par les souffrances de tous genres ; ils étaient désespérés de voir leur séjour en Égypte se prolonger ; ils se croyaient trahis ; de fréquents suicides, des révoltes redoutables attestaient leur découragement et parfois leur irritation ; à Alexandrie, excités peut-être par les officiers eux-mêmes, ils avaient voulu empêcher le départ du bâtiment *l'America*, prétendant qu'il emportait des sommes énormes lorsqu'ils ne recevaient plus rien depuis longtemps ; on n'avait pu les calmer qu'en promettant une distribution prochaine d'argent ; à El-Arysch, la garnison attaquée par les Turcs avait refusé de se défendre, désobéi à son chef le brave commandant Cazals *essayé d'abattre le drapeau français pour arborer le drapeau Turc*, enfin *livré la place à l'ennemi ;* plusieurs des lieutenants de Kléber et non les moins distingués, ni les moins utiles, Desaix par exemple, avaient demandé à rentrer en France et Kléber ne les avait retenus qu'à grand'peine ; d'autres, comme Menou, manifestaient hautement leur mécontentement. Pour comble de malheur, les seules nouvelles qui fussent arrivées d'Europe à ce moment, étaient des plus alarmantes ; elles étaient datées du 10 octobre et représentaient « l'Italie perdue, l'armée « navale sortie de la Méditerranée et bloquée dans le port de « Brest, la flotte hollandaise au pouvoir des ennemis, les An- « glais et les Russes dans la Hollande, Müller battu sur le « Rhin, les frontières de l'Alsace livrées à la défense de ses « habitants, la Vendée ressucitée de ses cendres et Mayence

[1] Lettre à Desaix et Poussielgue, du 19 janvier 1800.

« en feu, enfin le corps législatif proposant de proclamer la
« patrie en danger et rejetant cette proposition, non parce que
« le danger n'existe réellement pas, mais parce que le décret qui
« pourrait le constater ne pourrait y apporter aucun remède[1]. »

Certes, Kléber avait alors le droit de se rappeler que Bonaparte lui avait écrit en quittant l'Egypte : Les nouvelles des
« succès ou des revers qu'aurait la République en Europe
« doivent aussi entrer puissamment dans vos calculs. » Quel
est l'homme de bonne foi, sans parti pris dans cette affaire
d'Egypte, qui oserait blâmer la conclusion du général en chef ?
La voici :

« D'après cela et la situation plus que pénible dans laquelle
« je me trouve et qui devient de jour en jour plus difficile, je
« crois, *comme général et comme citoyen,* devoir me relâcher
« de mes premières prétentions et tâcher de sortir d'un pays
« que, sous plus d'un rapport, je ne puis conserver, duquel on
« ne paraît pas même s'occuper en France, si ce n'est pour en
« improuver la conquête. L'espoir d'un renfort prompt et suffi-
« sant devait nous engager à gagner du temps ; cette espérance
« détruite, le temps que nous passons ici est du temps perdu
« pour la patrie ; hâtons-nous de lui porter un secours qu'elle
« est hors d'état de nous faire parvenir. » Kléber donne alors
à Desaix et Poussielgue l'ordre d'accepter « la simple neutra-
« lité de la Porte Ottomane pendant la guerre et la libre sortie
« de l'Egypte avec armes, bagages et munitions, avec la fa-
« culté de servir partout et contre tous après le retour
« en France. » Un armistice devait être signé et durer de droit
tant qu'il y aurait un seul soldat de la République en Égypte ;
la Porte effectuerait le rapatriement et même accorderait une
importante subvention ; l'évacuation du Caire n'aurait lieu
qu'un mois au moins après la signature du traité.

Dans l'horrible crise que traversaient les débris de l'armée
d'Égypte, ces stipulations étaient à coup sûr les plus avantageuses qu'on pût obtenir : Kléber n'avait pourtant pas voulu en
prendre seul la responsabilité. Il se concerta d'abord avec
Desaix, offrant de lui abandonner le commandement en chef
s'il n'approuvait pas ses démarches : il lui écrivit[2] :

---

[1] Lettre du 3 janvier 1800, datée du Caire.
[2] 16 janvier 1800.

« Si votre cœur était ouvert à l'espérance, si, improuvant ma
« conduite, vous aviez la certitude de mieux faire, je serais
« charmé que vous vous expliquassiez avec franchise; je vous
« remettrais alors le commandement *dont j'ai été chargé moi*
« et *vous me verriez vous obéir avec autant de zèle et de dévoue-*
« *ment que vous en montrez dans la circonstance.* Parlez! Pour
« moi, qui ne veux pas *assassiner en détail le reste de cette*
« *armée,* sans avantages réels pour la patrie, pour moi qui ai
« regardé cette expédition comme complètement *manquée*
« *aussitôt après l'événement désastreux d'Aboukir et la décla-*
« *ration de guerre de la Porte*, je persisterai dans ma résolution
« sans m'inquiéter si le blâme ou les éloges doivent m'atteindre;
« *ma plus douce récompense a toujours été l'assentiment de ma*
« *conscience et elle me dit que je fais bien.* »

Kléber ne s'en tint pas là ; il voulut consulter ses collaborateurs ; il crut « *de son devoir* » de réunir en conseil de guerre
les neuf généraux qui se trouvaient autour de lui ; « ils furent
« tous d'opinion que, d'après le silence constant du gouver-
« nement, *notamment depuis l'arrivée de Bonaparte en France,*
« il n'y avait plus à *concevoir aucun espoir raisonnable de se-*
« *cours;* que, dès lors, la conservation de l'Egypte est dans
« l'ordre des choses impossibles, et, qu'en conséquence, il
« ne pouvait résulter aucun avantage de la bataille que nous
« étions prêts à livrer, dans le cas même où nous obtiendrions
« la victoire, tandis que l'armée serait perdue sans retour si
« elle éprouvait un revers ; qu'il est donc convenable de se
« prêter aux arrangements qu'on pourrait nous proposer rela-
« tivement à l'évacuation pure et simple de ce pays, pourvu
« que les conditions fussent telles qu'en arrivant en France,
« nous puissions agir et porter à nos armées un puissant ren-
« fort. De toute cette délibération il a été dressé procès-verbal
« qui a été unanimement signé. Je ne prétends point, par
« cette pièce, décharger ma responsabilité, mais elle ne doit
« pas moins m'être précieuse et me confirmer de plus en plus
« dans ma résolution[1]. »

Absent au moment où se tint le conseil, Dugua fut invité à

[1] Lettre à Desaix et Poussielgue, du 20 janvier 1800.

donner son avis par écrit ; il partagea l'opinion de ses neuf collègues et cependant Kléber la lui avait laissé ignorer à dessein ; un onzième général, Lanusse, ne dit ni oui, ni non ; c'était plus commode.

En présence de cette conduite si prudente, si ferme, si loyale de Kléber, en présence de tant d'affirmations irréfutables, que penser des récriminations, des déclamations de Bonaparte au sujet de l'évacuation de l'Égypte ? Comment croire qu'il songea, comme il l'a déclaré lui-même, à faire mettre Kléber en jugement ? « Toutes les pièces, dit-il, dans le « Mémorial, avaient déjà été soumises à l'examen du Conseil « d'État. » Ainsi, par un renversement des rôles vraiment inouï, le vrai, le seul coupable aurait pu devenir l'accusateur, et la grande, la noble victime, l'accusé !

« L'occupation de l'Égypte était restée la chimère favorite
« de Bonaparte; elle était son œuvre personnelle ; de toutes
« ses entreprises, c'était celle où il avait mis le plus de lui-
« même et sur laquelle il avait le plus bâti de ces rêves gigan-
« tesques qui étaient à la fois un besoin impérieux de sa nature
« et l'incurable infirmité de son génie. Plus le temps et la force
« des choses lui avaient infligé de démentis, au sujet de cette en-
« treprise avortée, plus il s'était obstiné à les nier [1]. » De là, ses colères contre Kléber; de là, cette expression furieuse : « Je regarde comme infâme, qu'on ait abandonné l'Égypte » et cette comique tirade adressée à Tayllerand : « Faites mettre « au *Moniteur* que si je fusse resté en Égypte, *cette superbe* « *colonie* serait encore à nous, que le Grand-Vizir n'avait pas « au delà de 30,000 hommes... que l'escadre de Brest, qui « portait 6,000 hommes, serait parvenue à jeter un mois plus « tôt, un mois plus tard des secours en Égypte [2]... » Puisque Bonaparte était si sûr du succès, il avait un moyen bien simple de nous conserver *cette superbe colonie;* c'était de rester en Égypte; nous y aurions sans doute gagné de ne pas voir la Révolution et la France accaparées par un homme qui allait changer notre pays en un régiment ; ajoutons que quand on accuse avec tant de hauteur un Kléber, quand on prétend citer des chiffres à l'appui de son blâme, il faudrait au moins

[1] Lanfrey, — *Histoire de Napoléon Ier*, t. II, ch. viii.
[2] Aux consuls, 15 mai 1800.

avoir des renseignements exacts entre les mains ; l'armée du Vizir comptait non pas trente mais quatre-vingt mille hommes et, quant à l'escadre de Brest, elle ne porta aucun secours, ni un mois plus tôt, ni un mois plus tard. En lisant dans nos archives et dans la correspondance de Bonaparte les pièces relatives à l'Égypte, on comprend à merveille que Lanfrey ait dit : « Cet homme n'a pas écrit une page où l'on ne puisse « le prendre en flagrant délit de mauvaise foi.[1] »

Non, incapable de reconnaître ses fautes, ses erreurs, Bonaparte ne voulait pas consentir à avoir tort devant la France ; infatué de son pouvoir, il n'admettait pas qu'on put trouver une tache dans son passé et, pendant qu'il adressait à Kléber des félicitations officielles, il essayait de porter dans *ses* journaux, dans *son Moniteur*, des coups terribles au héros ; entre ces deux hommes, la postérité ne peut pas, ne doit pas hésiter.

Kléber ne connut que fort tard le crime de Brumaire ; quand la nouvelle lui en parvint, il avait traité depuis dix jours déjà avec la Porte et l'Angleterre sur les bases que nous avons indiquées ; il se contenta de dire : « Ce qui a été vrai hier l'est « encore aujourd'hui et le sera par delà les siècles. Le géné- « ral Bonaparte n'est pas à redouter pour moi : au lieu d'être « partie, il est actuellement juge dans une affaire qu'il connaît « aussi bien que moi. S'il est juste, l'armée et moi devons « également nous attendre à l'accueil le plus distingué ; *s'il est* « *injuste, il se déshonorera malgré toute sa puissance et alors* « *tant pis pour lui*[2]. » S'adressant à un vieux républicain, Dugua, il s'écriait avec non moins d'esprit que de fermeté, en faisant allusion à Bonaparte : « Mais si le roi voyait cela ! S'il « le voyait et qu'il fût juste, il dirait que cela est vrai ; *s'il est* « *injuste, tant pis pour lui, et je m'en moque*[3] ! » Quelques jours plus tard[4], en réfutant de misérables accusations dont il était l'objet, il adressait à Desaix et à Poussielgue ce mémorable avertissement :

« Rappelez-vous que la vérité, plus encore que la République, « est une et indivisible et que cette dernière ne saurait être

---

[1] *Histoire de Napoléon I*er, t. II.
[2] A Auguste Damas, 14 février 1800.
[3] Lettre du 28 février 1800.
[4] 6 mars 1800.

« solidement fondée que par des hommes qui savent respecter
« la première et ne la redoutent jamais ; la toute-puissance de
« Bonaparte peut un instant étouffer la vérité, mais tôt ou tard
« elle se fera connaître : *Falsum stare non potest*[1]. C'est là
« toute ma consolation et si j'avais à recommencer ce que j'ai
« fait, je le ferais encore. Établir une colonie, *sans gouver-*
« *nement stable, sans marine, sans finances et avec une guerre*
« *continentale effrayante sur les bras, est le comble du délire.* »
En face de l'homme de Brumaire dans sa toute-puissance, personne, croyons-nous, ne montra autant de fermeté. Que la France ne l'oublie pas ! Vengeons cette grande mémoire de toutes les calomnies dont elle a été abreuvée par Bonaparte, ses courtisans et ses panégyristes[2] ; si modeste d'ordinaire, Kléber s'était cette fois rendu justice et l'on se sent heureux qu'au milieu de telles épreuves cette grande âme n'ait douté ni d'elle-même, ni de la justice de l'Histoire. « Plus je réfléchis,
« disait-il, sur l'opération que je viens de terminer, plus je
« suis convaincu que la postérité me décernera une couronne
« pour avoir eu le courage de donner une issue raisonnable à
« une entreprise extravagante et lâchement abandonnée par
« son auteur[3]. » Plaçons sur le front du héros cette couronne qu'il espérait et qu'il a trois fois méritée ! *Falsum stare non potest :* Le mensonge ne peut durer.

[1] Le mensonge ne peut durer.
[2] Il est douloureux de constater que M. Thiers lui-même n'a pas été juste pour Kléber et qu'il a jugé l'évacuation de l'Égypte en s'en rapportant presque uniquement au témoignage de Bonaparte. M. Lanfrey a été plus équitable.
[3] Au général Dugua, 28 février 1800.

X

VIOLATION DE LA CONVENTION D'EL-ARYSCH
VICTOIRE DE KLÉBER A HÉLIOPOLIS
SON ASSASSINAT

Le 28 janvier 1800 avait été signé le traité qui est resté connu sous le nom de Convention d'El-Arysch; ce traité qui a fourni à Bonaparte le prétexte de tant de récriminations violentes ne devait jamais être exécuté; sa rupture offrit à Kléber une dernière occasion de s'illustrer et lui coûta la vie.

Le commodore Sidney Smith avait adhéré à la convention au nom de l'Angleterre; mais, au moment même où il y adhérait, il était remplacé à Constantinople comme ministre plénipotentiaire par Lord Elgin et le cabinet de Saint-James, avant de connaître le traité, avait donné l'ordre formel à l'amiral Keith d'établir une croisière devant Alexandrie, d'empêcher par tous les moyens l'embarquement des troupes françaises à moins qu'elles ne se rendissent prisonnières de guerre; déjà, presque toutes les places avaient été évacuées, la citadelle et les forts du Caire désarmés; il y avait violation manifeste du traité. Sidney Smith, très supérieur à la réputation qu'on lui a faite en France, caractère généreux et même chevaleresque, fut désespéré, car toutes les apparences étaient contre lui. Se croyant sûr de l'approbation de son gouvernement, il avait pris dans la négociation le titre de ministre plénipotentiaire qui, en réalité, ne lui appartenait plus; il y avait eu de sa part une usurpation de pouvoirs inspirée par trop de bon vouloir; il se hâta de prévenir Kléber. Sans se troubler, le général, tout en protestant près de la Sublime Porte, donna aussitôt les ordres nécessaires pour la reprise des hostilités; jamais il ne se montra plus ferme, plus grand. « Il fallut, a-t-on dit, que Bonaparte, l'Angleterre « et la Porte se réunissent pour révéler à Kléber toute l'étendue « de son génie [1]. »

Lord Keith avait fait connaître par écrit au général en chef les conditions humiliantes que l'Angleterre prétendait lui imposer. Kléber lut tranquillement la lettre et se borna à dire : « Demain, l'amiral connaîtra ma réponse. » Le lendemain, 17 mars, il fit mettre à l'ordre du jour de l'armée la lettre de l'amiral et il y ajouta ces deux lignes : « Soldats! on ne répond « à de telles insolences que par des victoires; préparez-vous « à combattre! » Nous ne connaissons pas dans l'Histoire de proclamation plus belle et plus courte.

Déjà, le général en chef avait rassemblé sous sa main toutes les forces dont il pouvait disposer; l'évacuation préliminaire des diverses provinces avait permis cette concentration rapide et, en ce moment, si nécessaire. Le 19 mars, le Grand-Vizir est informé de la rupture des négociations; le soir même de ce jour, Kléber passe ses troupes en revue; dans la nuit, il marche à l'ennemi; son exemple, l'indignation qu'inspire la conduite de l'Angleterre rendent, pour un jour au moins, l'énergie à tous. A Héliopolis, la bataille s'engage[2]; nos soldats sont admirables à la fois d'élan et de constance; ils sont à peine dix mille et ils ont quatre-vingt mille hommes devant eux; n'importe; les Turcs fondent sur nos carrés flanqués de colonnes de grenadiers; ils sont reçus par des décharges à bout portant et reculent; ils sont poursuivis à la baïonnette jusque dans leurs

---

[1] Bignon, — *Histoire de la diplomatie*.
[2] 20 mars 1800.

retranchements, culbutés, massacrés; les restes de leur armée s'échappent à travers le désert; ils laissent entre nos mains vingt pièces de canon et tous leurs équipages; c'était une éclatante leçon donnée à la Porte, un vrai triomphe.

Mais ce triomphe, il eût été nécessaire de le renouveler chaque jour. Le Caire s'était révolté; il fallut reprendre cette ville quartier par quartier, presque rue par rue; les insurgés s'étaient fortifiés d'une façon formidable; ils avaient élevé de grosses murailles à double rang de créneaux et appuyées à des maisons dont les terrasses servaient de places d'armes. Chercher à en avoir raison par la force, c'était s'exposer à perdre beaucoup de monde; fidèle à sa tactique trop justifiée, Kléber vise à « se rendre maître du Caire par une autre voie que
« celle d'une attaque de vive force, voulant sacrifier l'éclat
« d'un succès à deux intérêts bien plus chers, la conservation
« de l'armée et celle d'une ville nécessaire à son établissement
« dans ce pays [1]. »

Il réussit à réconcilier avec la République française notre adversaire le plus passionné, le plus acharné, Mourad Bey; celui-ci nous ménage des intelligences dans la place; il faut néanmoins lancer des boulets sur la ville; le 21 avril, après une vive attaque de nuit, elle se rend; Kléber y fait son entrée par la porte des Victoires, à la tête de l'armée, et il donne en même temps les ordres les plus sévères pour empêcher le pillage; il détestait les représailles comme inhumaines et impolitiques.

La victoire d'Héliopolis ne faisait pas illusion au général; il était toujours sans nouvelles de Bonaparte et sans argent; pour subvenir aux besoins du service, il était réduit à solliciter des cotisations des fonctionnaires et des généraux; lui-même versait ce qu'il possédait à la caisse du corps expéditionnaire et se rendait personnellement responsable des dettes de l'armée; il essayait de combler les vides de plus en plus nombreux dans ses troupes en enrôlant des indigènes chrétiens et musulmans, en créant un corps auxiliaire de Coptes, une légion grecque; il faisait exécuter de sérieux travaux de défense au Caire et sur les côtes, organisait tout un service de reconnaissances, remontait son artillerie et sa cavalerie en enlevant les

[1] *Kléber*, par le général Pajol.

chevaux et les chameaux des Arabes; enfin, grâce à des prodiges de fermeté et d'habileté, il put recommencer à lever des impôts en argent et en nature, solder une partie de l'arriéré et améliorer un peu le sort du soldat.

Malheureusement, ces résultats relativement satisfaisants ne furent obtenus qu'en irritant les chefs indigènes, les principaux scheiks sur lesquels pesaient de nouvelles charges; les propriétés des mosquées ne purent être respectées; il fallait bien faire vivre nos malheureux soldats abandonnés par Bonaparte; scheiks, prêtres, agents du Grand-Vizir se mirent à exciter les populations au nom du Coran; des prédications furieuses eurent lieu dans toute l'Egypte; de larges récompenses furent promises à l'assassin du général en chef, *de cet homme sans foi et sans pudeur qui osait imposer sa volonté même aux descendants du prophète et au besoin les faire châtier quand ils refusaient d'obéir*[1].

Un misérable fanatique, un jeune homme de 24 ans, répondit à ce criminel appel; il se nommait Soleyman-el Haepi; pendant trente jours, il épia sa victime. Le 14 juin 1800, après une revue passée dans l'île de Roudah, Kléber était venu déjeuner au Caire chez le général Damas, en compagnie d'un grand nombre de ses lieutenants, de fonctionnaires et de savants français; en sortant de table, il prit à part l'architecte de l'armée, Protain, pour s'entretenir avec lui de quelques travaux urgents; il longeait, en causant, la terrasse qui réunissait la maison de Damas au quartier général, lorsque Soleyman s'approcha dans l'attitude d'un suppliant: il tenait à la main un placet; avec sa bienveillance naturelle, Kléber se pencha vers cet homme; alors, par un mouvement plus prompt que l'éclair, Soleyman se releva et frappa le général au cœur d'un coup de poignard; Kléber ne put que prononcer ces mots : Je suis assassiné! » Protain se jeta sur le meurtrier; il fut frappé à son tour avec une effroyable fureur et le général reçut encore trois blessures; quelques instants après il expirait; la République et la France perdaient en lui un de leurs plus illustres serviteurs.

[1] Un de ces descendants du prophète, El Sâdàt, principal auteur de la révolte du Caire, épargné une première fois par Kléber, refusa de payer l'impôt; il fut bâtonné; cette circonstance fut exploitée contre le général avec une grande habileté.

La vie de Kléber n'avait été qu'un long combat. Sorti des derniers rangs du peuple, il ne s'était élevé aux premiers postes de l'armée qu'à force de constance, de génie et de vertu ; plus d'une fois persécuté, souvent suspect aux uns et aux autres pour sa droiture même et son impartialité, il couronnait par le martyre son étonnante carrière. Je ne crois pas qu'il faille le plaindre ; le poignard de Soleyman lui évita la dure nécessité à laquelle Menou fut acculé en 1801, celle de capituler sans conditions. Il ne faut pas se faire d'illusions sur l'état relativement prospère de notre situation en Égypte vers le milieu de 1800 ; on s'est armé des derniers succès de Kléber et de quelques paroles qui lui échappèrent, dit-on [1], pour prétendre que l'Égypte aurait pu devenir bientôt une florissante colonie française et une place d'armes de premier ordre contre l'Angleterre ; en admettant l'authenticité des paroles du général, nous y trouvons une explication très complète des nouveaux projets qu'il aurait pu concevoir et elle lui fait encore le plus grand honneur. Il avait énergiquement blâmé le coup d'État de Brumaire, mais il savait que la France en acceptait les conséquences ; résolu à ne plus servir sous son ancien collègue devenu *le maître*, se sentant dans l'impossibilité matérielle d'engager une lutte contre lui (car quand même il y eut songé, il n'était pas de ceux qui quittent sans ordres leur poste de soldat) il put dire : « Bona-
« parte ne veut pas, ne peut pas souffrir de résistance. *Et nous*
« *pourrions-nous nous résigner au rôle d'instruments dociles ?*
« N'allons point porter au sein de la patrie des dissensions qui
« feraient la joie de ses ennemis. Restons ici.

« Notre grande Révolution a violemment agité les esprits
« et secoué les passions ; plus d'un homme supérieur est sorti
« du bouillonnement du temps ; qui sait s'il n'y en aura pas
« qui ne *pourront courber la tête sous un maître ?* Artisans de
« troubles dans leur pays, ils seraient peut-être utiles ailleurs !
« Ouvrons leur l'Égypte. Que leur activité trouve ici, dans une
« glorieuse lutte contre les hommes et les choses, un emploi
« qui serve à la prospérité et à la grandeur de la patrie. » Si Kléber a effectivement tenu ce langage plein d'élévation, c'était à lui-même qu'il songeait d'abord en parlant de ceux qui ne *pourraient se résigner au rôle d'instruments dociles*, ni *courber*

[1] Claude Desprez, — *Kléber et Marceau*.

la tête sous un maître. Sa grande âme républicaine était brisée de douleur; mais dévoré de ce besoin d'activité qui était l'un des traits de sa nature et ne pouvant se résigner à ne plus servir la France, il acceptait maintenant un exil qui lui permettait d'être encore, de loin, utile à la patrie! Ainsi se trouveraient expliqués les beaux rêves qu'on lui a prêtés; mais, au fond, il ne pouvait avoir si brusquement changé d'avis sur la question d'Egypte; il savait bien qu'en réalité sa victoire d'Héliopolis ne modifiait pas la situation et que l'Angleterre se serait ruinée plutôt que de tolérer l'établissement définitif des Français sur la mer Rouge; il était donc condamné tôt ou tard à céder; il était placé entre un douloureux échec dont il eût été inconsolable et l'élévation prochaine de son implacable adversaire au trône impérial; on peut dire que la mort fut pour lui une délivrance.

On prétend que Bonaparte témoigna quelques regrets de l'assassinat du héros et que, dans l'intimité, il fit plusieurs fois son éloge [1]. C'était vraiment bien de la bonté à Bonaparte que de louer *dans l'intimité* le glorieux collègue dont il essaya de ternir la gloire et dont il causa la perte, car, au fond, en imposant à Kléber le commandement de l'armée d'Egypte et en l'abandonnant sur la terre africaine, il a assumé la responsabilité du crime du 14 juin; nous ne croyons pas à la sincérité de ses prétendus regrets; il n'avait pu pardonner à Kléber ses rapports au Directoire et l'homme de Brumaire devait trop redouter l'illustre soldat citoyen.

Les funérailles de Kléber eurent lieu en grande pompe au Caire, le 17 juin [2]; son éloge fut prononcé devant les troupes en armes par Fourier, le secrétaire de l'Institut d'Egypte. Lors de l'évacuation définitive, les restes du glorieux général, déposés provisoirement dans l'un des bastions de son camp, furent ramenés à Marseille; Bonaparte eut soin de les y laisser; ce fut seulement en 1818 que Strasbourg revendiqua la dépouille mortelle de son glorieux enfant; en 1840, à une époque

---

[1] Il est certain qu'il a dit : « De tous les généraux que j'ai eus sous moi, Kléber et Desaix étaient ceux qui avaient le plus de talents ».

[2] Soleyman fut empalé ce jour-là en présence de l'armée française; on lui avait 'abord brûlé le poignet droit; il supporta son supplice avec une indomptable énergie.

où l'on sentait le besoin de raviver le patriotisme en France, on lui éleva dans cette ville la belle statue qui représente le héros froissant la lettre de lord Keith et répondant à son insolente sommation par ce défi : « Les armes que vous demandez, « venez les prendre ! » Hélas ! *cette statue est aujourd'hui en terre prussienne ; nous en devons une autre à ce grand ancêtre de la République* ; il a joué de malheur avec les Bonaparte ; nous venons de montrer le rôle du premier envers lui ; grâce à Napoléon III, ses restes et son image ne sont plus sur cette terre de France qu'il a tant aimée et pour laquelle il a tant fait ! *Il serait digne du Gouvernement, des Chambres de réparer ce malheur.* On ne saurait trop honorer un tel homme ; on ne le désignera jamais assez à l'admiration des générations nouvelles.

Nos annales comptent peu d'existences plus attachantes, mieux remplies, plus pures ; c'est l'un des plus fiers génies et surtout l'un des plus fermes caractères que notre pays ait produits ; soldat incomparable, général, administrateur, diplomate de premier ordre, travailleur infatigable, esprit politique d'une rare valeur, intelligence large, élevée, ornée, âme grande entre toutes, le fils du tailleur de pierre fut par dessus tout un homme de devoir et de sacrifice, un *citoyen*. En étudiant cette vie, je me suis parfois demandé combien de révolutions, combien de crises morales et matérielles, combien de tristes jours et de deuils auraient pu être épargnés à la France si nous eussions eu, en 1800, pour premier consul, pour chef de l'État un Kléber, un grand homme qui eût été, avant tout, un honnête homme ? Celui-là aurait fermé dès lors l'ère de nos troubles politiques, en assurant à la Révolution française ce couronnement inévitable qu'on a pu retarder d'un demi-siècle mais auquel notre génération devait enfin assister, c'est-à-dire : la constitution de la République. Les temps n'étaient pas encore venus ! Il faut, nous le savons trop, que les nations comme les hommes, achètent durement leur expérience !

Que la France, du moins, prodigue les témoignages de sa reconnaissance à ceux dont les exemples et les conseils tendaient à la maintenir dans sa vraie voie ! Qu'elle environne à jamais de son respect ces fils de la Révolution qui ne connurent d'autre ambition que de rester les serviteurs fidèles, désintéressés de la Patrie et de la Loi! Qu'elle distingue entre le soldat citoyen qui tomba sur la terre d'exil, victime de son dévouement au devoir, et l'ambitieux sans scrupules qui, pendant ce temps-là, spéculait sur ses victoires, osait se substituer tout seul à la Révolution toute entière! Qu'elle remette ces deux hommes à leur vraie place dans ses affections; qu'en lisant la vie de Kléber, qu'en opposant cette physionomie si belle et si pure à celle de Napoléon, elle apprenne à estimer, avant tout, chez ceux qui la servent, cette vertu sans laquelle le talent, le génie même ne sont le plus souvent que des fléaux pour les nations, je veux dire : *l'honnêteté*.

HOCHE

« Fais aimer la République et
respecter ses armes. »
                              Hoche

1768 — LAZARE HOCHE — 1797

HOCHE

I

ORIGINE ET DÉBUTS DE HOCHE

Hoche a été l'incarnation la plus brillante de la démocratie française pendant la première époque de la Révolution ; c'est de ses rangs les plus humbles qu'il sortit pour s'élever aux plus hautes destinées. Son père, ancien soldat, était palfrenier à la Vénerie de Louis XV; sa mère Anne Merlière était également de condition fort modeste.

Né le 24 juin 1768, à Versailles, à deux pas du fastueux palais de la monarchie, rue de Satory [1], Hoche, comme Kléber, perdit sa mère de très bonne heure et subit peu l'influence de son père, fort honnête homme, mais un peu rude et sans aucune instruction : deux personnes surtout veillèrent sur lui ; une tante, brave fruitière, et un oncle l'abbé Merlière ; la pre-

---

[1] La maison portait alors le numéro 95 ; aujourd'hui, elle porte le numéro 18.

mière, quoique chargée d'enfants, le traita en fils, l'envoya à l'école; l'oncle lui donna de sérieuses leçons de latin et l'employa dans sa paroisse comme enfant de chœur; à quatorze ans, on le plaça dans les écuries du Roi. Sa nature aussi ardente que fière et son imagination l'appelaient bien loin de là; il lisait avec passion des récits de voyage; il rêvait d'aller servir aux colonies; des racoleurs peu scrupuleux lui offrirent un engagement au-delà des mers et trouvèrent moyen de l'incorporer dans les Gardes-Françaises; toute sa destinée se trouvait ainsi modifiée.

Le jeune garde-française devint vite un soldat modèle; il apportait dans le service à la fois une grande ardeur et un sentiment profond de la discipline; bientôt, il mérita d'être fait grenadier, caporal, sergent; les recrues n'eurent pas de meilleur instructeur; ce fut aussi l'un des meilleurs comptables du régiment.

En même temps, il complétait, avec une rare énergie, son instruction littéraire; les livres lui manquaient; il trouva moyen d'en acheter; pendant les soirées d'hiver, il brodait des vestes et d'élégants bonnets de police qu'il vendait ensuite aux officiers nobles; l'été, levé avant le jour, il travaillait pour les maraîchers de Montreuil : c'est avec ce pécule si laborieusement amassé qu'il se procura non seulement les œuvres de Voltaire et de Rousseau, mais celles de Montaigne et de Molière pour lequel il professait la plus vive admiration, des livres d'histoire, de morale, les Anciens même que le futur général citera, plus d'une fois, dans sa correspondance.

Si avide de savoir, Hoche n'en est pas moins, comme le veut son âge, un gai compagnon; il est plein d'entrain; il aime le plaisir : il sait donner et recevoir à l'occasion un bon coup d'épée. Un jour, il se mesure avec un spadassin émérite, le caporal Serre, odieux délateur; on se bat dans les carrières de Montmartre, fin décembre 1788, par un temps affreux, avec de la neige jusqu'à la ceinture; Serre est grièvement blessé, mais Hoche reçoit en pleine figure un coup de sabre qui lui fend le front; le voilà balafré pour la vie, non défiguré, du reste; la cicatrice relevait même la fierté naturelle de sa physionomie.

Une autre fois, de garde à la Comédie Française, il fait

son devoir en arrêtant, parmi des tapageurs qui troublaient le spectacle, le boucher Legendre, le futur conventionnel. Legendre furieux le provoque, l'appelle sur le terrain ; les témoins trouvaient ce duel absurde ; au dernier moment, l'un d'eux parvint à l'empêcher ; ce pacificateur était Danton.

Hoche fut parfois compromis comme ses camarades et avec eux dans des aventures de jeunesse ; on lui a beaucoup reproché sa participation au pillage d'une maison située dans les faubourgs de Paris ; il faut dire non pour justifier mais du moins pour expliquer sa conduite qu'un de ses meilleurs amis avait été assassiné dans cette maison. Il expia, du reste, sa faute par trois mois de la plus cruelle captivité et, quand il sortit de prison, il fut le premier à calmer ceux de ses compagnons qui parlaient de le venger.

On l'adorait dans sa compagnie ; les officiers avaient pris en affection ce soldat qui se rendait spontanément à la salle de police quand il avait commis quelque faute, désarmait parfois les chefs les plus rigoureux par de spirituelles réparties, était toujours prêt à défendre ses égaux ou ses subordonnés.

Lorsque la Révolution éclata, Hoche l'accueillit avec enthousiasme. Il ne pouvait en être autrement pour le fils du palefrenier de Versailles, pour l'admirateur passionné de Voltaire, pour le jeune garde-française intimement associé à la vie de la population parisienne. Dans deux journées mémorables, le 14 juillet 1789, à Paris, et le 5 octobre, à Versailles, il eut à jouer un modeste rôle : il le remplit à son honneur.

Le 14 juillet, à Paris, rue Verte, il commandait comme sergent le petit détachement qui devait garder l'entrée de la caserne où se trouvait un important dépôt d'artillerie ; une foule composée de plus de six mille personnes s'entasse à la grille, veut s'emparer des canons ; Hoche fait tout pour empêcher à la fois l'effusion du sang et l'envahissement de la caserne ; des témoins oculaires peu suspects, le marquis de Saint-Fère entre autres, lui rendent ce double témoignage bien honorable pour ce jeune homme dévoué à la cause de la Révolution mais qui connaît son devoir de soldat.

Le 5 octobre, à Versailles, au moment où la foule envahit le palais, les gardes du corps reculant devant l'émeute finissent par se barricader dans le salon de l'Œil-de-bœuf ; ils donnent au roi le temps de s'enfuir, mais ils se croient perdus. Une voix douce et forte les rassure ; c'est celle de Hoche : « Ouvrez, « Messieurs, s'écrie-t-il ; nous n'avons pas oublié que les vôtres « nous sauvèrent à Fontenoy, nous autres gardes-françaises. » La porte du salon s'ouvre ; Hoche et ses camarades font évader les gardes du corps et rétablissent l'ordre dans le palais.

Certes, tous devaient considérer comme un homme de grand avenir le sous-officier que nous venons de faire connaître ; ajoutez que sa taille (cinq pieds huit pouces), sa tenue martiale et sa physionomie pleine de fierté devaient attirer sur lui l'attention ; une grande dame de Versailles l'avait distingué et avait dit : « Voyez-vous celui-ci ? Ce n'est pas un soldat ; il a l'air d'un général ; » mais en attendant que de tels pronostics devinssent des réalités, Hoche pouvait désespérer de l'avenir ; sept années s'écoulèrent avant qu'il devint officier. Passé, en août 1789, dans la garde nationale parisienne[1], puis au 104me régiment d'infanterie, rentré aux Gardes-françaises après la reconstitution de ce corps, il traversa obscurément, dans les grades de sergent-major et d'adjudant, les trois premières années de la Révolution ; enfin, pendant l'été de 1792, le ministre de la guerre, Servan, remarque au milieu d'une revue, la tenue exceptionnelle de son peloton ; il le fait venir, le félicite devant son état-major et lui envoie, quelques jours après, un brevet de lieutenant au régiment de Rouergue.

Ce régiment était compris dans le corps d'armée de Dumouriez qui tenait tête, en ce moment, aux forces de la première coalition organisée contre la France ; il était en garnison à Thionville. Les Prussiens veulent s'emparer de la place ; elle résiste héroïquement ; Hoche se signale pendant ce siège et le général Le Veneur discerne en lui de rares qualités militaires.

A la retraite de Grandpré qui aurait pu être désastreuse et qui permit à Dumouriez d'attendre les renforts avec lesquels il devait gagner la bataille de Valmy, c'est Hoche qui commande et rallie l'arrière-garde hésitante. Nommé capitaine au 58me d'infanterie après l'invasion de la Belgique et chargé d'approvisionner sa brigade, il y réussit au milieu des circons-

[1] Après le licenciement des Gardes-françaises.

tances les plus difficiles ; après l'échec d'Aldenhoven, il sauve, contre toute espérance, l'artillerie, le trésor et le matériel de l'armée; il mérite que Le Veneur le prenne pour aide de camp. Dans la campagne de Hollande, il assiste à tous les combats ; démonté deux fois à Nerwinden, il se borne à dire : « Décidément, ces messieurs veulent me faire servir dans la ligne ! » A Louvain, à Vertrich, à Wlangen, sa conduite est héroïque ; on veut le récompenser en le nommant chef de bataillon ; il refuse cet avancement pour rester auprès de son général ; il a senti combien il pouvait gagner au contact d'un tel chef, instruit, distingué, expérimenté, de grande naissance et formé dans l'ancienne armée royale mais franchement rallié, après d'honorables épreuves, à la cause de la Révolution ; ainsi Kléber, jeune encore, s'était attaché au vieux colonel Guittard. Sous une direction intelligente et affectueuse, Hoche apprit, à la fois, l'art de la guerre, l'art d'écrire et l'histoire ; il faisait connaissance avec les grands capitaines de tous les temps ; il s'exerçait à composer des mémoires que Le Veneur revoyait et corrigeait avec le plus grand soin quant au fond et quant à la forme ; la plupart de ces travaux dont le général choisissait les sujets portaient sur l'organisation de l'armée ; plusieurs furent remarquables, un surtout dans lequel étaient exposés avec force tous les dangers que présentait l'élection des officiers par les soldats ; « le soldat, disait Hoche, est bon juge du chef qu'on lui donne et non de celui qu'il doit se donner ; » il demandait également que l'ancienneté ne fût pas prise pour unique base de l'avancement et il rappelait l'exemple de ce capitaine réduit à se faire lire par un tambour un ordre secret. Au reste, on s'imagine aisément les progrès d'un tel élève ; ajoutons qu'il garda toute sa vie la plus profonde déférence et la plus vive reconnaissance pour son maître ; les noms de Le Veneur et de Hoche sont inséparables dans l'histoire comme ceux de Guittard et de Kléber. Union touchante et symbolique ! Ce sont les anciens officiers de la monarchie qui forment les généraux de la République ; c'est la vieille armée française qui donne la main à l'armée de la Révolution.

Ce talent de composer et d'écrire que Le Veneur avait éveillé et developpé chez son aide de camp, Hoche eut bientôt l'occasion de le mettre au service de la patrie.

Témoin, à l'armée du Nord, de la trahison de Dumouriez, il contribue largement à relever les courages, à la fois par sa parole ardente et par sa plume ; on a distribué dans le camp des libellés injurieux pour la Convention et décourageants pour l'armée ; il rédige et fait afficher une énergique réponse qui produit une profonde et salutaire impression.

Chargé de porter à Paris des nouvelles de l'armée abandonnée par Dumouriez, il remplit sa mission avec tact, voit les chefs politiques des divers partis, sans sortir de son rôle tout militaire, et sait inspirer assez de confiance pour que Couthon lui demande un mémoire spécial sur la défense de notre frontière Nord-Est ; il retourne à son poste, se met au travail et, en quelques jours, rédige tout un plan de campagne.

D'après lui, un changement de tactique était nécessaire ; on avait trop dispersé nos forces ; on n'avait pas assez agi ; on n'avait pas assez compté sur les qualités du soldat français, « sur cette ardeur de combattre qui caractérise nos troupes ; » il fallait marcher en avant, intimider l'ennemi et le forcer à reculer en se portant audacieusement sur son territoire : « Qu'un « seul cri se fasse entendre : aux armes ! Marchons fièrement : « point d'incertitude et la victoire est à nous ! » Il énumérait les opérations à faire, les places fortes à garder ou à raser ; il présentait ses idées avec force, avec élévation et en même temps avec modestie, s'excusant d'apporter dans cette étude « un patriotisme plus ardent qu'éclairé. » Or, le plan proposé par le jeune capitaine devait être, à peu de chose près, celui-même qui sera suivi, on sait avec quel succès, dans la glorieuse campagne de 1794 ; on peut dire que, par de telles conceptions, Hoche se révélait du premier coup, au point de vue de la tactique, comme un digne émule de Carnot et de Bonaparte.

Sa carrière faillit être interrompue d'une façon tragique. La trahison de Dumouriez faisait soupçonner tout le monde ; Le Veneur avait été dénoncé par des clubistes et jeté en prison ; Hoche ne put contenir son indignation : « Est-ce donc, « s'écria-t-il, est-ce donc Pitt et Cobourg qui gouvernent que « l'on prive la République de ses plus fermes défenseurs ? » Il fut arrêté à son tour ; au moment de son arrestation il remit aux gendarmes un manuscrit en disant : « Voici la preuve du

« complot que nous tramions contre la République. » Ce manuscrit c'était le mémoire demandé par Couthon sur la défense de nos frontières.

Une captivité si injuste fut noblement supportée : mais l'inaction semblait cruelle à ce jeune et vaillant officier, à cette nature si généreuse, si ardente; il s'écriait : « Qu'on me laisse « au moins travailler dans une chambre avec des cartes, les « fers aux pieds, jusqu'à ce que les ennemis soient hors de « France; après, on fera de moi ce qu'on voudra! Quel que « soit mon sort, que la patrie soit sauvée et je demeure « content... »

Heureusement, la France ne fut pas longtemps privée des services d'un tel homme; traduit devant le tribunal révolutionnaire de Douai, il y fut non seulement acquitté mais loué pour sa patriotique attitude; sur la demande de Couthon, il fut nommé adjudant général et la Convention, réparant noblement l'erreur commise, ouvrit au génie de Hoche une large carrière en l'envoyant défendre Dunkerque assiégé par les Anglais.

II

HOCHE A DUNKERQUE

Dunkerque semblait dans une situation désespérée ; une armée de vingt mille hommes sous les ordres du duc d'York l'investissait ; la garnison très insuffisante pour le développement des fortifications manquait d'artillerie ; le port était mal gardé ; Pitt avait des intelligences dans la place ; plusieurs tentatives de révolte avaient eu lieu parmi nos matelots.

A peine entré dans la ville, non sans difficultés, Hoche rivalise d'ardeur avec le général Souham et les représentants du peuple, Hentz et Duquesnoy ; il prend les mesures les plus énergiques, établit une discipline rigoureuse, se montre impitoyable pour les paresseux et les lâches, mais plein de bienveillance pour les braves et, selon sa propre expression, il « patriotise » les âmes. A des soldats, à des républicains il parle sans cesse d'honneur et de liberté ; aux matelots prêts à s'insurger il jette un cri éloquent : « Enfants de la patrie, écou-
« tez sa voix! Qui donc a pu vous faire oublier ce que vous
« devez à la République ? Vous lui devez votre sang, votre

« vie… » Son ardeur héroïque qu'il communique aux troupes se traduit jusque dans ses mots d'ordre; qu'on en juge par ceux-ci : Cassius, Sparte; — Despotes, Mort; — France, Exemple; — Liberté, Univers. En quinze jours, Dunkerque est à l'abri d'un coup de main; l'ennemi tente une double attaque du côté de Hondschoote et du côté de la mer. Hoche contient le duc d'York et fait subir à son corps d'armée des pertes considérables.

Houchard et Jourdan obligent le maréchal Freytag à reculer; dans la nuit du 8 au 9 septembre, les Anglais abandonnent leur camp, laissant après eux bagages, munitions et cinquante-deux pièces d'artillerie que nos troupes ramènent dans Dunkerque.

Cependant, le jeune commandant ne considère pas sa tâche comme terminée; il entreprend toute une série de beaux travaux destinés à protéger la place dans l'avenir; il ne tolère aucun relâchement dans la discipline; il maintient constamment la garnison en éveil.

Pendant ce temps, il est calomnié, dénoncé par un des lâches qu'il a flétris et frappés.

Ce n'est pas tout; on s'en prend jusqu'à son vieux père. Hoche s'arrête à peine aux accusations dirigées contre lui-même; il répond avec esprit à ses adversaires; il se borne à leur décocher quelques traits de fine ironie, mais quand il est amené à prendre la défense de son père, une généreuse indignation s'empare de lui; il montre ce vieux soldat contraint d'accepter pour vivre la place de palefrenier, « pauvre mais honnête homme », reprenant les armes à soixante-dix-huit ans après l'invasion de la France, encore « capable de terrasser l'efféminé qui prétend l'outrager. »

Les représentants du peuple firent aux dénonciateurs la seule réponse qui pût convenir; ils donnèrent à Hoche un avancement justifié par ses services et par les circonstances; ils le nommèrent successivement chef de brigade, puis général. Les habitants de Dunkerque voulurent aussi lui témoigner leur reconnaissance et la Société populaire lui vota des remerciements.

Le nouveau général n'avait pas de quoi s'équiper. Depuis son entrée dans l'armée et surtout depuis qu'il faisait la guerre,

il ne s'était pas précisément enrichi; dans la déroute de Grandpré, il avait rallié son bataillon mais perdu sa tente et tout ce qu'elle contenait; lors du siège de Maestricht, il avait enlevé à nos ennemis vivres, munitions, canons, mais il leur avait laissé son porte-manteau; en deux combats, à Nerwinden et à Wlangen, il avait perdu trois chevaux; à Dunkerque, le fourgon qui devait lui apporter ses effets n'avait pu être retrouvé; il était, c'est lui qui nous l'apprend, « forcé d'em-
« prunter pour remplir ses devoirs et se procurer des chevaux. » Il n'osait s'adresser au Gouvernement; les représentants du peuple l'y invitèrent, lui prescrivirent d'adresser une note au Ministre de la Guerre et le firent indemniser de ses pertes.

Quant à lui qui venait de passer six semaines sans se déshabiller, il écrivit au général Barthélémy[1] : « Les ennemis « ne sont plus devant Dunkerque; veuillez m'employer où « besoin sera; le repos est une peine pour moi. » La lettre est du 12 septembre; il y avait trois jours seulement que Dunkerque était délivrée et le jeune héros avait plusieurs fois vomi le sang; peut-être, dès cette époque, avait-il ressenti les premières atteintes du mal qui devait l'emporter à vingt-neuf ans.

En attendant qu'on l'envoyât à l'ennemi, il se mit à rédiger un nouveau mémoire pour le Comité de salut public; il rêvait une descente en Angleterre; il en exposa le plan. Ses projets étaient bien hardis, bien mêlés d'illusions et d'erreurs; n'oublions pas cependant que Bonaparte les reprendra plus tard. Hoche y pensa toute sa vie; l'invasion en Angleterre fut en quelque sorte chez lui à l'état d'idée fixe; nous verrons même qu'il ne fut ni découragé, ni désabusé par l'insuccès de son expédition en Irlande.

Cependant le général avait reçu l'ordre de se porter en Flandre; il s'empara de Furnes, mais il n'avait ni assez de troupes, ni assez d'artillerie pour aller plus loin; il ne put entrer dant Newport bien défendue; il voulait réparer cet échec, continuer la campagne, envahir la Hollande; il sollicitait instamment des renforts; il avait foi dans le succès et il le disait au Comité de salut public en termes admirables : « Il

---

[1] Lettre du 12 septembre 1793.

« n'est point, écrivait-il, d'obstacle invincible; le Français
« conduit par l'honneur et l'amour de la patrie les surmontera
« tous. Marchons, marchons; il faut que la République n'at-
« tende pas l'an prochain pour être sauvée. » C'est en lisant,
tout ému, de telles lettres que Carnot s'écriait : « Voilà un
officier qui fera du chemin. » La Convention jugea la présence
de Hoche plus utile ailleurs qu'en Flandre dans ce moment;
elle l'éleva au grade de général de division et lui confia le commandement en chef de l'armée de la Moselle.

III

HOCHE GÉNÉRAL EN CHEF DE L'ARMÉE DE LA MOSELLE, PUIS DES DEUX ARMÉES DE LA MOSELLE ET DU RHIN
ROLE DE PICHEGRU
REPRISE DES LIGNES DE WISSEMBOURG ET DE LANDAU
RIVALITÉ DE HOCHE ET DE SAINT-JUST
HOCHE EST APPELÉ A L'ARMÉE D'ITALIE

A l'Est, des revers avaient suivi les grands succès de nos armes; les lignes de Wissembourg étaient perdues; l'ennemi bloquait Landau. Hoche était envoyé sur la Moselle pour réparer ces échecs en se concertant avec Pichegru qui commandait sur le Rhin; les deux généraux devaient se donner la main à travers les Vosges et rejeter en Allemagne les forces de la coalition.

Abattue par ses derniers revers, dispersée sur vingt-cinq lieues d'étendue, sans chevaux, sans vêtements, sans chemises, voilà dans quelle situation était l'armée de la Moselle. La nomination de Hoche y produisit une impression des plus heureuses; sa réputation militaire l'avait précédé; ce fut bien autre chose quand on le vit. Un officier d'état-major, Grigny, ne fit que traduire les sentiments de tous ses camarades en écrivant[1] : « Courage! Confiance, défenseurs de la patrie! « Nous allons sortir de notre engourdissement; notre nouveau « général m'a paru jeune comme la Révolution, robuste comme « le peuple... Son regard est fier et étendu comme celui d'un « aigle... Espérons, mes amis; il nous conduira comme des « Français doivent l'être. »

Hoche était digne d'inspirer cette confiance. Il avait vingt-six ans; sa haute taille, sa démarche d'une rare élégance, une physionomie ouverte et spirituelle, un front large traversé par une honorable cicatrice, d'abondants cheveux noirs bouclés, des yeux d'un éclat incomparable, une voix sonore, je ne sais quoi de fier et de séduisant dans toute sa personne, tel était le jeune général en chef de l'armée de la Moselle.

Ses débuts furent des coups de maître; il lui fallait de nouveaux collaborateurs; il alla en chercher dans tous les rangs de ses troupes, bouleversant, il est vrai, plus d'une fois, les règles de la hiérarchie, mais écartant résolument du commandement les intrigants, les incapables et montant « sa machine » avec une merveilleuse perspicacité. Ses premiers ordres du jour sont des chefs-d'œuvre d'élévation morale et d'habileté; il annonce à ses troupes la fin de leurs misères, des victoires, l'entrée dans « la terre promise », et il tient parole. En quelques jours, la situation change; les commissaires des guerres fournissent aux besoins des soldats; les vivres, les munitions, les vêtements, les chaussures reviennent au camp; l'armée se concentre; les brigades, les divisions se reforment; la confiance et l'ardeur renaissent; Hoche à qui sont dus ces prodiges trouve aussi des mots heureux pour enflammer les cœurs : « Avec des baïonnettes et du pain nous pouvons vaincre l'Europe; » — « Quand l'épée est courte, on fait un pas de plus; » — « La patrie est là et elle est tout. » Maintenant, l'armée de la Moselle peut retourner à l'ennemi.

Mais, pour agir, Hoche a besoin du concours de Pichegru;

---

[1] Lettre à *L'Argus de la Moselle*.

il ne l'obtient pas; Pichegru laisse ses lettres sans réponse, manque au rendez-vous qu'il lui assigne et, ne pouvant avoir sa part d'un succès, l'arrache à son collègue en lui refusant des renforts. Indigné, frémissant, Hoche n'écoute que son courage; avec ses seules forces, il marche aux Autrichiens; toute son ardeur et son génie viennent se briser contre les retranchements de Kayserslautern; le duc de Brunswick a pour lui le nombre, l'artillerie, la cavalerie et de formidables ouvrages. Hoche ne peut se résigner à son échec. « Ne vous inquiétez pas, dit-il aux représentants du peuple; j'ai d'autres moyens! » Le Comité de Salut public lui garda, du reste, sa confiance et, pour la première fois, donna des éloges à un général vaincu; en même temps, il fit porter à Pichegru par de nouveaux délégués, Saint-Just et Lebas, l'ordre de seconder son collègue.

Aussitôt, Hoche reprend sa marche en avant. Les canons lui manquent; il met à prix ceux de l'ennemi et la Convention paie les dettes qu'il a contractées sur le champ de bataille; les Autrichiens se sont fortement établis à Reischoffen et à Freischewiller; il les chasse de ces positions. Wurmser essaie de s'arrêter au plateau de Soultz; deux bataillons français prennent ses troupes en flanc et leur infligent une telle déroute que soldats et généraux s'enfuient jusqu'à Wissembourg. Un dernier effort et la lutte va s'achever glorieusement; de tristes querelles la prolongent encore. Les délégués de la Convention à l'armée du Rhin, ont voulu étendre leur autorité sur l'armée de la Moselle, mais là ils se sont heurtés aux pouvoirs de leurs collègues Lacoste et Baudot; Hoche devait obéir à ces derniers que le Comité de Salut public avait placés près de lui et avec qui il n'avait pas cessé de combattre; Saint-Just et Lebas virent dès lors en lui un adversaire; Pichegru devint leur homme et, se sentant soutenu, reprit la même attitude qu'au début de la campagne; en vain Hoche s'adressait à son patriotisme, à son honneur, à son cœur; en vain il lui écrivait dans les termes les plus affectueux et les plus pressants; rien ne put le gagner; à la fin, Hoche, voyant la situation s'aggraver chaque jour, donna une preuve éclatante de son désintéressement; il supplia les représentants de confier à Pichegru le commandement en chef des deux armées, proposant de servir en sous-ordre.

Saint-Just et Lebas auraient agréé bien volontiers cette solution; Lacoste et Baudot la repoussèrent et, usant de leurs pouvoirs illimités, ce fut à Hoche qu'ils confièrent la direction unique des opérations; ils furent obéis.

Le 5 nivôse à midi, Hoche accepte la grande mission qu'on lui offre; pendant la fin de la journée, il prend d'admirables dispositions, accomplit des prodiges d'activité, stimule ses lieutenants, réunit 35,000 hommes dans la plaine en avant des lignes de Wissembourg, lance trois divisions vers Kayserslautern et deux vers Lauterbourg; à la nuit, il parcourt son camp et trouve partout de l'élan, de l'ardeur; le froid est rigoureux, le vent glacial; pas une protestation ne s'élève sur le passage du général; on l'accueille avec ce cri : « Landau sera libre! » Il revient à son quartier général, donne un souvenir ému à son maître Le Veneur, prend à peine quelques heures de repos et le 6, au lever du jour, par un temps épouvantable, marche à l'ennemi. Celui-ci avait espéré nous surprendre; il est déconcerté de se voir attaqué; après avoir tiré quelques coups de canon, il recule et s'adosse au Gutteberg d'où ses batteries vomissent la mort. Hoche range ses troupes en demi-cercle; elles enferment, elles enserrent leurs adversaires; elles les forcent enfin à se retirer au milieu d'un affreux désordre en abandonnant leurs canons et leurs équipages.

Wissembourg était délivré; Hoche y entrait le 7; un de ses lieutenants, Desaix, se portait à Lauterbourg; dès le 8, nous pénétrions dans Landau; les Autrichiens se voyaient réduits à repasser le Rhin. Pichegru les surveilla pendant que Hoche suivait les Prussiens. En quelques jours, le jeune général avait vaincu deux grandes puissances coalisées et sauvé la frontière Est de la France; il mit le comble à sa gloire en faisant aussitôt rendre à Pichegru le commandement de l'armée du Rhin.

Tant de prudence, tant de modestie, après tant de succès, ne suffit pas pour désarmer ses adversaires. Entré dans Trèves et menaçant déjà Worms, il avait reçu du ministre l'ordre de faire prendre à ses troupes un repos bien mérité; il avait pris ses quartiers d'hiver sur la Sarre et la Blies; il donnait quelque bien-être à ses officiers, veillant au besoin de tous, sévissant contre les commissaires des guerres et les étonnant par la variété, par la quasi universalité de ses connaissances. Pendant ce temps, il était odieusement calomnié à Paris. Saint-Just ne lui avait point pardonné et présentait Pichegru comme le héros de Wissembourg et de Landau ; il le signalait à la Convention comme le véritable libérateur de la patrie. C'en était trop !

Hoche réclama une enquête sur sa conduite et sur celle de son collègue ; il produisit ses ordres écrits, ses registres de correspondance, les témoignages de ses lieutenants, de Desaix entre autres, ainsi que ceux des représentants Lacoste et Baudot qui ne l'avaient pour ainsi dire pas quitté ; il fallut se rendre à l'évidence et bientôt personne n'osa plus contester à Hoche l'honneur d'avoir sauvé l'Alsace.

N'ayant pu lui voler sa gloire, on lui suscita à l'armée de la Moselle difficultés sur difficultés ; c'était un puissant organisateur ; on trouva qu'il s'occupait trop d'administration ; on lui attribua les fautes du protégé de Saint-Just ; on alla jusqu'à l'accuser de désobéissance ; longtemps il méprisa les calomniateurs : « Les intrigues passeront, avait-il dit un jour ; la « vérité et la liberté ne passeront jamais ; » une autre fois il avait écrit : « Malgré les petites noirceurs commises à mon « égard... je n'en serai pas moins le Hoche de 1789 et l'ami « de la Patrie. C'est ainsi que je me venge [1]. » A la fin, cependant, il tomba dans un sombre abattement ; il prévit qu'on allait l'arracher à sa chère armée de la Moselle quand il avait déjà préparé le plan de la campagne prochaine ; il perdait l'appétit et le sommeil ; il souhaitait la mort ; il parlait de se suicider ; il voulait, tout au moins, donner sa démission [2].

Ses pressentiments ne le trompaient pas ; Saint-Just le poursuivait de sa haine avec un implacable acharnement. On n'osa pas le faire arrêter au milieu des troupes qu'il avait conduites à la victoire et qui l'adoraient ; il fallait d'abord l'éloigner du théâtre de ses succès ; on lui donna un commandement en Italie.

Il ne protesta point ; il s'apprêta aussitôt à rejoindre son nouveau poste, laissant à l'armée de la Moselle un ordre du jour aussi simple et aussi laconique que patriotique ; il y louait son successeur Jourdan et terminait par ces mots : « Vive la « République une et indivisible ! »

---

[1] Lettre aux représentants Lacoste et Baudot, 28 pluviôse, an II.
[2] Lettre à Dulac, du 11 ventôse, an II.

IV

MARIAGE DE HOCHE — SON ARRESTATION

SA CAPTIVITÉ

IL EST MIS EN LIBERTÉ APRÈS LE 9 THERMIDOR

Hoche allait traverser des épreuves bien plus cruelles encore ; il le pressentait ; il songeait à se créer un foyer, une famille. Il écrivait à son ami Privat : « J'ai besoin de tenir à quelqu'un. » A Thionville, dans une fête, il aperçoit une jeune fille, Adélaïde Dechaux, dont la beauté, la grâce et la candeur le ravissent ; elle n'a que quinze ans ; elle est sans fortune et son père est un simple garde-magasin des vivres : Hoche la demande en mariage. Le brave garde-magasin est surpris et même, selon son expression, un peu effrayé de l'honneur qu'un grand général veut lui faire ; il croit devoir s'en défendre ; il accumule objections sur objections ; Mlle Dechaux est d'origine très humble, sans dot, encore bien enfant : « Tant mieux, ré-
« pond Hoche ; ne suis-je pas un fils de soldat, soldat moi-
« même, sergent hier encore ? » Quant à la fortune « *ce n'est*

pas une dot » qu'il cherche, « *c'est une femme* »; les quinze ans de la jeune fille ne l'inquiètent pas; il veut « *une femme neuve qu'il puisse former lui-même.* » A la fin, touché jusqu'aux larmes, Dechaux s'écrie : « Citoyen général, vous avez pris d'assaut votre beau-père. » C'était quelque chose d'avoir pris d'assaut le père, mais la jeune fille se laisserait-elle prendre aussi? Hoche la vit, puis lui écrivit une lettre touchante, demandant seulement une réponse loyale, sincère, l'engageant à le considérer non comme un homme « trop prôné par les gazettes » mais comme un simple citoyen « *dont l'unique ambition était de la rendre heureuse.* » Il terminait ainsi : « *Si votre cœur n'a pas encore été touché, accordez-le à mon amour. En devenant mon épouse, devenez mon amie. Ne jurons point. Promettons à la face de l'Être créateur de ne jamais nous séparer. Je ne mentis jamais; votre candeur me répondra de votre sincérité.* » Tous ses vœux furent exaucés; le mariage fut célébré à Thionville, le 11 mars 1794, et nous verrons combien Adélaïde Dechaux était digne de devenir la compagne de Hoche.

A peine cet heureux événement avait-il eu lieu que le général fut jeté en prison. Il était parti pour prendre en Italie le commandement auquel on l'avait appelé; en arrivant à Nice, il fut arrêté par ordre du comité de Salut public; sans hésitation, sans protestation il se constitua prisonnier; des amis l'engageaient à fuir; il refusa énergiquement, ne voulant pas, dit-il, donner un mauvais exemple et prêt, du reste, à se justifier. Il confia sa femme à son beau-frère le colonel Debelle et s'arrangea pour lui dissimuler la triste vérité.

Arrivé à Paris, il demanda à être entendu immédiatement par le Comité. Ce n'était pas le plan de Saint-Just. On l'enferma d'abord aux Carmes, dans un cachot infect où la privation d'air et de lumière lui imposa d'atroces souffrances, puis à la Conciergerie; c'était l'étape accoutumée avant d'aller au Tribunal révolutionnaire et à l'échafaud. Là, du moins, il put se procurer quelques livres : il relut Montaigne et Sénèque; il composa une satire assez spirituelle; un peu de gaieté lui revint en prenant ses maigres repas avec ses compagnons de captivité, en causant avec mesdames de Beauharnais, d'Aiguillon, Tallien et tant d'autres qu'il avait connues ou retrouvées en prison; de temps en temps, il avait quelques nouvelles de sa

femme et lui faisait donner des siennes. Bientôt il perdit tout espoir; son beau-père Dechaux fut arrêté aussi et le rejoignit à la Conciergerie; il vit monter à l'échafaud quelques-uns de ses meilleurs camarades et ce jeune Thoiras, officier au régiment de Debelle, un héros de vingt-deux ans qui s'était signalé à Fleurus et qui marcha au supplice comme il avait été au feu. L'heure suprême semblait avoir sonné; Hoche adressa à sa femme l'adieu le plus tendre, s'excusant de lui avoir fait une si triste destinée, lui donnant rendez-vous dans un monde meilleur auquel il croyait, lui recommandant de ne pas se laisser abattre, de consoler ses amis, de ne point accuser la patrie de sa fin et protestant de son « ardent amour pour la République. » Puis, recueillant ses forces et songeant à la Postérité, il se mit à retracer sa dernière campagne, réfutant avec hauteur les calomnies dont on l'avait abreuvé, montrant qu'il avait consacré sa vie à la défense de son pays, sans se mêler aux « factions », sans courtiser « *les hommes en place qui passent* », tandis que « *la patrie est toujours là.* » Il achevait ce mémoire, le 9 Thermidor dans l'après-midi, quand un nouveau convoi de prisonniers fut amené à la Conciergerie; il crut rêver en reconnaissant parmi eux son fougueux adversaire Saint-Just. La chute de Robespierre et de ses amis assurait sa délivrance; quelques jours après, grâce au représentant Lacoste, il sortait de la Conciergerie et prévenait sa femme qu'il allait la retrouver à Thionville : « Je suis libre, lui écrivait-il simple-
« ment; rendons grâces au Ciel. Je vais te rejoindre à pied
« comme il convient à un républicain. »

V

HOCHE EN VENDÉE
AFFAIRE DE QUIBERON

Hoche était à peine rendu à la liberté qu'on lui offrit le poste d'adjoint à la direction de la guerre dans ce *Comité de Salut public*, qui naguères l'avait jeté en prison; quoique la composition du *Comité* fût bien modifiée, il refusa, mais l'homme qui considérait « *le repos comme une peine* » ne pouvait rester longtemps inactif; il aurait voulu retourner sur la Moselle ou sur le Rhin; on lui donna la plus triste et la plus difficile des tâches; on l'envoya en Vendée; encore ne lui confia-t-on que l'armée de Cherbourg, la plus faible de celles qui devaient lutter contre la terrible insurrection.

La guerre qu'on le chargeait de faire était vraiment quelque chose d'étrange et d'inouï dans la vie de la France. Elle avait usé, avant Hoche, onze généraux en chef et cent vingt autres; encore si tous avaient été des hommes médiocres ou seulement de second ordre ! Mais il y avait, parmi eux, un Kléber et un

Marceau; ils avaient rivalisé là-bas de génie, de dévouement, de générosité et remporté victoires sur victoires; rien n'y avait fait; cette lutte semblait interminable; Kléber avait eu raison de dire : « La guerre de frontières n'est qu'un jeu auprès de la guerre des chouans. »

On avait essayé de la terreur: Carrier avait « laissé debout tout ce qu'il avait cru engloutir[1] »; après lui, son sanguinaire émule Turreau dut déclarer « que les moyens militaires » ne suffisaient plus, qu'il faudrait user de la douceur, que « la régénération morale serait à désirer, » que, sans cette régénération, la guerre de Vendée serait indéfiniment « l'écueil des talents et de la gloire. »

Les républicains y avaient devant eux peu de troupes régulières; les habits verts, les gilets rouges et les cocardes blanches se montraient en petit nombre; les véritables ennemis c'étaient le pays, d'abord, couvert de bois et de genets, coupé de marais et de canaux, puis le paysan, inoffensif en apparence, qui semblait absorbé par la culture de la terre, s'abritait derrière la haie, limite de son champ, dans les roseaux, dans les fossés couverts de branchages, paraissant et disparaissant à mesure que les républicains, *les Bleus*, comme il les appelait, s'approchaient ou s'éloignaient, mais restant insaisissable; avec lui, le combat était atroce et de toutes les heures, de tous les instants, sous toutes les formes, à la fourche, à la bêche, au couteau, comme au fusil, au sabre et à la baïonnette, sans pitié pour les blessés.

Les agents royalistes, les émissaires de la *Cour de Vérone*, ceux des monarchies coalisées contre la République, *surtout de l'Espagne et de l'Angleterre, parcouraient la Vendée*, répandaient l'or, spéculaient sur les douleurs de la France, excitaient les passions politiques et religieuses; ils trouvaient d'ardents auxiliaires dans le clergé breton.

C'était, en effet, pour Dieu lui-même que le paysan vendéen croyait aller au combat; « Dieu et mon Roi » telle était sa devise. Parmi les armes dont on le munissait, il y en avait de singulières et qui lui inspiraient une confiance inébranlable; c'étaient des croix et des chapelets, des reliques et des sacrés

---

[1] Edgar Quinet, *La Révolution*.

cœurs cousus aux habits, des bannières, de saintes images, des serments prêtés la nuit devant des autels improvisés dans des cavernes, dans de sombres bois ; le mot d'ordre était une bénédiction ; les vrais inspirateurs de la rébellion et parfois les vrais chefs étaient des prêtres, des évêques dont la présence semblait si nécessaire que quand on n'en avait pas sous la main l'on en inventait pour les besoins de la cause. Les canons étaient consacrés ; peu importait qu'ils fussent rouillés, avariés ; Dieu voulait que leurs coups portassent quand même et l'on menait à la bataille tout couverts de fleurs ces instruments du Ciel. Au temps de Pâques, les rangs se rompaient ; les bataillons se dispersaient ; les Vendéens allaient se confesser et communier dans leurs paroisses ; le reste de l'année, chacun était à son poste, prêt à mourir, s'il le fallait, hommes, femmes, enfants, vieillards ; la guerre sainte était populaire. Ces Vendéens qui luttaient pour la Royauté de droit divin élisaient leurs chefs tout comme les républicains et qui choisissaient-ils ? Un voiturier, Cathelineau, un ancien domestique, Fôret, un garde-chasse, Stofflet. Calcul ou nécessité, les nobles restèrent longtemps au second plan ; ils laissèrent d'abord aller au feu les fils de leurs anciens serfs, les humbles, les petits et ceux-ci furent des adversaires très redoutables pour le gouvernement républicain.

Au début, Hoche sentit l'amertume d'une telle guerre plus qu'il n'en vit les difficultés ; ce qui le frappa et l'attrista ce fut d'avoir à combattre des Français ; aussi commença-t-il par en appeler avec autant de chaleur que d'habileté au patriotisme et au bon sens de ses adversaires :

« Quand, s'écria-t-il, quand verra-t-on luire ce jour fortuné
« où des Français rebelles n'assassineront plus la patrie et
« leurs frères ?... Parmi ces hommes armés contre les troupes
« de la République, n'en est-il pas beaucoup d'égarés ? Est-ce
« avec connaissance de cause qu'ils font le mal ? Non ; je ne
« puis le croire. Cette idée révoltera tout bon Français ; et
« pourquoi renonceraient-ils à ce glorieux nom, à la qualité
« d'hommes libres et de citoyens ?... Cessez, Français, de
« croire que la patrie, cette mère commune et bonne, veut
« votre sang. Elle veut par ses lois bienfaisantes et sages vous
« rendre heureux ; elle désire que vous soyez libres, tranquilles

« et égaux. Rentrez dans son sein et jouissez-y des bienfaits ! »
Il appelait les rebelles « des malheureux » dont le sort le touchait et il les conviait à reprendre leurs occupations ordinaires, à rentrer paisiblement chez eux, à ne voir dans les soldats de la République que « des frères, des amis, des Français enfin ; » il les suppliait de ne point préférer le nom de chouans à celui de Français; en revanche, il leur promettait : « paix, union, « sûreté, protection, liberté, fraternité, garantie des pro- « priétés. » Il demandait qu'on ne le réduisît point à employer la rigueur : « Et moi aussi, ajoutait-il, j'ai été malheureux ! « Je ne puis ni ne veux tromper ceux qui le sont. Puissé-je au « contraire verser dans leur sein toutes les consolations « qu'exige leur état [1]. »

Ce généreux langage ne devait pas être entendu.

Hoche poursuivit alors l'application d'un plan de campagne qu'il avait conçu dès 1793, bien longtemps avant d'être venu dans l'Ouest; après avoir rétabli l'ordre et la discipline parmi ses troupes, il les groupa dans des camps retranchés tous reliés entre eux; il leur apprit à lutter de ruse avec leurs ennemis. Des chaloupes canonnières circulèrent le long des côtes; des colonnes mobiles parcoururent, fouillèrent les bois, les haies, les marécages; les cultivateurs qui voulurent se soumettre conservèrent leurs bestiaux, reçurent des vivres et des semences; les femmes, les enfants, les vieillards furent traités avec humanité; une complète liberté de conscience et de culte fut assurée à tous; le général en chef témoigna et fit témoigner les plus grands égards au clergé lorsqu'il se renferma dans l'exercice de son ministère, tandis qu'il se montra rigoureux envers les prêtres trop nombreux qui excitaient les paysans vendéens. Ces mesures et d'autres ne tardèrent pas à produire de salutaires effets. Témoins des efforts et des succès de Hoche, les représentants du peuple délégués en Vendée firent ajouter à son commandement l'armée des côtes de Brest [2]; malheureusement, ce ne devait pas être pour longtemps.

La situation était bien difficile. La Convention venait d'accorder une amnistie générale à tous les insurgés de l'Ouest;

---

[1] Proclamation du 29 fructidor, an II.
[2] 10 novembre 1794.

mais si la Vendée proprement dite où commandait Charette acceptait un armistice, la guerre continuait en Bretagne plus violente que jamais; les chouans volaient, pillaient, incendiaient, assassinaient.

A peine arrivé à Rennes où il installe son nouveau quartier général, Hoche profite des divisions de ses adversaires; d'accord avec le représentant Bollet qui lui témoigne une confiance absolue et bien secondé par son lieutenant Humbert, ex-maquignon assez lourd d'apparence, mais en réalité très actif, plein d'esprit et de finesse, il gagne quelques chefs des chouans, entre autre Botidoux, ancien constituant; il déjoue les ruses de l'intrigant Cormatin, le major général de la chouannerie; il exploite les fautes de la *Cour de Vérone* qui semblait tantôt abandonner ses meilleurs agents et tantôt prendre à tâche de les irriter les uns contre les autres; il prévient les descentes des Anglais sur nos côtes, médite l'occupation de Jersey et de Guernesey, songe à une expédition en Irlande, conseille au gouvernement de susciter des difficultés à l'Angleterre chez elle; il faudrait, dit-il, à nos ennemis « leur chouannerie. »

Rappelons-le : les représentants du peuple ne secondaient pas tous Hoche comme Bollet; on avait eu le tort d'en envoyer un trop grand nombre dans l'Ouest et plusieurs ne se montraient pas à la hauteur de leur mission; quelques-uns, Boursault, entre autres, déclamateur aussi vaniteux qu'incapable, ne pouvaient apprécier Hoche à sa valeur; d'autres, comme Dubois-Dubais et Baudran, prenaient à tâche pour se faire valoir de dénoncer le général en chef; à les entendre, c'était un *traître*, un *conspirateur*, un *ami des chouans;* aussi, pendant que les royalistes l'accusaient de barbarie, les républicains le taxaient de faiblesse et le calomniaient d'une façon odieuse; voilà précisément ce qui le justifie devant l'histoire. On ne saurait le rendre responsable des tristes conventions de la Jaunaye avec Charette, de la Mabilais et de Saint-Florent avec Beauvais et Stofflet[1]; ce furent en réalité les représentants du peuple qui les négocièrent; à la Jaunaye, le délégué du général avait reçu, par écrit, les instructions, les ordres de Bollet; aux conférences de Nantes, Hoche se montra très réservé; à celles de La

---

[1] Les conventions de la Jaunaye, près Nantes, sont du 17 février 1795; celles de la Mabilais et de Saint-Florent sont des 20 avril et 2 mai, même année.

Mabilais, il ne parut pas ; les chefs des chouans le connaissaient bien ; ils redoutaient sa présence ; ils demandèrent expressément à traiter sans lui et les envoyés du Comité de Salut public eurent la faiblesse de l'inviter à ne point paraître ; Louis Blanc a sévèrement jugé leur conduite. Si Hoche n'est point responsable des traités de 1795 dans leurs clauses authentiques, il l'est encore moins des prétendus articles secrets, qui auraient stipulé le rétablissement de la monarchie et dont Napoléon a parlé dans ses trop célèbres *Mémoires* si pleins d'erreurs, d'inventions et de calomnies.

Le texte seul de ces articles, que Napoléon prétendait tenir de Cambacérès, aurait suffi pour démontrer qu'ils étaient apocryphes ; mais nous sommes certains, aujourd'hui, d'après le témoignage même de Charette, que si des ouvertures purent être faites verbalement dans les conférences de la Jaunaye et de la Mabilais, soit pour une restauration monarchique, soit pour la mise en liberté des enfants de France, il n'y eut jamais, à proprement parler, d'articles secrets ayant un caractère politique ; tout au plus, les représentants promirent-ils de l'argent à quelques chefs chouans et cela sans l'assentiment du Comité de Salut public.

A la fin de 1794 et jusqu'en mai 1795, le rôle de Hoche dans l'Ouest fut très simple ; le gouvernement avait accordé une amnistie plénière ; le général fit exécuter les décrets de la Convention ; les représentants du peuple avaient cru devoir conclure des traités avec les chouans de Vendée et de Bretagne ; Hoche fit respecter ces traités ; toutes les accusations des Dubois-Dubais et des Baudran ne sauraient prévaloir contre la vérité historique ; il est triste de dire qu'elles furent prises au sérieux par la Convention. Fatigué des fréquentes et injustes remontrances qui lui arrivaient de Paris, le général demanda lui-même son rappel ; le Comité de Salut public ne le rappela point, mais il lui enleva le commandement de l'armée de Cherbourg.

En partant pour Rennes, six mois auparavant, Hoche avait prévu ce qui devait arriver ; il avait accepté sans enthousiasme la grande situation que la Convention lui avait offerte ; il y renonça sans regrets ; on lui ordonnait de rester à l'armée de Brest ; il obéit en disant qu'il se devait à sa patrie ; inquiet de nouveau sur sa destinée, abreuvé de dégoûts après tant de

travaux et de services, il écrivait à un ami : « Quoi que fasse
« l'envie, elle ne nous abattra point... Nos juges sont les sol-
« dats de Fleurus et de Wissembourg. La gloire ne met pas à
« l'abri de la proscription, mais elle immortalise le pros-
« crit... »

Toutefois, le général qu'on appela à l'armée de Cherbourg
devint pour Hoche un loyal et affectueux collaborateur; c'était
Aubert-Dubayet, le vaillant défenseur de Mayence; des mesures énergiques purent être prises; elles étaient indispen-
sables.

Sans tenir compte des traités si récemments conclus, les
chouans renouvelaient leurs conciliabules, arrêtaient et pillaient les voitures publiques, organisaient des compagnies
régulières et leur faisaient prendre un uniforme, habit et
pantalon verts, gilet rouge, collet noir; leurs chefs ne crai-
gnaient pas d'invoquer les uns l'Espagne, les autres l'Angleterre; Charette et Cormatin tenaient pour la première qui
n'offrait que de l'argent, Puisaye pour la seconde qui offrait sa
flotte; en attendant que l'Étranger vînt leur prêter son concours, il essayaient d'embaucher les soldats républicains; le
Morbihan, le Finistère, les Côtes-du-Nord étaient en armes au
cri de : Vive le roi !

Hoche fait à ces provocations une prompte réponse; Cormatin essayait encore de le tromper; il est arrêté et les lettres
qui prouvent sa duplicité sont publiées; deux redoutables
adversaires, le chevalier Desilz et Bois-Hardi, sont battus l'un
dans le Morbihan, l'autre dans les Côtes-du-Nord; partout la
lutte recommence, âpre, terrible; parfois, les officiers, les
généraux, Hoche, lui-même sont réduits à prendre le mous-
quet et à faire le coup de feu avec leurs grenadiers. Bientôt,
l'armée de Cherbourg et la République elle-même se trouvent
en face des plus grands périls.

Irrité par les échecs répétés de la coalition dont il était
l'âme, excité par Puisaye qui avait les pleins pouvoirs du
Comte d'Artois, le gouvernement anglais venait de se décider
à intervenir en Bretagne; il donnait des vaisseaux, de l'argent,
des vivres, des chevaux, des uniformes pour vingt mille
hommes, trente mille fusils, des canons, 600 barils de poudre;
les émigrés, les prisonniers de guerre libérés, des déserteurs

devaient constituer les cadres au milieu desquels les Bretons viendraient prendre place en foule ; Puisaye l'affirmait du moins. Échappant à Villaret-Joyeuse, une escadre anglaise, commandée par l'habile commodore Waren, vint mouiller le 25 juin dans la baie de Quiberon ; le 27, eut lieu le débarquement dans la presqu'île du même nom ; Cadoudal et ses amis étaient là ; quatre ou cinq mille chouans vinrent acclamer les émigrés et l'évêque de Dol que Puisaye avait pris soin d'amener avec un nombreux clergé ; les habits rouges, les armes, les provisions de tous genres furent distribuées ; six jours après, le 3 juillet, le drapeau blanc et le drapeau anglais flottaient au fort Penthièvre ; c'était le seul ouvrage retranché de la presqu'île ; il en défendait l'approche du côté de la terre ; mal gardé et canonné par les vaisseaux anglais, il n'avait pu résister ; Puisaye y établit son quartier général ; en même temps, il concevait et commençait à exécuter un plan fort habile ; il comptait attaquer les républicains en face et lancer sur leurs derrières 4000 hommes par l'Est, dans la direction de Sarzeau, 3000 par l'Ouest du côté de Quimper ; il parlait de marcher sur le Mans.

Ces événements produisirent à Paris et dans toute la France une profonde émotion ; le bruit courait que le Comte d'Artois allait venir prendre, en personne, la direction des opérations ; la Convention se hâta d'envoyer les représentants Tallien et Blad en Bretagne.

Quand ils arrivèrent, Hoche, malgré l'insuffisance des forces dont il disposait, avait pourvu à tout ; d'accord avec lui Aubert-Dubayet surveillait la côte nord et Saint-Malo où les émigrés se vantaient d'entrer sans coup férir ; Canclaux lui envoyait, par Nantes, des renforts qu'il échelonnait sur Vannes et Ploermel ; Chabot gardait Brest et Lorient ; lui-même allait, le 2 juillet, camper à Auray. Dominant, enveloppant ainsi la côte et la presqu'île, il marche à l'ennemi ; sur tous les points il l'oblige à battre en retraite ; le 7 juillet, le comte de Vauban, mal secondé par d'Hervilly, est obligé d'abandonner Carnac ; ceux qui projetaient d'aller camper, avant peu, aux bords de la Mayenne, se trouvent enfermés dans une presqu'île large d'une lieue et longue de deux ; Hoche les y bloque en fortifiant la position de Sainte-Barbe, à la sortie. Puisaye essaie de forcer les lignes des républicains ; il n'y réussit pas ; les chouans découragés, mal nourris, se mutinent ; des protestations violentes s'élèvent parmi eux et parmi ces femmes, ces vieillards, ces enfants, accourus de tous les points de la Bretagne pour assister au triomphe de la monarchie ; cette foule demande en vain le comte d'Artois dont la présence lui a été annoncée ; elle crie au mensonge, à la trahison ; la discorde éclate entre les chefs de l'expédition ; le comte de Vauban veut faire traduire d'Hervilly en conseil de guerre ; d'Hervilly et Puisaye se renvoient d'odieuses accusations ; des ordres contradictoires sont donnés dans ces circonstances décisives.

Au contraire, l'union et la confiance règnent parmi les républicains ; les travaux de terrassement à Sainte-Barbe sont urgents ; les officiers prennent la pioche et secondent les soldats ; Hoche les anime du regard, de sa parole entraînante ; il est partout à la fois ; si quelque désordre se produit dans son camp, il le réprime avec une sévérité impitoyable ; le 16 juillet, il repousse une dernière attaque de Puisaye, poursuit l'ennemi, lui inflige des pertes énormes, lui enlève ses canons et serait entré ce jour-là même dans le fort Penthièvre, s'il n'eût craint de perdre trop de monde en essuyant plus longtemps le feu violent que dirigeaient sur ses troupes déjà fatiguées les chaloupes canonnières du commodore Waren : il veut en finir cependant avec les Anglo-émigrés ; il s'est créé des intelligences dans le fort ; là se trouvent quelques prisonniers français imprudemment libérés par l'Angleterre et ramenés des trop célèbres pontons en Bretagne ; ils n'attendent qu'une occasion favorable pour seconder les républicains ; deux ou trois d'entre eux, notamment David Goujon, marin dieppois, s'échappent, viennent donner à Hoche de précieuses indications et lui assurent le concours de leurs camarades.

Le 20 juillet, vers minuit, par un affreux orage, l'adjudant général Ménage reçoit l'ordre de marcher sur le fort avec trois cents hommes d'élite. David Goujon ouvre la marche ; les républicains s'avancent en colonne par un chemin très étroit, à moitié submergé par les vagues ; les premiers ont revêtu les habits rouges recueillis sur le champ de bataille à la journée du 16 ; le tonnerre gronde ; la pluie et le vent d'ouest chassent, en tourbillons, au visage de nos soldats, le sable fin de la plage; la mer monte; en arrivant au pied du fort, les assaillants ont de l'eau jusqu'à la ceinture; quelques-uns sont submergés, emportés par les flots; en même temps, les éclairs sillonnent les nues et ne laissent plus d'illusions aux Anglo-émigrés que les habits rouges ont d'abord trompés; les sentinelles font feu; les artilleurs courent à leurs pièces; le canon tonne; les républicains gravissent les rochers abrupts qui mènent au fort. « A nous les patriotes! » s'écrie Ménage; les complices de David Goujon, ses anciens compagnons de captivité accourent et le secondent; une mêlée affreuse s'engage; un moment, les assaillants hésitent; Hoche paraît alors; il entraîne officiers et soldats; le pavillon français est planté sur la forteresse; les Anglo-émigrés prennent la fuite, abandonnant derrière eux leurs armes, leurs munitions, leurs provisions; il sont poursuivis sans relâche dans la presqu'île; Puisaye se rembarque au milieu des malédictions des chouans[1]: d'Hervilly est blessé à mort; un vaillant officier, le comte de Sombreuil, essaie en vain d'organiser la résistance; il n'y en avait plus de possible; les Anglo-émigrés étaient pris entre les grenadiers de Humbert et la mer. Waren crut leur porter secours en faisant tirer le canon sur la presqu'île; à distance il jugeait mal la situation; son feu faisait autant de mal à ses alliés qu'aux républicains; un jeune émigré se jeta à la mer pour aller l'avertir. Désespéré, perdant la tête, Sombreuil dut se rendre; beaucoup d'émigrés, certains de leur sort, se donnèrent la mort; quelques-uns, montés sur des embarcations surchargées de monde et rejetant leurs camarades dans les flots, purent atteindre l'île de Houat; il n'y eut aucune capitulation quoiqu'en aient dit plus tard certains écrivains royalistes; le comte de Vauban, l'un des lieutenants de Puisaye, le déclare comme Rouget de l'Isle qui, jeune officier dans l'armée républicaine, assista à l'entretien du général en chef et des représentants avec Sombreuil[2]; celui-ci même n'a parlé qu'en termes fort vagues de conventions que la rigueur des lois contre les émigrés n'autorisait pas; on ne pouvait confondre avec une capi-

[1] Il voulait, dit-on, sauver sa correspondance qui compromettait toute la Bretagne.

[2] *Historique et souvenirs de Quiberon*, par Rouget de l'Isle. (Bibliothèque des mémoires relatifs à l'histoire de France, pendant le xviiie siècle, t. XXXI, Didot.)

tulation quelques cris de pitié poussés peut-être par les soldats de Humbert. Les premiers prisonniers traduits en jugement devant une commission militaire réunie par ordre de Blad n'arguèrent d'aucune stipulation ni avec les généraux ni avec les représentants du peuple ; Sombreuil était du nombre ; il n'avait pu se méprendre sur ce qui s'était passé ; Vauban lui avait prédit qu'en se rendant il allait à la mort ; il périt dignement ; au dernier moment, peut-être pour sauver ses amis, il lança dans une lettre adressée au commodore Waren une imputation erronée ou calomnieuse contre son vainqueur qui cependant voulut le sauver et lui offrit les moyens de fuir[1]. Hoche publia cette lettre mais il y opposa une déclaration solennelle dont voici le texte : « J'étais à la tête des 700 gre-
« nadiers qui prirent M. de Sombreuil et sa division ; aucun
« soldat n'a crié que les émigrés seraient traités comme pri-
« sonniers de guerre, ce que j'aurais démenti sur le champ. »

Après avoir rendu compte au gouvernement du fait d'armes de Quiberon, dans les termes les plus mesurés, le général en chef poursuivit les débris de l'armée de Puisaye ; en partant, il demanda instamment la grâce des chouans faits prisonniers ; quant aux émigrés il n'avait pas à se prononcer sur leur sort : « Les lois existaient, dit justement M. Thiers ; Hoche ne pouvait les annuler. » Constamment accusé de faiblesse par les délégués du Comité, dénoncé même comme royaliste, odieusement calomnié, Hoche n'aurait pas sauvé ceux qui tombèrent à Auray en sollicitant pour eux la clémence du gouvernement. Le pouvait-il du reste ? On oublie trop qu'à ce moment la République était encore bien menacée au dehors pendant que les royalistes s'agitaient, conspiraient au dedans ; l'expédition de Quiberon faite avec le concours de l'étranger était un crime contre la patrie et si de grands malheurs la suivirent[2], ils furent amenés par de grandes fautes. A qui incombe surtout la responsabilité de ces malheurs ? A l'Angleterre et à ces princes

---

[1] Le général Borelli, aide-de-camp de Hoche à Quiberon, l'a raconté à M. Maxime du Camp. Voir Louis Blanc, *Révolution Française*, t. XII.

[2] D'après les archives de la guerre, 681 émigrés furent fusillés. Charette répondit à ces exécutions en faisant égorger, sans même un simulacre de jugement, plusieurs centaines de prisonniers républicains ; Lavallée a parlé de deux mille personnes dans son *Histoire des Français*, t. IV.

qui, après avoir armé de braves gens contre la France, les laissèrent massacrer sans oser se mettre à leur tête.

Quant à Hoche, il avait rendu à la patrie, à la République un immense service et, quarante ans après, Villemain composant pour la statue de l'illustre général une inscription justement célèbre eut raison de placer parmi ses vrais titres de gloire la victoire de Quiberon.

VI

PACIFICATION DE LA VENDÉE

Après Quiberon, pour toute récompense, Hoche n'avait demandé au gouvernement que l'autorisation de prendre *en les payant* six selles et brides, des fers à cheval, du rhum et du sucre dans les magasins anglais ; mais ses succès devaient lui faire donner spontanément une haute marque de confiance ; le 31 août 1795, l'armée de l'Ouest fut ajoutée à son commandement ; la conclusion de la paix avec l'Espagne permit de lui envoyer des renforts ; il se trouva à la tête de 40,000 hommes environ ; ces forces allaient lui devenir bien nécessaires pour achever de réduire la Vendée.

Charette venait d'être nommé par la *Cour de Vérone commandant en chef des pays catholiques ;* il prêchait et organisait la guerre à outrance ; on annonçait l'arrivée d'une nouvelle escadre anglaise amenant 2,000 fantassins bien armés et 500 cavaliers montés, équipés, des cadres formés uniquement par des émigrés, des munitions, des vivres, et ce n'était là qu'un premier convoi. Stofflet et ses amis Sapinaud, Scépeaux se tenaient, il est vrai, sur la réserve et témoignaient même de dispositions conciliantes, jaloux qu'ils étaient des honneurs prodigués à Charette et du crédit dont il jouissait auprès de la *Cour de Vérone*; mais le comte d'Artois se décidait enfin à paraître ; il venait, disait-on, avec les soldats anglais, étrange cortège pour un prince français.

C'était en face de l'Ile-Dieu que devait avoir lieu, cette fois, le débarquement des Anglo-émigrés; pour le favoriser, Charette essaie d'attirer les républicains beaucoup plus bas, sur les bords de la Lay. Cette diversion ne réussit pas. Fortement établi sur la Sèvre-Nantaise, entre les deux Vendées, pour parer à tout événement, Hoche fait surveiller la côte et lance une colonne vers Luçon; Charette, déjà troublé par l'héroïque résistance de Saint-Cyr qu'il avait cru surprendre, est battu et n'a d'autres ressources que de se cacher dans les marais ; le comte d'Artois perd un temps précieux, reste six semaines sur les tristes rochers de l'Ile-Dieu, parlemente avec les Anglais, avec les émigrés, enfin se contente de jeter sur la côte quelques armes, quelques munitions, des chevaux malades et s'éloigne, le 15 novembre, sur l'escadre anglaise, en faisant écrire par le commodore Waren à Charette, au moment du départ : « Je vous souhaite tous les succès possibles. » Nous renonçons à chercher dans notre langue des expressions assez sévères pour caractériser cette odieuse conduite.

Charette eut besoin d'une énergie indomptable pour prolonger la résistance. Abandonné par son prince, par les Anglais, il garde tout son sang-froid; il sort des marécages de la côte où il pouvait être bloqué ; avec une hardiesse inouïe, il essaie de repasser la Sèvre-Nantaise pour surprendre par derrière les républicains ; il ne réussit pas à entraîner Stofflet et Scépeaux mais il fait reprendre les armes à Sapinaud. Il faut à Hoche toute son activité et toute sa vigilance pour déjouer cette nouvelle attaque; un moment il voit son œuvre compromise; le Directoire songeait à lui enlever une partie de ses forces, à séparer de nouveau les deux armées qu'on avait si heureusement réunies ; il écrit des lettres pressantes pour empêcher cette faute et trouve la situation assez grave pour venir conférer à Paris avec le Ministre de la Guerre ; ce ministre était son ami Dubayet ; il réussit à le convaincre et voit ses pouvoirs

non-seulement confirmés mais étendus ; le 28 décembre, il reçoit le commandement des trois armées de l'Ouest et, se hâtant de quitter la capitale où les royalistes ont ridiculement tenté d'accaparer son génie et sa gloire, il va se mettre à la tête des cent mille hommes que lui confie le Directoire ; il méritait de conduire cette *armée des côtes de l'Océan*, la plus belle qu'eût en ce moment la République : « Possédant à 27 ans
« une réunion de qualités militaires et civiles qui deviennent
« souvent dangereuses à la liberté, nourrissant même une
« grande ambition, il n'avait pas cette coupable audace d'es-
« prit qui peut porter un capitaine illustre à ambitionner plus
« que la qualité de citoyen ; il était républicain sincère et
« égalait Jourdan en patriotisme et en probité. La liberté pou-
« vait applaudir sans crainte à ses succès et lui souhaiter des
« victoires[1]. »

La courte absence du général en chef avait suffi pour rendre confiance aux Vendéens ; son lieutenant Willot avait conclu avec Sapinaud une convention déplorable et tolérée des clubs royalistes ; Stofflet, nommé à son tour lieutenant général par les Princes, avait repris les armes. Charette soulevait les populations de la côte. En quelques jours, les fautes commises sont réparées ; les clubs qui sont devenus de dangereux foyers d'agitation sont dissous ; l'adjudant général Travot est chargé de poursuivre Charette et de le prendre mort ou vif ; Stofflet qui a essayé de tromper Hoche est poursuivi à outrance ; les paysans qui sont las de la lutte l'abandonnent ; il est trahi par ses affidés, attiré à une conférence, fait prisonnier et fusillé le 26 février 1796. Le mois suivant, Charette succombe à son tour ; après avoir feint de vouloir passer en Angleterre, il oppose à Travot une résistance désespérée ; avec quelques centaines d'hommes, il court la campagne et tient plusieurs jours les républicains en échec ; traqué dans les bois, il se défend comme un lion mais enfin, couvert de blessures, il est réduit à se rendre, traduit devant un conseil de guerre et exécuté à Nantes, le 29 mars.

Des autres chefs bretons et vendéens les uns subirent le même sort, d'autres comme Cadoudal et Scépeaux se soumirent ;

[1] Thiers, *Révolution Française*, t. V, ch. III

quelques-uns, comme Puisaye et Frotté, passèrent en Angleterre ; bientôt, la pacification fut complète et le Gouvernement put déclarer avec justice que l'armée de l'Océan et son général avaient « bien mérité de la patrie[1] » ; comme marque particulière de satisfaction, il offrit à Hoche deux des plus beaux chevaux des dépôts de la guerre et une paire de pistolets de combat de la manufacture nationale de Versailles[2].

A coup sûr, la récompense était modeste et digne d'une époque républicaine. Un peu plus tard, la France devait hélas! payer d'un autre prix d'autres succès qui ne furent certainement pas aussi utiles à la patrie.

Si l'on se bornait à envisager seulement au point de vue de la guerre l'œuvre de Hoche en Vendée et en Bretagne de 1794 à 1796, on la jugerait bien mal ; on ne connaîtrait pas celui qui a mérité et qui garde dans l'histoire le glorieux titre de « Pacificateur » ; son intelligence politique, sa tolérance, sa générosité de cœur, tout l'ensemble des sentiments et des idées qu'il porta dans l'accomplissement de sa tâche méritent encore plus d'éloges que ses talents militaires et le placent à la tête des généraux que vit éclore la période de la Révolution française.

Certes, Hoche sut déployer, dans l'Ouest, la fermeté et l'ardeur qu'il avait montrées à Dunkerque, sur la Moselle, sur le Rhin : ces qualités nous les avons constatées pendant toutes ses campagnes de Vendée ; elles éclatent à chaque page de sa correspondance ; il écrit au Gouvernement[3] : « Réfléchissez à « la guerre des Chouans ; si l'on ne maintient les mesures « rigoureuses, c'en est fait de la République et de ses amis. » Plusieurs fois, il répète au Comité de Salut public : « Loin de « nous la terreur mais que la justice ne soit pas un vain mot. » L'activité, la vigilance, la lutte de tous les instants, voilà ce qu'il recommande sans cesse à ses lieutenants, aux Commissaires des guerres, à tous ses collaborateurs. On lit dans ses belles instructions au capitaine Simon de Grandchamp : « Evite les pourparlers avec les ennemis ; tu ne dois que les

---

[1] Décrets des Conseils des Anciens et des Cinq-cents, en date des 28 et 29 messidor, an IV.

[2] Arrêté du 2 termidor, an IV.

[3] Lettre au ministre de la guerre, du 27 nivôse, an IV.

« combattre... N'hésite jamais pour attaquer ; sois toujours en
« mesure pour le faire avec fruit... Après la victoire, poursuis
« rigoureusement l'ennemi, fonds sur lui, la baïonnette dans
« les reins ; écrase-le enfin [1] ». Voici comment il stimule le
général Mermet qui poursuivait Charette : « Je compte sur
« vous pour ne pas laisser respirer votre proie. Rassemblez vos
« troupes partout ; tuez vos chevaux. Faites tout marcher...
« Que vos mouvements soient grands, rapides ; qu'ils éton-
« nent..... Du courage !... Puisse mon âme vous animer ! »
Dans une circonstance grave, l'adjudant général Vatrin hésite :
« S'il est encore besoin, lui dit-il, d'une parole paternelle,
« prononcez-la, mais marchez en même temps afin que les
« coupables ne puissent vous échapper [2]. » Un autre jour, à
propos de retards préjudiciables à l'armée, il s'écrie : « Dieux
« de mon pays, enflammez tous les cœurs ! Fais, ô liberté, que
tous les soldats deviennent des héros [3]. » Il aimait et employa
souvent cette formule significative : « De la vigueur ! De la
« vigueur ! Parler de repos c'est préparer la ruine de la Répu-
« blique. »

Quand il est amené à correspondre avec ses ennemis, il ne
leur laisse aucune illusion. Le chouan *La Fortune* veut discuter,
argumenter en annonçant qu'il va se constituer prisonnier :
« Lorsqu'on m'écrit pour se rendre, mon cher, lui répond
« Hoche, on ne doit pas faire les conditions... je vous attends [4]. »
Voyant sa cause désespérée, Cadoudal affectait de déplorer les
maux de la guerre ; le général lui écrit [5] : « Vous voulez la paix
« et moi aussi je la veux et je l'obtiendrai. Je vous répète qu'il
« me sera doux d'épargner le sang ; mais s'il faut qu'il coule
« encore je dirai, *l'âme oppressée par la douleur : Salus populi*
« *suprema lex*. » Le salut de la République telle était la seule
règle à laquelle Hoche voulait obéir en refoulant au besoin,
pour la suivre, ses sentiments personnels.

Si la vigueur ne manquait point à Hoche, il faut dire qu'elle
n'avait pas fait défaut à plusieurs de ses prédécesseurs, mais

---

[1] Lettre du 10 vendémiaire, an II.
[2] Lettre du 6 novembre 1795.
[3] Lettre du 31 août 1795, au représentant du peuple Mathieu.
[4] Lettre du 28 prairial, an IV.
[5] Lettre du 3 mai 1796.

malgré son extrême jeunesse, il l'emporta sur eux tous par l'intelligence politique, par une habileté consommée. Nul ne sut mieux mettre à profit les circonstances et les leçons de l'expérience. En fait d'impôts, de réquisitions, de désarmement, tout était étudié, combiné avec un soin minutieux. Officiers et soldats étaient formés à distinguer leurs adversaires, à rechercher et à trouver les meneurs ; il leur apprenait à ne point confondre l'erreur et le crime : « Que le coupable seul, leur disait-« il, connaisse le poids de vos armes[1]. »

Un nouveau système d'interrogatoires et de confrontations créait autour des prisonniers vendéens des pièges aussi redoutables pour leur cause qu'utiles à la République. Dans chaque commune s'opérait, avec une rigoureuse précision, le dénombrement des habitants mâles, des armes, des bestiaux, des propriétés ; à la moindre alerte, tout était prêt pour une saisie en masse.

Aux intrigues, aux complots de la *Cour de Vérone*, à l'espionnage de ses agents, Hoche répondait en organisant une véritable police; comme on avait tenté d'agir sur sa vive et impressionnable nature par les femmes, il rendait la pareille non sans succès à ses adversaires et, détail piquant, ceux-ci l'accusaient alors d'avoir une façon de sérail; ils le faisaient même dénoncer à Paris; lui ne s'émouvait guère et surtout ne se défendait pas du tout de faire parler les femmes, spécialement celles des émigrés; il disait : « j'en fais de temps en « temps appréhender quelques-unes », et il expliquait qu'il avait grand soin de les traiter le mieux du monde. Il comparait avec esprit ses aimables confidentes à des agents de même ordre mais d'un autre sexe, les prêtres qu'il sut parfois gagner et employer : « Ces deux espèces, écrivait-il au général Dessein, « aiment à être flattées, à inspirer de la confiance; et une fois « qu'on a la leur, elles jasent beaucoup et font faire souvent « des découvertes utiles[2]. »

Une chose frappe surtout dans la tactique de Hoche; c'est l'insistance avec laquelle il recommandait d'épargner le petit cultivateur, le paysan proprement dit; pour lui, manquer à sa parole envers l'ennemi c'était toujours une faute, mais y man-

[1] Ordre à l'armée du 19 thermidor, an III.
[2] Lettre du 10 pluviôse, an IV.

quer envers les « *pauvres journaliers* », envers de « *malheureux pères de famille* », c'était un crime impardonnable :
« Malheur, s'écriait-il, à quiconque les rendrait victimes des
« circonstances dont ils ont le plus à se plaindre[1] ! » « Les
« troupes, dit-il ailleurs, ne doivent pas aller dévaster l'humble
« chaumière de l'habitant des campagnes après lequel semblent
« vouloir s'acharner les deux partis. »

Il engageait soldats, officiers, généraux à se rapprocher du paysan, à lui tenir un langage pacifique, bienveillant et comme, dans cette horrible lutte, la ruse était sa règle, comme la confusion était toujours possible entre de paisibles cultivateurs et les émigrés ou les chefs chouans déguisés, il prenait la peine d'établir lui-même les différences ; dans un avis donné aux chefs et commandants des cantonnements, le 21 brumaire an IV, il distinguait en termes piquants le paysan de l'homme des villes, puis il ajoutait : « Les détails ne sont pas minutieux
« bien qu'ils le paraissent ; à leur aide, vous pourrez retenir
« tel chef dont la prise déterminerait tout un pays à poser les
« armes. » Non, certes, de telles instructions n'étaient pas à dédaigner et l'habile général mettait, avec raison, à profit pour la France les modestes mais utiles souvenirs du journalier de Montreuil.

A tant d'intelligence, à tant d'habileté s'unissaient chez Hoche les sentiments les plus généreux, les plus élevés et la pitié d'un patriote pour des adversaires qui étaient des Français. Comme il comprenait bien son rôle en Vendée l'homme qui disait : « Dans cette guerre, la baïonnette ne doit être
« regardée que comme un moyen secondaire[2] » et encore :
« Il vous appartient de faire respecter et chérir le régime répu-
« blicain. N'oubliez jamais que si vous devez détruire l'ennemi
« armé, vous devez aussi protéger, accueillir le faible et res-
« pecter la propriété de tous[3] ! »

Nous avons déjà fait connaître sa première proclamation aux Vendéens si touchante, si émouvante ; il renouvela sans cesse ses appels à la concorde ; il rappelait constamment à ses soldats qu'ils avaient devant eux des concitoyens,

[1] Ordre du 18 germinal, an IV.
[2] Instruction du 7 avril 1796.
[3] Ordre aux troupes du 7 ventôse, an II.

des frères à éclairer, à rassurer : « Le Français a besoin
« d'aimer ; il est naturellement sensible et confiant ; un mot
« lui fait oublier et les maux et les injures. Les campagnards
« que le régime révolutionnaire a éloigné de nos villes y
« accourront au moment même où ils croiront y trouver la
« sûreté, la liberté et les bons traitements que nous devons
« prodiguer sans cesse. Eh ! dussent vos travaux n'être pas
« couronnés de succès, faites plutôt dix ingrats que cent mécon-
« tents ! » Voilà quelles instructions donnait Hoche à ses collaborateurs [1]. Les chouans eurent beau multiplier les trahi-
sons, les empoisonnements, les incendies, les assassinats ; il
n'entendait pas que les républicains les imitassent. Aux ministres prévenus contre lui et qui blâmaient sa clémence il répondait avec fierté et avec bon sens : « Si ceux qui se réjouissaient
« tant de me voir marcher contre la Vendée ont cru trouver en
« moi un chef incendiaire, un dépopulateur, ils se sont trompés.
« Fidèle à la République, j'en ferai respecter les armes, j'en
« combattrai les ennemis à outrance, je les livrerai à la ven-
« geance des lois ; mais, aussi, je ferai chérir le gouvernement
« républicain par tous les moyens convenables [2]. » Quand on
lui parlait des grands tacticiens qui conseillaient de se borner
à égorger les Vendéens et les Bretons. « Eh ! s'écriait-il avec
« une généreuse indignation, qu'ils aillent à Beaulieu, aux
« Quatre-Chemins, à la Baffière, dans toutes les forêts qui
« couvrent le pays ; ils y verront la terre couverte des osse-
« ments de leurs concitoyens ! Six cent mille Français ont péri
« dans la Vendée ; veut-on encore du sang ? »

Au reste, tout au début de sa carrière, il avait formulé en
termes admirables l'horreur que lui inspiraient, même dans
les luttes avec l'étranger, et avec les envahisseurs de la France,
les violences inutiles ; il avait dit : « Il ne faut faire à la guerre
que le mal indispensable », et encore : « J'ai toujours pensé
« que la plus terrible responsabilité c'est d'avoir à rendre
« compte un jour à l'Être suprême du sang humain qu'on aurait
« répandu sans nécessité, et, je dois le dire, celle-là, mais
« celle-là seule, m'a toujours fait trembler. »

Les actes de Hoche concordaient avec ses paroles ; nous le

[1] Instruction du 7 avril 1796.
[2] Lettre au ministre de l'Intérieur, du 13 pluviôse, an IV.

voyons appliquer partout les idées qu'il exprimait dans un si beau langage. Un de ses meilleurs lieutenants, Bonnaire, était accusé d'avoir fait fusiller des prisonniers qui s'étaient rendus avec promesse de la vie; le général en chef le fait arrêter et emprisonner; bientôt, il reconnaît son erreur, met Bonnaire en liberté et s'excuse en ces termes : « Je pense que vous ne
« trouverez pas mauvaise une sévérité exigée par l'honneur.
« Il ne pouvait arriver à un homme d'honneur de trahir ainsi
« la foi jurée. »

Bois-Hardi, redoutable chef de partisans, avait longtemps fatigué et irrité les républicains; ceux-ci le surprennent, le battent, le font prisonnier et, dans l'enivrement du succès, lui tranchent la tête; Hoche l'apprend; il s'indigne; il blâme hautement ce qu'il appelle un acte de barbarie. « C'est un crime,
« s'écrie-t-il, un crime envers l'honneur, l'humanité, la géné-
« rosité française, » et il punit les vainqueurs qui ont souillé leur victoire.

Sa grande âme était susceptible de toutes les délicatesses. Il avait longtemps et ardemment souhaité la capture de Charrette; Travot s'empare du célèbre agitateur; l'adjudant général Hédouville en informe Hoche et l'avise par le même courrier qu'il vient de remettre à Travot le brevet de chef de brigade en présence du prisonnier; le général lui écrit : « On ne récompense pas le vainqueur devant le vaincu. »

Le caractère et la durée de l'insurrection dans l'Ouest avaient amené la mise en état de siège de la Bretagne et de la Vendée; mais avec quelle sollicitude Hoche surveillait la conduite de ses subordonnés et s'opposait aux abus ! Voici comment il exposait au Ministre de la Guerre sa doctrine sur le rôle de l'autorité militaire et sur ses rapports avec les pouvoirs civils :
« La nature de l'homme, du militaire surtout, a une tendance
« si évidente à dominer qu'on ne saurait y apporter trop
« d'entraves. A peine les villes de ce pays furent-elles mises
« en état de siège que quelques officiers ont cru pouvoir se
« dispenser des égards dus aux administrations civiles et des
« conseils qu'ils doivent en prendre.

« Je viens de faire à ce sujet un exemple nécessaire. Sans
« doute, *je pense que la latitude accordée aux chefs de l'armée*
« *était indispensable; mais je n'ai jamais voulu établir un*

« *gouvernement militaire, encore moins pour en être le chef.*
« *Eh ! grands dieux ! que serait-ce qu'une république dont une*
« *portion des habitants serait soumise à un seul homme ? Que*
« *deviendrait la liberté ?* Il est cinquante administrations
« municipales ou départementales dont la froideur et la mal-
« veillance sont très funestes à la République; mais comme il
« en est de bonnes et que d'ailleurs le principe est sacré, nous
« devons d'autant plus nous renfermer dans les limites de nos
« instructions et éviter surtout qu'on s'aperçoive à regret de
« l'étendue de nos pouvoirs qui doivent peu durer. Voilà,
« citoyens, *ma profession de foi.* Je mettrai de l'acharnement
« à poursuivre les ennemis de la République; mais aussi je
« protègerai la liberté, la tranquillité physique et morale des
« bons citoyens. Je me croirai toujours trop heureux si j'obtiens
« pour récompense de mes travaux leur estime et leur confiance.
« Je vous salue [1]. »

Plût à Dieu que tous nos généraux eussent pensé et agi ainsi ! On peut dire que Hoche a, pour jamais, tracé, fixé les principes dont doit s'inspirer l'armée dans une République. Quelles générations d'officiers nous eût formées un tel homme s'il eût vécu ! Aucun chef d'armée n'a mieux conseillé ses subordonnés; on pourrait mettre à l'ordre du jour de tous nos régiments sa lettre au capitaine Simon Grandchamp du 1er bataillon de la 197me demi-brigade; je l'ai déjà citée; on lit, en tête, cette devise caractéristique : « Civisme, santé, activité, » puis : « Rappelle-toi sans cesse... que ta conduite doit être
« celle d'un patriote éclairé, d'un homme vertueux, d'un offi-
« cier républicain et français; tu restes responsable de celle
« des hommes qui te sont confiés. Habitue-les à la fatigue, au
« feu, à la victoire et surtout à respecter l'innocent habitant
« des campagnes..... Sois toujours bon, humain et prêt à
« recevoir l'homme égaré qui, abjurant son erreur, viendrait
« se jeter dans tes bras; *fais aimer la République et respecter*
« *ses armes.*[2] » Cette dernière ligne, écrite il y a cent ans, résume encore nos plus chères aspirations.

Les Vendéens étaient bien plus attachés encore à leurs croyances religieuses qu'à la monarchie; Hoche voulut leur

---

[1] Lettre au ministre de la Guerre, 30 pluviôse, an IV.
[2] Lettre du 8 ventôse, an III.

montrer que la liberté de conscience la plus absolue serait l'unique conséquence de l'établissement de la République. Déiste convaincu, sans grand goût pour les cérémonies des cultes, il était plein de mépris pour les agitateurs en soutane, pour cette « prêtraille fanatique rebelle aux lois de la République contre laquelle elle déclame journellement[1] ; » il demandait avec indignation à « quel Dieu » appartenaient « ces prêtres qui rugissent comme des tigres, prêchent le « carnage, le vol et l'assassinat[2] ; » il avait contre le clergé catholique et spécialement contre son rôle dans les écoles, des préventions trop justifiées, mais il n'admettait pas que le Gouvernement cherchât à exercer une pression quelconque sur les consciences ; il disait aux Vendéens dès son arrivée dans l'Ouest[3] : « La République n'entend gêner aucun culte.... « Nous comptons au nombre des droits naturels celui d'adorer « Dieu dans le langage et dans la posture qui convient à « chacun. » Ailleurs, il déclare qu'il est « de la morale et de « la politique d'accorder la liberté de conscience à tout être « pensant » et il ajoute : « Une religion quelconque tient « quelquefois lieu à l'homme le moins instruit des affections « les plus chères. Elle peut être pour lui la récompense de « ses travaux et le frein de ses passions[4]. » C'est ainsi que parlait ce philosophe, ce libre-penseur et il n'hésitait pas à défendre Lanjuinais qu'on dénonçait comme un ardent clérical : « Il n'est que pieux, répliquait-il. J'estimerai toujours un « homme pieux. La morale de l'Évangile est pure et douce et « quiconque la pratique ne peut être un méchant. Loin de « moi le fanatisme, mais respect à la religion ; elle console « des maux de la vie[5]. » Dans une lettre à sa femme, il développait la même idée : « Souvent, oui souvent, la religion « nous guide et nous console. Il est des instants dans la vie « où l'âme y cherche un refuge[6]. »

Dans sa correspondance avec le Gouvernement, il insiste

---

[1] Ordre du 18 germinal, an III.
[2] Proclamation du 7 pluviôse, an IV.
[3] Proclamation du 7 ventôse, an II.
[4] Lettre au général Varin, du 25 janvier 1795.
[5] Bergounioux, *Vie de Hoche*.
[6] *Idem*.

souvent sur la question religieuse ; il sait, il sent que c'est là la question capitale ; en Vendée, il y revient sans cesse : « Punissez, écrit-il, punissez les citoyens rebelles aux lois, « mais ne vous mêlez pas du culte[1] » ; ou encore : « Si vous « n'êtes tolérants... nous tuerons des Français devenus nos « ennemis, mais cette guerre ne finira pas. Si vous pour-« suivez les prêtres, vous en aurez dans cent ans qui se feront « un honneur de recevoir la palme du martyre[2] ; » et ailleurs : « Il eût été à désirer qu'on ne criât pas sans cesse après les « prêtres ; la masse des campagnes les veut ; les ôter tous « c'est vouloir éterniser la guerre[3]. » Il blâme les exécutions trop nombreuses de prêtres ; il montre les femmes et les enfants allant « tremper leurs mouchoirs dans le sang de ces « malheureux et bientôt ces monuments d'horreur servant de « drapeaux aux fanatiques habitants des campagnes qui se « font égorger, afin d'aller plus vite en paradis[4]. » Il résumait sa doctrine et ses conseils dans cette redoutable question qu'il adressait au Directoire : « Je le demande hardiment ; cette « multitude d'hommes qui ne connaît que ses prêtres et ses « bœufs peut-elle adopter tout à coup les idées de morale et « de philosophie ? D'ailleurs, faut-il fusiller les gens pour les « éclairer ?[5] » Il estimait que « lorsqu'on veut défanatiser un « peuple il faut lui faire oublier ses prêtres par de sages insti-« tutions et non en les persécutant » ; quant à lui, tout en répétant qu'il n'était d'aucune secte, il déclarait n'avoir de haine que pour une seule, celle des « intolérants », parce qu'il regardait ceux-là comme « les plus grands appuis de la contre-révolution.[6] » Parole profonde et toujours bonne à méditer !

Pour compléter l'œuvre de l'humanité et de la tolérance, c'était à la science, à l'enseignement que le pacificateur de la Vendée voulait faire appel ; avec quelle fermeté et avec quelle éloquence il exprimait ses idées à cet égard ! C'est au Ministre de la Guerre lui-même qu'il ne craignit pas d'écrire : « Les « préjugés ne se détruisent pas avec le canon ou les baïon-

---

[1] Lettre au Directoire, du 14 avril 1796.
[2] Lettre au ministre de la Police, du 12 juin 1796.
[3] Lettre au Directoire, du 14 frimaire, an IV.
[4] Lettre au Directoire, du 14 avril 1796.
[5] Lettre du 19 ventôse, an IV.
[6] Lettre au ministre de la Guerre, du 13 germinal an IV.

« nettes ; les lumières de l'instruction et le temps sont les
« armes les plus sûres. Il faut répandre des torrents de ces
« premières dans ces contrées [1]. »

Il donnait lui-même, à sa façon, l'enseignement civique que nous venons enfin d'introduire dans nos écoles ; il faisait imprimer et distribuer aux paysans bretons et vendéens la constitution républicaine avec des commentaires qu'il avait trouvé le temps de rédiger ; il répandait à profusion des insignes patriotiques, des cocardes tricolores ; il engageait les femmes et les enfants à les porter aussi bien que les hommes, pour en faire comme des traits d'union entre la Vendée pacifiée et la France républicaine.

Voilà comment il avait compris sa tâche si difficile ; voilà comment il reconquit peu à peu et pacifia la Vendée ; c'est ainsi qu'il mérita d'être pleuré même par ses adversaires ; à sa mort, dans plusieurs communes de l'Ouest, les vaincus lui élevèrent des monuments. Combien de vainqueurs, au sortir de guerres civiles, ont recueilli de pareils témoignages ?

Qui dira cependant, au prix de quels efforts, de quelles luttes, de quelles souffrances Hoche acheva son œuvre. Toutes les armes étaient bonnes à ses ennemis, le pistolet, le fusil, le poignard, le poison ; on s'en prenait même aux pauvres bêtes de son écurie ; une nuit, les chouans en aveuglèrent trois sur quatre que le Directoire venait de lui envoyer. La calomnie épuisait sur lui tous ses traits ; encore si elle n'était venue que des royalistes ou des agents anglais ! Mais, souvent, c'étaient ses collaborateurs, ses obligés, des hommes comblés par lui de bienfaits, ou, ce qui était plus triste encore, des représentants du peuple, des délégués de la Convention et du Directoire qui méconnaissaient ce grand et dévoué serviteur de la République. Des accusations inouïes se produisaient contre lui au sein même du gouvernement. On comprend qu'il s'écriât : « Quel pays, quelle guerre et quelle perspective j'ai
« devant les yeux ! Le poignard, le poison et, le dirai-je,
« l'envie ne me prépare-t-elle pas quelque chose de plus
« ignoble ? Ô Patrie [2] ! » On conçoit aussi qu'à certaines heures il se laisse aller au découragement ; deux ou trois fois, il offre

---

[1] Lettre au ministre de la Guerre, du 14 ventôse, an IV.
[2] Lettre au ministre de la Guerre, du 12 pluviôse, an IV.

sa démission en déclarant qu'il peut « braver les boulets mais non l'intrigue. » Mais ces accès de tristesse ne durent pas et il tient tête à l'orage avec une admirable fermeté ; il s'excuse même de ses découragements passagers en invoquant « son « âge et son inexpérience ; » puis, il redouble d'efforts et déclare à ses collaborateurs qu'il est « honteux » de s'être plaint, qu'il veut réserver ses ressentiments pour « les ennemis du « gouvernement républicain » ; « Malheur à eux, dit-il, je « vengerai sur eux les fautes que j'ai pu commettre [1]. » Il se vengeait parfois d'une façon étrange, par exemple en envoyant vingt-cinq louis à la veuve d'un de ses assassins et en faisant élever les enfants d'un autre.

S'il se montrait tel envers ses ennemis, qu'on juge de ce qu'il devait être pour ses troupes, pour ses officiers, pour ses amis. Nous avons déjà fait voir avec quel soin il veillait au bien-être de l'armée ; souvent il parcourait les rangs de ses soldats en prodiguant les conseils, les exhortations avec une bienveillance et une affabilité charmantes ; il trouvait les mots les plus heureux ; il écrivait des billets laconiques mais pleins d'effusion et d'élan ; avait-il, par hasard, blessé, méconnu un de ses amis, il s'excusait aussitôt avec autant de chaleur que de dignité et cherchait, trouvait l'occasion de réparer ses torts. Que de fois il soutint Grigny, Chérin, Dessein, Lefebvre, Mermet, Laugier, Eugène de Beauharnais, Dumesnil, Baraguey d'Hilliers, Championnet, ses élèves ! On le voit prendre, de loin, contre des accusateurs trop clairvoyants hélas ! la défense de Bonaparte qui lui rendit, du reste, en ingratitude ses témoignages de dévouement. Nous savons quelle reconnaissance il garda à ses maîtres, surtout au général Le Veneur qui avait, selon ses propres expressions, « contribué plus que « personne à son éducation politique et militaire. » Il était en correspondance régulière avec lui. Ayant appris un jour que des misérables, se donnant comme républicains et accusant Le Veneur de royalisme, projetaient d'aller piller son habitation, il vola à son secours et déjoua le complot ; dénoncé par les pillards au Ministre de la Guerre, il se justifia ainsi : « J'ai été « voir mon ami ; je l'ai embrassé et, de plus, j'ai empêché que

---

[1] Lettre au Directoire, du 20 ventôse, an IV.

« des voleurs ne lui enlevassent les armes avec lesquelles il a
« servi si honorablement la République à Namur, à Maëstricht,
« à Nerwinden. Me désavouerez-vous? Vous le diriez que je ne
« vous croirais pas [1]. »

Parmi tant de difficultés, tant d'épreuves, Hoche gardait un entrain, une présence d'esprit, une gaîté toute française qui étonnent et qui charment. Le Ministre de la Guerre écrit qu'il faut soigner les chevaux donnés au général en chef par le Directoire et aveuglés par les chouans : « Au moins, dit « Hoche, devrait-il nous envoyer son maréchal. »

Le 8 pluviôse an IV, l'armée républicaine marche douze heures sans interruption par un temps affreux et des chemins horribles; elle passe deux ou trois rivières moins à gué qu'à la nage : « Ah! comme il pleut, s'écrie Hoche, et comme nous « sommes crottés! » C'est la seule plainte qu'il fasse entendre. Le général Dessein est atteint de fièvres au milieu des marécages; il reçoit le billet suivant : « Cette maudite fièvre ne « vous quittera-t-elle pas? Je vous dirai volontiers comme « Trissotin des *Femmes Savantes* de Molière : Noyez-la de vos « propres mains! Vous êtes en lieu et place ». A la fin du billet, le ton s'élève : « Portez-vous mieux, mon cher Dessein : « la patrie a besoin de vous. »

A peine justifié d'odieuses accusations, Hoche est obligé de commencer une nouvelle campagne; il prévient le Ministre de la Guerre en ces termes : « Je pars demain pour aller chercher « dans le Calvados et la Manche de nouvelles dénonciations; « adieu; défendez-moi bien, si vous voulez que j'y tienne [2]. » Nos soldats républicains qui mouraient de faim ont fait main basse sur des moutons et en ont mangé une dizaine; leur général est accusé par les royalistes de détruire les bestiaux vendéens en masse; il répond : « les générations oublieront « la perte des moutons de leurs pères; elles béniront le sage « gouvernement qui, réprimant les écarts et les abus, aura « mis fin aux discordes civiles; elles chanteront les chansons « qui leur auront été transmises après la guerre par les défen- « seurs de la République rentrés dans leurs foyers. Patience! « La chevalerie française va éprouver sous peu un tel échec

---

[1] Lettre au ministre de la Guerre, du 13 germinal, an IV.
[2] Lettre au ministre de la Guerre Dubayet, du 23 pluviôse, an IV.

« que les petites maîtresses et les héros des sections pourront
« bien s'en évanouir¹. »

Un officier ne faisait pas publier assez vite la proclamation d'amnistie; le général l'avertit ainsi : « Si la République paie
« des frais d'impression, c'est sans doute pour faire connaître
« les intentions du gouvernement. Je crois que vos bureaux
« ne sont pas de cet avis..... Je vous prie d'examiner si je me
« trompe et si l'on n'allume pas les feux des *cheminées perma-*
« *nentes* de l'état-major avec les imprimés qui devraient être
« répandus dans les campagnes². »

La fuite du trop fameux curé diplomate Bernier est saluée en ces termes : « Le cafard Bernier part enfin.....; plus adroit
« que bien d'autres, il emporte sa santé avec deux cent mille
« livres de lettres de change et le reste des fonds de l'armée
« catholique... Bon voyage! »

Hoche dépeint non moins plaisamment la piteuse fuite de ce chevalier de Lagarde, émigré, collaborateur de Bernier, qui, surpris par une de nos patrouilles sur les côtes du Morbihan, perd la tête... et ses bagages, y compris des papiers d'importance capitale : « Désireux d'aller plus vite, il se débarrasse
« de quelques paquets dans lesquels ont été trouvés toute
« sa correspondance, lettres de recommandation, les pou-
« voirs etc... »

Voici encore une lettre bien piquante adressée au rédacteur du *Journal des hommes libres*. Ce rédacteur tonnait contre Hoche qui avait, disait-il, injustement destitué deux agents du gouvernement; d'après le fameux publiciste, ces « agents », les sieurs Robin et Rivière Maronne n'avaient eu d'autre tort que de signer un mémoire adressé par les Nantais au Ministre de l'Intérieur; le général répond le 25 Ventôse an IX : « Les
« citoyens Robin et Rivière Maronne n'ont jamais été agents
« du gouvernement; ils n'ont pas signé le mémoire des Nan-
« tais. J'ai renvoyé ces deux écrivains des bureaux de l'armée
« parce qu'ils lançaient des mandats contre les femmes, parce
« que leurs frais de bureau s'élevaient à cinquante mille livres
« par an et parce qu'ils signaient des bons de trente-deux
« rations d'eau-de-vie pour quatre ordonnances... Les citoyens

¹ Lettre au Directoire, du 5 ventôse, an IV.
² Lettre au général C..., du 29 germinal, an IV.

« Hédouville, Drouet et Hoche aiment la République et ne
« pillent pas ses trésors. Servez-la de votre plume comme ils
« l'ont fait, le font et le feront de leur épée. Salut citoyen
« rédacteur. »

Il faut voir sur quel ton Hoche raconte ses entrevues avec les agents royalistes que la *Cour de Vérone* ne cesse de lui envoyer. Les hommes ont eu peu de succès; on essaie des femmes; de fort séduisantes personnes, d'une vertu peu farouche, demandent sous divers prétextes des audiences au général; un jour c'est pour obtenir la grâce d'un prêtre et le lendemain pour avertir Hoche d'un complot; on cause; les charmantes interlocutrices du général déploient toutes leurs grâces; finalement, elles laissent pressentir que les royalistes pourraient bien accepter un gouvernement républicain, si Hoche en était le chef; on le comblerait d'honneurs, on le couvrirait d'or; on ne lui demanderait que de couper la queue du parti.

Hoche recevait avec empressement ces aimables ambassadrices, les écoutait attentivement et ne les congédiait qu'après avoir largement fait son profit de leurs confidences.

Il ne fallut rien moins que tant de qualités unies à tant de finesse pour soutenir et terminer une pareille lutte. Malheureusement pour lui et pour la France, Hoche devait payer trop cher le glorieux titre de Pacificateur qu'il avait si bien mérité.

Au moment même où il recueillait le fruit de ses travaux, il sentit, au dire de son médecin Poussielgue, les premières atteintes du mal qui devait l'emporter; il se plaignait de sensations douloureuses, de souffrances qui lui paralysaient, disait-il, « la moitié du corps. » On a prétendu que les chouans l'avaient empoisonné et, pour accréditer ce bruit, on a voulu préciser le jour et l'heure; on a parlé d'un grand repas offert par le général lui-même pour rapprocher républicains et vendéens et dans lequel le poison lui aurait été versé; ce sont là des traditions sans fondements sérieux. Cette brillante et vaillante nature ne fut brisée que par ses travaux et par son ardeur; Hoche devait mourir usé, consumé par son propre génie et on peut dire que si la pacification reste son premier titre de gloire, elle nous a coûté le pacificateur.

Cependant il devait déployer encore toute sa vigueur dans l'expédition d'Irlande et dans une merveilleuse campagne sur le Rhin.

VII

EXPÉDITION D'IRLANDE

Dès 1793, Hoche avait songé à une expédition en Irlande et même à une descente en Angleterre; en présence des coalitions formées par le gouvernement britannique contre la République française, c'était, selon lui, au delà de la Manche qu'il fallait « aller chercher des dédommagements [1]. » Depuis cette époque, dans plusieurs circonstances, il avait appelé l'attention du gouvernement sur l'intérêt que présenterait l'organisation d'une « chouannerie en Angleterre »; il demandait qu'on cherchât à soulever en Irlande non seulement les catholiques mais les partisans de la réforme parlementaire; dans les derniers temps de son séjour en Vendée, il finit par faire accepter ses projets au Directoire et fut chargé d'en assurer l'exécution. Il entra dès lors en relations avec le célèbre agitateur Irlandais Wolf Tone qui était allé jadis en Amérique fomenter la révolte des États-Unis contre l'Angleterre et s'était mis depuis en rapports avec Carnot; il forma, dans un secret absolu, les cadres d'une armée de débarquement, s'assura le concours de

[1] Lettre à Audouin, adjoint au ministre de la Guerre, du 3 ventôse, an II.

quarante des meilleurs officiers qu'il eût connus dans l'Ouest, constitua sous le nom de *Légion des Francs* ou *d'Armée noire* [1] un corps spécial composé d'environ deux mille hommes d'élite et songea à le jeter d'abord en Irlande, comme une redoutable avant-garde, sous la conduite de Humbert, cet officier si habile et si ferme dont nous connaissons le rôle en Vendée; en même temps, il rédigeait des proclamations, des appels aux armes que ses agents devaient distribuer et, comme il était surveillé de près par les espions anglais, il faisait imprimer le tout à Angers; ses manifestes étaient déjà en Irlande quand les émissaires de l'Angleterre attendaient encore qu'on leur en donnât communication chez l'imprimeur du quartier général qu'ils avaient acheté.

Le ministre de la Marine était un patriote et, de plus, un homme de haute valeur, à grandes vues, formé dans la guerre d'Amérique; c'était l'amiral Truguet; il avait songé à unir les forces de la France, de l'Espagne et de la Hollande pour diriger une attaque vigoureuse contre les Indes Anglaises; il abandonna cette idée pour concentrer à Brest et mettre à la disposition de Hoche quinze vaisseaux, vingt frégates, des galères, des bâtiments de transport et plus de vingt mille hommes; il avait compté sans le mauvais vouloir de l'amiral Villaret-Joyeuse qui commandait la flotte de l'Océan, devait aller aux Indes et se montra fort irrité de l'abandon de cette expédition.

Arrivé à Brest, Hoche accomplit en quelques jours des prodiges; on manquait de matelots et de gabiers; il en fait venir du Havre, de Cherbourg, de Saint-Malo, de Nantes, des Sables, de la Rochelle; il en forme sur place, prenant au besoin pour cela « *des ferblantiers et des tanneurs;* » il en a bientôt six mille; quelques tentatives de révolte se produisent dans ses troupes; il désarme les insubordonnés et fait passer les plus violents en conseil de guerre; il révoque les officiers incapables; partout il cherche à répandre « le feu, le génie « créateur qui ont opéré les miracles de la Révolution [2]. » Bruix le seconde admirablement; celui-là, dit-il, « est pénétré de « l'amour de la gloire et des sentiments qui devraient animer

---

[1] A cause de son uniforme.
[2] Lettre au ministre de la Marine, 24 vendémiaire, an V.

« tous les officiers français [1]; » mais l'inertie de Villaret persiste; ses propos décourageants produisent la plus funeste impression sur l'armée; Hoche demande qu'il soit remplacé, qu'on lui donne pour successeur Lacrosse ou Latouche-Tréville, ce dernier surtout dont il faisait le plus grand cas. Le Ministre de la Marine résiste d'abord; enfin, il se rend à l'évidence et s'il écarte à tort Latouche-Tréville sous prétexte d'anciennes relations avec le duc d'Orléans [2], il remplace Villaret-Joyeuse par Morard de Galles, officier très énergique malgré son âge, plein de dévouement, et qui choisit Bruix pour major-général de la flotte. « Ah ! mon cher Ministre, écrit alors Hoche, « comme j'ai dormi depuis trois jours ! Dieu me devait bien ce « dédommagement. J'avais pleuré avant ces trois jours-là; » et Truguet lui répond : « Il y a quelques jours, on eût dit « qu'on partait pour un enterrement; aujourd'hui, il semble « qu'on est sûr de marcher à la gloire. Votre présence, mon « cher Hoche, les anime tous. J'attends les plus heureux effets « de cette influence sans égale à laquelle rien ne résiste. »

En effet, la confiance revient dans les cœurs, la gaîté sur les visages; toute l'armée s'apprête à prouver « aux ennemis « mortels de la République que la marine française existe « encore [3]. » Hoche dédaigne d'emmener avec lui ceux que l'expédition et le désir de venger la patrie ne passionnent pas; un détachement a réclamé sa solde d'une façon inconvenante : voici la mesure qu'il prend et met à l'ordre du jour de l'armée, le 30 brumaire an V : « Le général Hoche ne voulant pas avoir « sous ses ordres des hommes qui, méconnaissant l'honneur, « n'auraient que l'or pour mobile, ordonne que, sur le champ, « les grenadiers de la vingt-septième demi-brigade seront « débarqués et renvoyés à leurs corps où ils recevront leur « prêt qu'ils ont demandé ce matin sur la place de Brest, d'une « manière aussi indécente que ridicule [4]. »

Une proclamation très habilement rédigée est répandue à

---

[1] *Idem.*

[2] L'Amiral Latouche-Tréville avait été chancelier du duc d'Orléans, avant 1789; il n'était, du reste, nullement inféodé au parti royaliste; c'était un homme de premier ordre qu'on ne sût pas toujours employer à propos.

[3] Lettre de Hoche à Morard de Galles, du 22 brumaire, an V. (Archives du ministère de la Marine).

[4] Archives du ministère de la Marine, B. B. 4, 103, fol. 32.

profusion en Irlande. Hoche y représente les Français comme n'ambitionnant que la seule gloire de délivrer le peuple irlandais si longtemps opprimé. « Ce n'est plus ici, dit-il, la lutte « des maisons de Hanovre et de Stuart, l'une pour demeurer, « l'autre pour redevenir votre despote. Les hommes libres ne « combattent que pour le maintien et l'égalité des droits et « détestent jusqu'au nom d'un maître. »

Il oppose avec un art consommé la misère du pays à ses ressources; il montre les consciences opprimées, la langue paternelle proscrite, le droit de propriété violé, les plus dures entraves apportées à l'exercice des professions commerciales, industrielles, agricoles, le gouvernement anglais sourd à toutes les réclamations et refusant de donner une place sérieuse dans le Parlement aux représentants de l'Irlande; enfin, il appelle aux armes les vaincus, les martyrs, au nom des principes proclamés par la Révolution française, aux cris de Vive la liberté! Vive l'égalité!

La baie de Bantry est choisie pour le lieu de débarquement; la flotte est répartie en trois escadres; le contre-amiral Richery commande la seconde qui forme l'avant-garde; Morard de Galles est au centre avec le corps de bataille; le contre-amiral Neilly est à l'arrière-garde [1]. Le départ a lieu le 25 frimaire; les meilleures dispositions ont été prises; les capitaines ont reçu les instructions les plus précises sur la direction à suivre et les mouillages à choisir en cas d'accident; 15,000 hommes de troupes choisies, de l'artillerie et de la cavalerie se dirigent vers l'Irlande sous les ordres de Hoche qui est à bord de *La Fraternité* avec Morard.

La traversée commence bien; le général en chef montre l'assurance d'un marin consommé; il encourage, il soutient l'équipage; il met au besoin, lui-même, la main à la manœuvre. La flotte française échappe aux Anglais grâce à des brumes épaisses, mais elle est assaillie par une horrible tempête, à la hauteur d'Ouessant, dans la nuit du 26 au 27 frimaire; un de nos vaisseaux est englouti par les flots. *La Fraternité*, mal dirigée, s'égare avec deux autres frégates et peu s'en faut qu'elle ne s'aventure au milieu même d'une escadre anglaise.

---

[1] Moniteur du 5 nivôse, an V.

Le général Grouchy, commandant en second de l'expédition, continue sa route avec le gros de l'armée et entre dans la baie de Bantry ; en l'absence de Hoche, il refuse d'ordonner le le débarquement ; Chérin, chef d'état-major, fait prévaloir dans un conseil de guerre l'avis contraire ; mais de nouvelles tempêtes éclatent et rendent l'opération très difficile ; les Irlandais ne se montrent sur la côte qu'en petit nombre ; les vivres commencent à faire défaut ; l'absence de Hoche jette le découragement parmi ses lieutenants et de regrettables divisions persistent entre eux. Le contre-amiral Bouvet, prend alors sur lui d'ordonner le départ ; la flotte n'échappe qu'à grand peine aux Anglais et rentre à Brest, le 1er janvier 1797. Son étrange retour fut, du moins, honoré par la lutte héroïque que soutint le vaisseau *Les Droits de l'homme* commandé par le capitaine Lacrosse ; surpris et violemment attaqué par deux frégates anglaises, il coula l'une, sut échapper à l'autre et, tout désemparé, s'abîma dans les flots, avec une grande partie de son équipage. Lorsque *La Fraternité* entra, à son tour, dans la baie de Bantry, quelques Irlandais montés sur une barque vinrent apprendre à Hoche la triste vérité ; on juge de sa stupeur et de sa colère ; mais que faire ? Il fallut bien reprendre la route de France.

Jeté par un orage sur les côtes du Poitou, encore menacé d'être surpris par les Anglais, Hoche vint mouiller non sans peine, le 13 janvier, dans la rade de l'île d'Aix et, sans s'arrêter un moment, il rentra à Paris par Rochefort ; il fut bien accueilli par le Ministre de la Marine et fit destituer le contre-amiral Bouvet ; il demandait à se rembarquer ; il ne pouvait admettre que le gouvernement français abandonnât « le peuple « irlandais à la vengeance des tyrans » ; mais de nouveaux périls menaçaient la République au Nord-Est ; de grandes dépenses avaient été faites en pure perte pour l'expédition d'Irlande ; le Directoire crut devoir employer Hoche en ce moment d'une façon plus utile à la patrie ; le général accepta le commandement de l'armée de Sambre-et-Meuse, mais, en partant, il disait encore à Truguet : « Hâtez-vous de réparer « votre marine ; je m'attache irrévocablement à sa destinée. « Écrivez-moi que vos dispositions sont achevées ; aussitôt, « j'appelle un général pour me succéder ; je quitte à l'instant

« les bords du Rhin pour voler à ceux de l'Océan. » Plus tard encore, lorsqu'il fut arrêté dans sa course victorieuse à travers l'Allemagne par les préliminaires de Léoben, ses préoccupations se reportèrent sur l'Irlande; toujours partisan d'une nouvelle expédition, il obtint du gouvernement la permission d'aller conférer en Hollande à ce sujet avec l'amiral de Winter et le général Daendels; il garda jusqu'à la mort la conviction qu'il fallait faire la guerre aux Anglais chez eux.

On a parfois jugé sévèrement les projets de Hoche sur l'Irlande; des amiraux comme Truguet et Latouche-Tréville les approuvèrent hautement. Napoléon qui n'était guère bienveillant à son rival de génie militaire et de gloire a dit : « Si Hoche « eût débarqué en Irlande, il aurait sans doute réussi dans ses « projets parce qu'il possédait toutes les qualités nécessaires « pour en assurer le succès. Il était accoutumé à la guerre « civile et savait comment s'y prendre pour la faire réussir « à son avantage; il avait pacifié la Vendée; il aurait dirigé les « Irlandais avec intelligence. »

N'oublions pas non plus le jugement que portait Bruix sur l'homme dont il avait été le collaborateur intime; il disait qu'après une année d'expérience « Hoche lui semblait devoir « être le meilleur ministre de la Marine qu'on pût trouver en « France. »

VIII

HOCHE À L'ARMÉE DE SAMBRE-ET-MEUSE
ÉCLATANTS SUCCÈS
BONAPARTE EN ARRÊTE LE COURS

C'était vraiment en 1797 un magnifique commandement que celui de l'armée de Sambre-et-Meuse. Hoche avait sous ses ordres quatre-vingt-six mille hommes[1], parmi lesquels tous le connaissaient de réputation et beaucoup pour avoir combattu avec lui à Kaiserslautern, à Wissembourg, à Landau ou plus tard en Vendée; il retrouvait, parmi ses lieutenants, beaucoup des officiers avec lesquels il avait commencé sa carrière, Ney, Championnet, Richepanse, Grenier, Lefebvre, d'Hautpoul; ce fut pour lui une vraie joie. Sa mission aussi était grande et belle; il devait combiner ses efforts avec ceux de Moreau sur le Rhin et de Bonaparte vers le Danube pour réduire l'Autriche aux dernières extrémités et forcer l'Empereur à signer une paix avantageuse pour la République.

[1] Lettre au Directoire, du 25 germinal, an V.

Avant de conduire ses troupes à l'ennemi, Hoche eut d'abord à réformer bien des abus. Les agences chargées d'assurer, avec les fonds de l'État, les approvisionnements de l'armée s'acquittaient au plus mal de leur tâche, rançonnaient d'une façon parfois odieuse les populations, se livraient à de scandaleuses spéculations; Hoche leur substitua des régies intéressées d'une façon régulière aux marchés qu'elles passeraient; en réalisant ainsi des économies sérieuses, il transforma de la façon la plus utile le régime alimentaire de ses soldats, presque tous les services de l'armée et notamment ceux des fourrages et des transports. D'autre part, il institua très sagement dans les pays conquis des commissions qui servirent d'intermédiaires entre les vaincus et l'autorité militaire; les membres de ces commissions durent rendre leurs comptes sous peine d'être fusillés; les impôts furent levés régulièrement; on n'eut plus à demander d'argent au Directoire et cependant les Allemands furent beaucoup moins pressurés qu'ils ne l'avaient été jusqu'alors par les employés civils à la nomination directe du gouvernement. Ces résultats furent dus surtout à l'heureuse initiative que prit Hoche en rendant aux autorités locales l'administration des provinces soumises et en les obligeant simplement à s'entendre avec les commissions constituées par lui sur le chiffre des impôts de guerre. Bientôt, le trésor de l'armée de Sambre-et-Meuse fut assez rempli pour que le général en chef abandonnât à Moreau sa part du million envoyé par l'armée d'Italie aux armées du Rhin; en même temps, il offrait des vivres à son collègue.

Cependant, le moment était venu d'agir d'accord avec Moreau pour donner la main à Bonaparte qui marchait sur Vienne par le Tyrol; mais Moreau demandait sans cesse de nouveaux délais avant de passer le Rhin; il manquait d'argent, d'équipages; Hoche lui signifia que, le 17 avril, il attaquerait l'ennemi et, pour ne laisser aucun doute sur ses intentions, il refusa les armistices par lesquels Werneck et Kray essayèrent tour à tour de l'arrêter, tandis que leur chef l'archiduc Charles quittait les bords du Rhin pour couvrir Vienne. Dans la nuit du 17 au 18 avril, ses troupes débouchèrent par Neuwied, Dusseldorff et Heddersdorff; Bastoul était à l'aile gauche, Lefebvre et Lemoine à l'aile droite, Olivier au centre. Les

formidables retranchements d'Heddersdorff furent enlevés à la baïonnette sans tirer un coup de fusil ; Richepanse, après une charge admirable, entra dans Berndorff ; Championnet s'empara d'Ukerath et d'Altenkirchen ; Ney, assailli à l'improviste par la réserve de Werneck, fut secouru à temps ; Hoche lançant d'abord les divisions Grenier et d'Hautpoul à son secours entra bientôt avec elles dans Dierdof ; à la fin de la journée, les Autrichiens avaient perdu 7 drapeaux, 27 bouches à feu et sept mille des leurs étaient entre nos mains. Werneck se retira sur le Mein ; Hoche le suivit ; son avant-garde passa la Nidda ; Lefebvre et Richepanse allaient entrer dans Francfort ; tout à coup un parlementaire se présente et annonce que la paix vient d'être signée entre l'Autriche et la République ; un courrier venait d'en apporter la nouvelle. C'était un vrai coup de théâtre. Nos soldats durent s'arrêter en frémissant et Lefebvre apostrophant le courrier : « Tu aurais bien dû, lui dit-il, t'amuser en route. » Quelques jours plus tard et l'armée de Kray était certainement écrasée. Hoche se voyait enlever la gloire de terminer la campagne ; il en fut attristé car ses troupes bien disciplinées, pourvues de tout, pleines d'ardeur, lui garantissaient d'éclatants succès ; cependant il répondit modestement au général Berthier, chef d'état-major de l'armée d'Italie, qui lui avait notifié la signature des préliminaires de Léoben[1] : « J'ai reçu, Général, la lettre que vous m'avez fait
« l'honneur de m'écrire, pour m'annoncer que les prélimi-
« naires de la paix avaient été signés à Léoben le 29 germinal.
« Le même jour, nous battions les ennemis à Neuwied, à
« Ukerath, à Altenkirchen, à Dierdorf et Montabauer.

« Je dois me féliciter, avec tous les Français, de la bonne
« nouvelle que vous voulez bien me transmettre. Nous n'ou-
« blierons jamais que c'est à vos travaux que nous devons la
« paix et ses inestimables résultats. »

M. Thiers a dit que Bonaparte s'était décidé à signer les préliminaires de paix « moitié par des raisons politiques et mili-
« taires, moitié par des *considérations personnelles*, comme
« s'il eût été question d'un simple armistice. » Ce jugement, peu favorable, est cependant d'une excessive bienveillance. Il

---

[1] 4 floréal, an V.

faut dire toute la vérité. Bonaparte avait voulu conclure seul la paix et n'en partager l'honneur avec personne, ni avec Hoche et Moreau, ni même avec Clarke qui, chargé officiellement des négociations. était à Turin et ne fut pas prévenu en temps ; les commandants des armées du Rhin qu'il fallait arrêter dans leur marche furent, au contraire, avertis avec une rapidité foudroyante.

On a dit que Bonaparte avait reçu de faux avis, qu'il avait pu croire à l'inaction de Hoche et de Moreau. Bonaparte savait bien se renseigner quand il le voulait ; il agit avec une précipitation extraordinaire, écrivit à l'archiduc Charles une lettre devenue fameuse et bien peu d'accord avec ses habitudes, avec ses idées sur la guerre; victorieux, aux portes de Vienne, c'était lui qui proposait la paix non seulement sans ordres, mais sans aucun avis du Directoire; l'archiduc, dans la situation la plus critique, ne crut pas pouvoir répondre sans consulter son gouvernement. Il avait déjà tenté de conclure directement un traité avec le roi de Sardaigne; le Directoire l'avait désavoué. Cette fois, il fut plus heureux ; la paix, il le savait, était universellement désirée; on ne peut s'étonner que Carnot ait insisté pour l'acceptation des préliminaires de Léoben, mais on devra toujours regretter que la République Française victorieuse de l'Autriche lui ait sacrifié Venise.

Quelques jours encore avant la signature des préliminaires, Bonaparte lui-même proposait au procureur Pesaro de garantir les États Vénitiens contre la révolution ; l'assassinat de plusieurs Français et les négociations du Sénat avec l'Autriche lui fournirent des prétextes pour changer brusquement d'avis, sans même attendre la réponse à ses sommations.

Il est certain que la paix fut signée trop tôt, dans des conditions regrettables sous plus d'un rapport; avec sa violence et sa duplicité habituelles, Bonaparte trouva moyen d'imputer à Hoche et à Moreau la précipitation fort calculée avec laquelle il avait agi; ses collègues, disait-il, l'avaient mal secondé; ils avaient commencé tardivement leurs opérations; ils ne l'avaient pas prévenu à temps; la seule crainte que *tout fût compromis* l'avait engagé à conclure les préliminaires. « J'ai cru, écrivait-
« il, la campagne perdue, que nous serions battus les uns après

« les autres [1]. » Comme si le génie de Hoche devait faire présager des défaites !

Michelet s'indigne avec raison de pareilles suppositions qu'il trouve injurieuses[2]; elles ne furent au fond que de misérables prétextes; Bonaparte voulait à la fois calomnier un rival et dissimuler les craintes que son génie, sa gloire et surtout ses convictions républicaines lui inspiraient. Hoche avait été plus généreux ; on l'avait vu prendre avec chaleur la défense de Bonaparte, plaider éloquemment sa cause à la fois contre les royalistes et contre des républicains trop clairvoyants.

[1] *Correspondance*, 31 avril, t. II.
[2] Michelet : *Les soldats de la Révolution.*

IX

JOURNÉE DU 18 FRUCTIDOR

HOCHE ET BONAPARTE

L'Autriche était vaincue et traitait avec la République française; l'Angleterre continuait la lutte. Arrêté par Bonaparte au milieu de ses triomphes en Allemagne, Hoche reprit aussitôt ses projets sur l'Irlande.

Il se rendit incognito à la Haye pour demander le concours de la République Batave, fut bien accueilli, vit les principaux chefs de l'armée et de la marine, alla avec eux au Texel, obtint des vaisseaux et des équipages qui devaient se tenir prêts à partir au premier signal; puis, choisissant dans l'armée de Sambre-et-Meuse quelques-unes de ses meilleures troupes placées sous les ordres de Richepanse et de Lemaire, il leur ordonna de se porter sur Brest, par Chartres et Alençon; lui-même se rendit à Paris pour conférer avec l'amiral Truguet qui l'avait mandé.

Ce n'était pas de l'expédition d'Irlande que le gouvernement se préoccupait en ce moment. Barras, Rewbell et La Réveillère préparaient un coup d'État contre les Conseils où les dernières élections avaient fait entrer bon nombre de royalistes et quelques terroristes. Dans sa correspondance avec Hoche, Barras lui avait fait pressentir que de graves événements se préparaient et que le Directoire pourrait avoir besoin de son concours contre les ennemis de la République; c'était lui qui avait donné l'ordre à l'amiral Truguet d'appeler à Paris le commandant en chef de l'armée de Sambre-et-Meuse. La grande réputation de Hoche n'inquiétait pas comme celle de Bonaparte; il inspirait une confiance justifiée par son caractère; on était également sûr de ses troupes; Barras le vit, fit appel à son dévouement, lui persuada que tous les membres du Directoire étaient d'accord entre eux et avec la majorité des deux Conseils, exagéra la gravité de la situation, présenta comme une nécessité patriotique l'intervention, au moins morale, de l'illustre général républicain et son entrée au Ministère de la Guerre. Hoche connaissait les intrigues, les conspirations des royalistes, qui, à plusieurs reprises, essayèrent de le corrompre et lui firent offrir l'épée de connétable; il savait que le principal meneur de ces intrigues était un homme qu'il considérait à bon droit comme un traître et qui était son ennemi personnel, Pichegru. Il se laissa convaincre, se mit à la disposition du Directoire et lui offrit les deux millions qu'il avait pu mettre en réserve sur les impôts levés en Allemagne par les Commissions militaires. Le 18 juillet, il prit possession du Ministère de la Guerre.

Au même moment, on apprenait à Paris qu'un détachement des troupes dirigées vers Brest, en vue de l'expédition d'Irlande, s'était avancé jusqu'à la Ferté-Alais, non loin de la capitale. L'article 69 de la Constitution interdisait à tout corps militaire de passer dans un rayon de quinze lieues autour de la résidence du Corps législatif; les chasseurs de Richepanse avaient franchi cette limite et les soldats avaient tenu, disait-on, des propos inquiétants. Aubry dénonce le fait à la tribune des Cinq-Cents; Pichegru propose de prendre les mesures les plus énergiques; Carnot, interrogé par ses amis, leur répond que Hoche a agi sans ordres et c'était exact pour ce qui le concernait; il mande le nouveau Ministre de la Guerre devant le Directoire, le presse, le menace même. Hoche s'étonne, balbutie, interroge en vain du regard Barras qui garde le silence, enfin ne sort d'un cruel embarras que grâce à l'intervention amicale de La Révellière qui fait lever la séance. Profondément blessé, il demande des explications ; il en reçoit de fort incomplètes ; il voit que Barras l'a trompé et gravement compromis ; il ne pouvait même, légalement, être appelé au Ministère puisqu'il n'avait pas encore trente ans, âge requis par la Constitution ; il donne sa démission et rejoint son quartier-général, Gissen.

C'est avec tristesse que nous voyons le général Hoche mêlé, un moment, à la préparation de la journée du 18 fructidor et d'autant plus que ce coup d'État fut le premier triomphe du militarisme ; il marqua l'intrusion à jamais déplorable de l'armée dans nos luttes civiles ; mais si nous ne pouvons dissimuler l'erreur commise, nous avons le droit de constater qu'elle fut de bien courte durée et qu'il suffit d'un avertissement de Carnot pour rappeler Hoche au devoir. Combien sa conduite fut différente de celle de Bonaparte ! Jamais il n'avait songé à jouer personnellement un rôle politique ; il fallut qu'on allât le chercher au milieu de ses soldats, qu'on le fît venir à Paris sous de faux prétextes, qu'on le trompât pour l'entraîner et il ne se laissa pas tromper longtemps. On a voulu voir une manifestation menaçante, presque séditieuse, dans la fête que son armée célébra et qu'il présida le 10 août 1797. Nous ne partageons point cet avis ; le discours prononcé par Hoche dans cette circonstance, son toast à « *l'anéantissement des factions,* » et ceux de ses lieutenants n'étaient empreints que de sentiments patriotiques, républicains et d'un dévoûment absolu au gouvernement. Hoche ne pouvait-il parler, sans devenir coupable, de l'indignation qu'inspiraient autour de lui les menées royalistes ? Il remplissait un devoir en avertissant le Directoire comme il le faisait le 25 thermidor, an V : « Que les amis et
« les ennemis de la République sachent bien que cette armée
« n'a jamais été plus disciplinée, plus républicaine, plus dis-
« posée surtout à combattre les vils factieux qui oseraient
« attenter à la pureté de nos lois.

« Quelques murmures ont pu se faire entendre parmi les
« troupes qui allaient sur Brest ; ça été l'effet du défaut de
« solde et des marches que la peur et la malveillance de quel-

« ques anti-républicains leur ont fait faire ; mais la même voix
« qui poussait des accents plaintifs *n'a jamais murmuré contre*
« *le gouvernement. Oui, tous brûlaient et brûlent encore de le*
« *défendre;* tous disaient : on peut nous avilir, nous proscrire,
« mais qui nous convaincra ?

« Citoyens Directeurs, prenez-y garde ; l'indignation est à
« son comble ; elle est telle ici que souvent je suis obligé de
« lui opposer une barrière... Toutes les troupes sont animées
« du même sentiment. »

On peut commenter, interpréter ces paroles ; on peut, cela est facile, les rapprocher plus ou moins perfidement de celles que Bonaparte prononçait à la même époque ; on ne fera pas que Hoche ait jamais conspiré contre le Directoire et c'est ce que Bonaparte ne cessa pas de faire, bien longtemps avant le 18 Brumaire ; si le langage de ces deux hommes put être le même dans certaines occasions, leurs caractères, leurs visées différaient profondément ; l'un voulait sincèrement le maintien de la République, visait ce but unique en signalant au gouvernement les complots monarchiques et en se faisant l'écho des craintes, des colères qu'ils excitaient ; l'autre poursuivant l'accomplissement d'un plan longuement médité, savamment combiné, accusait le Directoire de faiblesse pour faire réclamer son concours, pour expliquer, à l'avance, son intervention, ses usurpations et se frayer un chemin jusqu'au trône ; il envoyait ses aides de camp, ses lieutenants intriguer à Paris de tous côtés à la fois ; il écrivait des proclamations politiques et s'arrangeait pour les faire publier par le gouvernement auquel il voulait se substituer ; il créait des journaux consacrés à célébrer ses exploits ; il faisait rédiger par ses soldats des adresses jacobines et cherchait à gagner les anti-jacobins. Cependant, c'était le premier, c'était Hoche que l'on accusait de conspirer ! Pichegru et ses amis ne l'appelaient plus que Marius ! On répandait contre lui les bruits les plus absurdes. Il se trouva au Conseil des Cinq-Cents, un homme, un financier, Dufresne, assez audacieux pour accuser de concussion « ce jeune général « qui plus qu'aucun autre avait pu s'enrichir et était fort pauvre [1] ». Hoche répondit à ces infamies par une lettre qui fut lue

[1] Thiers, *Révolution Française*.

publiquement aux Cinq-Cents et que l'honnête Jourdan fit suivre de ses commentaires dans l'Assemblée; puis, il publia, avec Chérin, son chef d'état-major, sous forme de brochure, un *Bulletin des opérations de l'armée de Sambre-et-Meuse* qui contenait à la fin, avec toutes les pièces de sa comptabilité, sa justification absolue et qui se terminait par ces mots : « Les « pouvoirs de nuire dont les méchants faisaient un usage si « actif leur ont été retirés : je leur pardonne tous les maux « qu'ils m'ont faits [1]. »

Chose étrange! Pendant que ce grand homme était ainsi calomnié par les Français, il trouvait des défenseurs parmi les étrangers, parmi les princes qu'il avait vaincus et dont il avait administré les provinces; le landgrave de Hesse-Darmstadt se chargea de le justifier par une attestation que conservent nos archives du Ministère de la Guerre. Son désintéressement reste au-dessus de tout soupçon; il écrivait un jour à sa femme : « Tu « me recommandes de songer à la fortune de notre enfant; je « lui laisserai un nom sans tache; c'est tout ce que je lui « dois. » Peu avant le coup d'État de fructidor, malgré tout ce qui s'était passé entre le Directoire et lui, il donna au gouvernement en détresse presque tout ce qu'il possédait, 50,000 fr. Au même moment, Bonaparte qui, d'abord, avait offert trois millions pris dans le trésor de son armée refusait tout envoi de fonds; il jugeait que son heure n'était pas encore venue; il se réservait. De tels traits suffisent pour peindre les deux hommes, pour marquer entre eux d'étranges différences.

[1] *Pièces sur Hoche et Moreau;* — Bibliothèque de la Chambre des députés E¹ III, 812.

X

HOCHE COMMANDANT EN CHEF DE L'ARMÉE
D'ALLEMAGNE — SA MORT

Rentré à son quartier-général de Wetzlar[1], Hoche y reçut bientôt la nouvelle que le Directoire, réunissant, sous le nom d'armée d'Allemagne, l'armée de Sambre-et-Meuse et celle du Rhin enlevée à Moreau, lui confiait la direction de toutes ces forces. C'est à l'instant même où il était investi du plus vaste commandement de la République que la mort le frappa.

Il avait eu, dès son enfance, des accidents nerveux assez graves dont l'un, survenu vers l'âge de quatorze ans, avait affecté tout son organisme; depuis, il avait éprouvé, selon l'expression de son médecin Poussielgue[2], « des maladies inflammatoires »; il avait souffert, en outre, de douleurs sciatiques, de rhumatismes. Il avait quitté la Vendée, très fatigué,

---

[1] Au N.-E. de Coblentz, sur Lahn.
[2] *Précis de la maladie et de la mort du général Hoche*, Wetzlar, 1ᵉʳ vendémiaire, an VI.

et se plaignait dès lors, fréquemment, de cruelles sensations internes, de fièvres, d'oppressions ; il lui semblait parfois que la moitié de son corps était paralysée ; il se soignait peu. Son état s'aggrava pendant l'expédition d'Irlande ; au retour, les spasmes auxquels il était sujet semblèrent se fixer sur la poitrine et se manifestèrent au dehors par une toux opiniâtre ; il crut à une simple indisposition, négligea ce qu'il appelait un rhume, facile à guérir disait-il, « dans les huit premiers jours de repos qu'il obtiendrait. »

Le mal était plus grave et, du reste, les huit jours de repos dont Hoche parlait ne vinrent jamais ; il ne put ou ne sut pas les prendre ; il disait à Poussielgue : « Donnez-moi un remède « pour la fatigue, mais que ce remède ne soit pas le repos ! » La campagne du Rhin et les évènements du 18 fructidor l'éprouvèrent encore beaucoup. Après Neuwied, Poussielgue lui avait prescrit des bains : il avait répondu que son rhume ne lui permettait pas d'en prendre et que, du reste, il avait encore 150 lieues à faire. Lors de la conclusion de la paix, on lui fit accepter non sans peine quelques drogues, quelques tisanes ; sa toux persistait ; la respiration devenait laborieuse, très difficile même par les temps humides ; il avait des sueurs froides. Pour l'obliger à se reposer, on voulut l'envoyer quelques jours à Metz ; il protesta, dit Poussielgue, « que l'armée était « son élément naturel, l'inaction son tourment et que je le « rendrais bien plus malade en obtenant de lui qu'il s'éloignât « de son quartier-général, qu'il ne pourrait vivre à Metz que « dans une inquiétude fatigante et qu'il se connaissait assez « pour m'assurer qu'il enverrait de là trois ou quatre cour« riers par jour pour obtenir des renseignements nécessaires « à son existence. »

Personne ne put vaincre sa résistance. Il fut très préoccupé, très inquiet des suites du coup d'Etat de Fructidor ; la lettre de Barras, qui lui apprit le résultat de la journée, lui causa une vive satisfaction ; il la montra à son médecin en disant : « Docteur, je n'ai plus besoin de vous ; mon rhume est guéri ; « voilà le remède. »

Sa famille et ses amis le décidèrent à faire le voyage de Francfort au moment de la grande foire annuelle. Le temps était mauvais ; cette excursion ne lui réussit pas ; il commençait à s'inquiéter; il imagina de consulter à Francfort une espèce d'empirique allemand dont les prescriptions devaient aggraver son état; il retourna seul à Wetzlar précipitamment, s'enferma, prit, sans autre avis, les potions ordonnées par ce charlatan, s'en trouva fort mal et fut obligé de faire demander Poussielgue, de lui avouer cette imprudence. Son médecin crut qu'une consultation devenait nécessaire; il ne le cacha point au malade. Hoche s'y refusa, déclara que les soins de son ami étaient bien suffisants; comme Poussielgue insistait et avait fait venir des médecins de l'armée et du pays, il s'emporta, défendit qu'on les fît entrer.

Cependant, il s'affaiblissait et le sentait; ses traits se décomposaient; on ne laissait plus pénétrer dans sa chambre que sa femme, son beau-frère Debelle et l'officier de service; on essayait en vain de lui cacher la vérité; il la lisait sur le visage de tous ceux qui l'approchaient encore. Alors, il se calma, se recueillit et vit venir la mort avec sérénité.

Le 18 septembre, au matin, un mieux sensible se produisit chez le malade; il se leva, se montra plein de gaîté, donna des ordres, des signatures; on surprit sur ses lèvres quelques refrains; il voulut revoir ses amis les plus intimes; il s'entretint avec eux près d'une heure, ramenant de préférence la conversation sur la situation générale de la République; il fit plusieurs allusions à la journée du 18 fructidor et il ajouta qu'il valait mieux pour la liberté qu'un « des généraux qui commandaient « en chef les armées de la République ne fût pas intervenu « directement dans cette circonstance, qu'une République « était bien près de sa ruine quand elle était visiblement sous « l'égide d'une renommée militaire trop éclatante, qu'il fallait « qu'elle fût servie et non protégée. [1] » Il fit ensuite quelques présents à ses lieutenants et, comme l'entretien se prolongeait un peu, le médecin demanda qu'on laissât le malade seul; alors il se fit lire « un discours facétieux qui l'amusa beaucoup », puis s'endormit vers quatre heures du soir. A six heures, il se réveilla très oppressé; il accepta que Poussielgue fît entrer plusieurs de ses confrères; ceux-ci examinèrent le malade et convinrent de se réunir à nouveau le lendemain matin pour

---

[1] Bergounioux donne ces paroles comme textuelles dans sa *Vie de Hoche* pour laquelle il avait pu consulter les papiers du général.

conférer sur son état. Hoche s'assoupit; sa femme et le médecin passèrent dans la salle à manger; ils y étaient depuis une demi-heure environ quand on accourut les prévenir qu'une crise terrible venait de se produire. Le général « était assis sur son
« lit, la poitrine penchée en avant, ayant la respiration très
« gênée, très accélérée, les traits du visage effacés, la bouche
« béante, les extrémités froides, le pouls petit, convulsif.....
« Chaque minute augmentait l'intensité du mal; on le trans-
« porta à la fenêtre [1]; » bientôt, il perdit connaissance; tous les remèdes internes et externes furent employés pour le ramener à la vie; ce fut en vain; il ne fit que râler péniblement et, vers quatre heures du matin, le troisième jour complémentaire de l'an V, c'est-à-dire le 19 septembre 1797, il expira. Il n'avait que 29 ans.

La stupeur que causa cette mort dans l'armée de Sambre-et-Meuse et dans la France entière la fit attribuer à un crime; des bruits d'empoisonnement coururent; on accusa les royalistes, le Directoire, Bonaparte, tout le monde. L'autopsie fut aussitôt ordonnée et faite à Wetzlar [2]; les poumons, les intestins, la trachée artère furent envoyés à Paris sur l'ordre du Directoire et examinés par la Faculté de Médecine qui ne conclut point à l'empoisonnement. On trouva seulement quelques taches étranges dans l'estomac et les intestins. Voici le témoignage absolument concluant, selon nous, de Poussielgue si dévoué au général qu'il soignait depuis longtemps et qu'il n'avait pas quitté dans ses derniers jours : « Il m'importe
« comme citoyen français et comme officier de santé investi
« de la confiance du général Hoche... de déclarer ouvertement
« que je n'ai reconnu dans le cours de sa maladie et même
« dans l'examen de son corps, après son décès, aucune trace
« de poison.

« Quelques signes séducteurs en ont imposé à la pré-
« vention [3]; je n'ai pu moi-même me défendre de la surprise

[1] Poussielgue : *Précis de la maladie et de la mort du général Hoche*.

[2] Nous avons le procès-verbal de l'autopsie; il porte la signature de neuf médecins, chirurgiens et pharmaciens, ainsi que celle de l'adjudant-général Simon; il est certifié exact par Daultanne, chef d'état-major de l'armée de Sambre-et-Meuse. (*Pièces sur Hoche et Moreau;* — Bibliothèque de la Chambre des députés).

[3] Allusion aux taches que les médecins constatèrent dans l'estomac et les intestins.

« lorsque j'ai découvert ces signes équivoques et voulant
« donner ici mon opinion personnelle sur ce que j'ai vu, après
« avoir médité sur tous les phénomènes arrivés pendant la
« maladie et sur ceux apparus après la mort, je persiste à
« croire que le général Hoche est mort d'un accès du plus
« violent éréthisme nerveux successivement amené par l'effet
« de sa constitution physique. »

La douleur de l'armée fut sincère et profonde ; les obsèques du glorieux général furent célébrées au milieu de la consternation universelle avec tous les honneurs dus à sa situation, à sa mémoire ; en voici un récit fait par un témoin oculaire

« Le soir du 4me jour complémentaire de l'an V, le cercueil
« de Hoche fut exposé sur un lit de parade au fond d'un
« appartement tendu en noir et éclairé de deux lampes sépul-
« crales. Son sabre et son épée liés en sautoir avec son
« écharpe, recouverts d'un crêpe et enlacés d'une couronne
« de laurier, furent déposés sur le cercueil et surmontés d'une
« couronne de chêne, emblème de ses vertus civiques ; la
« garde de ces restes précieux fut confiée à un officier de son
« état-major, relevé d'heure en heure, à la compagnie de
« grenadiers et aux guides qui, depuis trois mois, ne l'avaient
« pas quitté et le regardaient comme leur père.

« Le 5, à midi, le convoi funèbre partit de Wetzlar pour se
« rendre à Coblentz où le corps devait être déposé ; il marchait
« dans l'ordre suivant :

« Une petite avant-garde de hussards ;
« Six pièces d'artillerie avec leurs canonniers ;
« Une compagnie de grenadiers ;
« Deux escadrons de hussards ;
« Deux escadrons de chasseurs ;
« Une compagnie de grenadiers ;
« Une musique militaire ;
« Quatre guides à cheval escortant e guidon qui avait été
« donné à cette compagnie par le général Hoche. Le char sur
« lequel était porté le cercueil, ainsi que les six chevaux qui
« le conduisaient, était drapé de noir et décoré de deux
« étendards tricolores.

« Ce char était accompagné de deux aides de camp du
« général et de deux des adjudants-généraux qui lui étaient

« attachés, à cheval, aux quatre coins, et suivis chacun d'un
« guide à cheval portant une torche allumée. La compagnie
« de grenadiers attachée à son quartier-général marchait en
« file de chaque côté, l'arme basse. Suivaient à quelque
« distance les officiers généraux et l'état-major de l'armée, un
« détachement des guides, une musique militaire, deux com-
« pagnies de grenadiers et la marche était fermée par un
« escadron de dragons.

« L'enlèvement du corps fut annoncé par douze coups de
« canon et plusieurs décharges de mousqueterie et le convoi
« se mit en marche au bruit des cloches, aux sons lugubres
« de la musique et aux accents douloureux de ceux qui l'ac-
« compagnaient et de quelques-uns des habitants de Wetzlar,
« accourus en foule pour voir cette triste cérémonie.

« A chaque village qui se trouvait sur la route, l'approche
« du cortège était annoncée par six coups de canon; les
« troupes cantonnées prenaient les armes et les habitants
« sonnaient leurs cloches, seuls honneurs qu'ils pussent
« rendre. Cet ordre fut constamment observé jusqu'à Coblentz.

« Avant d'entrer à Braünfels, le prince régnant envoya un
« officier prévenir qu'il se disposait à rendre au général les
« honneurs qui lui étaient dus : en conséquence, il fit répondre
« aux coups de canon qui annonçaient l'approche du cortège
« par toute son artillerie qui ne cessa de tirer que lorsqu'il
« eut traversé la ville et fut fort éloigné. Le prince, à la tête
« des troupes sous les armes et entouré de tous les officiers
« de sa maison, attendait le cercueil sur la place, le salua à
« plusieurs reprises et lui fit rendre les honneurs militaires.

« A une demi-lieue de Weilburg, la partie de l'état-major
« général qui occupe ce point joignit le cortège avec le dra-
« peau de l'armée qui prit place en avant du char et suivie
« d'un détachement de gendarmerie et de cavalerie.

« A l'entrée de la ville, les magistrats et les principaux
« bourgeois vinrent, en grand deuil, recevoir le corps et le
« suivirent jusqu'à l'endroit où il fut déposé pour la nuit. La
« ville, éclairée par des lampes funéraires, fut traversée au
« milieu de la garnison formant la haie et au son de toutes
« les cloches. Le corps fut placé dans une salle tendue de
« noir et éclairée tant intérieurement qu'extérieurement de

« torches funéraires. Les armes furent posées dessus et le
« guidon des guides ainsi que le drapeau de l'armée déposés
« à ses pieds. La garde fut réglée de la même manière que
« la veille et le silence religieux qui s'observa toute la nuit
« ne fut interrompu que par deux coups de canons tirés de
« demi-heure en demi-heure.

« Le lendemain, 1er Vendémiaire an VI, à six heures du
« matin, le convoi se mit en marche dans le même ordre que
« la veille, ayant, de plus, le drapeau de l'armée porté par
« un officier d'état-major marchant devant le char. Le bruit
« du canon et les décharges de mousqueterie annoncèrent le
« départ; la garnison forma la haie et les magistrats suivirent
« le corps jusqu'aux portes de la ville où ils prirent congé.

« Aux approches de Limbourg, plusieurs coups de canon
« et des décharges de mousqueterie annoncèrent que plu-
« sieurs bataillons et des détachements de chasseurs et de
« dragons de cet arrondissement étaient sous les armes; ils
« bordaient la haie à une très grande distance. Le cortège fit
« halte sur la route en avant de la ville; le char fut placé
« dans un champ entouré de faisceaux d'armes et de quatre
« grenadiers, d'autant de guides et d'un détachement de
« dragons formé en carré. Les troupes alors posèrent les
« armes et prirent en silence quelques rafraîchissements.

« A deux heures après midi, le cortège reprit sa marche au
« bruit du canon et des salves de mousqueterie, et augmenté
« de deux compagnies de grenadiers qui se placèrent, l'une
« en avant de l'artillerie, l'autre en avant des dragons.

« Près de Montabauer, un adjudant-général vint recevoir le
« convoi que plusieurs bataillons postés sur la route saluèrent
« de leurs feux de mousqueterie. Il traversa la ville au bruit
« du canon, des cloches et d'une musique lugubre et au milieu
« de troupes bordant la haie. Le cercueil fut déposé pour la
« nuit dans une salle tendue de noir et éclairée de lampes
« funèbres; les armes, l'écharpe, les couronnes, le drapeau
« de l'armée et ceux des différents corps présents formèrent
« au-dessus des trophées militaires; le service se fit de la
« même manière que la veille et chacun s'empressa de donner
« cette dernière marque d'attachement à l'ami qu'il venait de
« perdre.

« Le 2 vendémiaire, le convoi se mit en marche dans le
« même ordre à six heures du matin. Il fut accompagné jusqu'à
« quelque distance par toutes les troupes réunies qui le
« saluèrent de plusieurs décharges d'artillerie et de mousque-
« terie. Le cortège augmentait à mesure qu'il approchait de
« Coblentz. En arrivant au village du Coq-Rouge, le général
« commandant la division qui forme le blocus d'Ehrenbreitstein
« vint au devant du convoi et le reçut au bruit du canon et de
« la mousqueterie de toute la division dont une partie bordait
« la haie jusqu'aux avant-postes. Le gouverneur autrichien de
« la forteresse d'Ehrenbreitstein, prévenu de la mort du général
« et du passage du convoi funèbre, fit prendre les armes aux
« troupes de la garnison, en disposa une partie en haie sur la
« droite de la route (la gauche était occupée par des troupes
« républicaines), depuis les avant-postes jusqu'aux bords du
« Rhin. Le reste de la garnison était sous les armes sur les
« glacis de la forteresse. Le gouverneur et les officiers de son
« état-major vinrent recevoir le corps aux avants-postes, le
« suivirent jusqu'aux bords du Rhin au milieu de cette double
« haie d'Autrichiens et de Français et au bruit du canon de
« la forteresse et ne le quittèrent qu'au moment où il s'éloigna
« du rivage pour passer à Coblentz.

« Le convoi fut reçu sur la rive opposée au bruit des décharges
« multipliées de l'artillerie des forts et des chaloupes canon-
« nières et de toute la mousqueterie des troupes réunies en
« grand nombre. Trente officiers généraux, d'état-major ou
« d'un grade inférieur portant des torches, accompagnèrent à
« pied le cercueil autour duquel on remarquait six enseignes
« à la romaine surmontées de couronnes de chêne et de laurier
« portées également par des officiers et sur lesquelles on lisait
« en français et en allemand les suscriptions suivantes :

« Général en chef à 24 ans, — an 1er de la République.
« Il débloqua Landau, — an 2 de la Rép.
« Il pacifia la Vendée, — an 3 et 4 de la Rép.
« Il vainquit à Neuwied, — an 5 de la Rép.
« Il chassa les fripons de l'armée, — an 5 de la Rép.
« Il déjoua les conspirateurs, — an 5 de la Rép.

« Deux de ses aides de camp marchaient immédiatement après
« et étaient suivis à quelque distance par tous les officiers

« généraux et d'état-major, à pied, et les troupes disposées
« dans l'ordre décrit précédemment. On traversa Coblentz
« lentement et l'on arriva au fort de Petersberg au milieu d'un
« feu continuel d'artillerie et de mousqueterie auquel les
« Autrichiens répondirent régulièrement. Là, fut déposé le
« corps de Hoche, dans la même place où l'avait été celui de
« Marceau. Quatre crêpes et les enseignes dont on a parlé plus
« haut furent plantés autour de la fosse, du fond de laquelle il
« semble encore menacer l'ennemi qui se trouve en face et
« auquel il avait si bien appris à le craindre [1]. »

C'était une touchante idée que celle de réunir les restes de
Hoche à ceux de Marceau que la France avait perdu presque
jour pour jour [2], un an auparavant. Une souscription avait été
ouverte dans nos armées pour transférer au Petersberg le corps
de Marceau et y élever un modeste monument ; Hoche y avait
tout récemment contribué pour une somme de douze cents
livres [3] ; il allait maintenant rejoindre son émule, son ami
enlevé trop tôt, lui aussi, à la France.

A la fin de la triste cérémonie, les généraux Lefebvre,
Grenier, Championnet prirent la parole. Il est intéressant de
voir comment Championnet sut louer Hoche ; voici son discours :
« Au milieu des accents plaintifs qui se font entendre ici de
toutes parts, qu'il me soit permis d'élever ma voix et de consoler, par l'expression des regrets les plus douloureux, la
cendre illustre du héros qui vient de nous être enlevé.

« Il est mort ce jeune guerrier dans lequel la liberté se plaisait à voir l'un de ses plus fermes appuis ! Ni sa jeunesse, ni sa
gloire, ni l'amour que nous lui portions n'ont pu le préserver
du coup fatal. Vertus, génie, talents, l'impitoyable mort a tout
dévoré. Que dis-je ? Le grand homme ne meurt point ; s'il entre
dans la tombe, c'est pour y commencer son immortalité. Appuyé
sur de nombreux triomphes, le nom de Hoche passera à la
postérité la plus reculée ; il dispersa sa gloire en cent lieux
divers ; les plaines de Wissembourg, les murs de Landau, les

---

[1] *Description de la pompe funèbre faite par l'armée de Sambre-et-Meuse à son général en chef, Lazare Hoche, d'après l'ordre du général de division Lefebvre, commandant par intérim.*

[2] Le cinquième jour complémentaire de l'an IV.

[3] Saint-Albin : *Documents relatifs à la Révolution Française.* Paris, Dentu, 1873.

rochers de Quiberon, les rives du Rhin sont les monuments éternels qui attesteront aux siècles à venir la grandeur de son courage et la profondeur de ses conceptions.

« Les talents militaires n'étaient pas les seuls que lui eût départis la nature; conciliateur habile autant que général consommé, il éteignit cette horrible guerre qu'avait allumé le fanatisme, qu'alimentait l'or de nos ennemis et qui désola si longtemps nos plus belles contrées; il sut rendre à la patrie des milliers d'enfants égarés, ramena le bonheur dans les lieux d'où il paraissait exilé pour toujours et mérita par là le nom si doux de pacificateur.

« Hoche avait consacré son existence entière à la cause de la liberté. En vain, les factions qui tentèrent successivement de renverser la République cherchèrent à se l'attacher; inaccessible à tout autre sentiment qu'à celui de l'amour de la patrie, il dédaigna leurs offres et ne craignit pas de mériter leur haine. Persécuté et calomnié par elles, il opposa à la persécution une confiance inébranlable dans ses principes, à la calomnie sa vie, ses actions et l'estime de ses frères d'armes. Récemment encore, lors de cette crise terrible qui menaça notre constitution, nous l'avons vu marcher invariablement dans cette ligne qu'il s'était tracée, mépriser les calomnies des traîtres et donner au gouvernement une assistance qui a puissamment concouru à faire avorter leurs sinistres projets.

« Tant d'actions éclatantes, tant de services éminents rendus à la chose publique, et qui supposent une carrière plus longue que ne l'a été celle du héros que nous pleurons, lui ont acquis des droits à la reconnaissance et à l'admiration de nos derniers neveux.

« Pour nous qui avons vécu avec lui, combien d'autres motifs viennent augmenter la douleur dont nous accable sa fin prématurée ! Plutôt le père que le chef de ses soldats, il était sans cesse occupé de leurs besoins ; portant déjà dans son sein le germe destructeur, en proie à des douleurs souvent insupportables, il fut sourd aux sollicitations pressantes de ses amis alarmés et se refusa à ce repos qui eût pu prolonger ses jours.

« A toutes les vertus guerrières s'allièrent en lui les qualités estimables que l'on recherche dans l'homme privé; il fut bon époux, bon père, ami sincère et généreux.

« Camarades, pleurez, pleurez un père chéri, digne de tout votre amour; mêlez vos larmes à celles que l'amitié me fait verser sur sa tombe ; vous lui devez des regrets bien sincères ; il vous portait dans son cœur; il ne respirait que pour vous et la patrie; ses derniers moments ont été consacrés à assurer votre bonheur : « O ma patrie! O mes camarades! » furent les derniers mots que prononça sa bouche mourante.

« Jour deux fois funeste! N'était-ce pas assez de nous avoir déjà ravi un de nos guerriers les plus distingués, le jeune et intrépide Marceau? Fallait-il, un an plus tard, lorsque nos cœurs saignaient encore de cette blessure cruelle, les déchirer impitoyablement en éclairant le trépas de notre illustre chef!

« Ombre révérée d'un héros magnanime, vois la consternation profonde que ta perte a répandue parmi nous. Jouis des regrets que tu nous laisses; jouis de l'assurance que pour être sorti de la vie tu ne cesseras pas d'être utile à ton pays!

« Tu nous laisses de grands exemples; toujours nous nous efforcerons de les imiter et s'il nous fallait marcher à de nouveaux combats, l'ennemi reconnaîtrait les soldats habitués à vaincre sous toi[1]. »

Après ce discours, un grenadier vint jeter dans la fosse une couronne de laurier en prononçant ces simples paroles : « Hoche, c'est au nom de l'armée que je te donne cette couronne. »

A Paris, quand on apprit la fin du héros, la désolation ne fut pas moindre qu'à l'armée de Sambre-et-Meuse. Ce fut Debelle, beau-frère de Hoche et lui-même général d'artillerie dans cette armée, qui se chargea d'annoncer la douloureuse nouvelle au gouvernement.

Le Directoire ordonna aussitôt qu'une cérémonie funèbre serait célébrée d'abord au Champ de Mars, puis « dans tous les camps et dans chaque commune de la République. » Le jour où Paris célébra les funérailles du général Hoche, un peuple immense se porta au Champ de Mars, dans cette plaine où déjà s'étaient accomplis tant d'actes solennels de la vie de

---

[1] *Discours prononcé par le général Championnet à l'inhumation du général Hoche, le 2 vendémiaire an VI de la République* (Recueil sur Hoche et Moreau. — Bibliothèque de la Chambre des députés E¹ III, 842).

la France depuis 1789 et qui est restée, selon la belle expression de Michelet, l'autel même de la Révolution ; au milieu de la vaste plaine se dressait une pyramide environnée de drapeaux aux trois couleurs et sur laquelle étaient inscrits les noms des victoires de Hoche; devant cette pyramide était placé le buste du général; tout autour se groupaient les membres du gouvernement, les Ministres, les Chambres, l'Institut, les grands corps de l'État, les généraux de la République, les troupes en armes. Le président du Directoire prononça l'éloge de Hoche ; au nom de l'Institut, le savant Daunou parla à son tour; puis, des jeunes filles et des vieillards entonnèrent successivement les strophes d'un hymne patriotique dont Joseph Chénier avait composé les paroles et Chérubini la musique; c'était comme le chœur antique qui reparaissait pour louer une gloire égale aux plus grandes de l'antiquité. Quand, au milieu d'un recueillement universel, l'éloquence et l'art eurent célébré le héros, cent mille assistants vinrent, dans un ordre admirable et spontané, défiler devant son image en jetant à ses pieds, comme un dernier hommage d'admiration et de respect, les rameaux verts dont ils avaient dépouillé les chênes du Champ de Mars.

Un peu plus tard, le représentant Duhot proposait aux Cinq-Cents de faire distribuer *la Vie de Hoche*, à titre de récompense, aux élèves des écoles; deux commissions de l'Instruction publique et des institutions républicaines se mirent d'accord pour demander que l'Assemblée saisit de ce vœu le pouvoir exécutif[1].

L'homme auquel on rendait tous ces honneurs en était digne. M. Thiers a porté sur lui un jugement que nous devons recueillir ici : « Des victoires, une grande pacification, l'uni-
« versalité des talents, une probité sans tache, l'idée répandue
« chez tous les républicains qu'il aurait lutté seul contre le
« vainqueur de Rivoli et des Pyramides, que son ambition
« serait restée républicaine et eût été un obstacle invincible
« pour la grande ambition qui prétendait au trône, en un mot,
« des hauts faits, de nobles conjectures et 29 ans, voilà de
« quoi se compose sa mémoire. Certes, elle est assez belle ! Ne

---

[1] Séance du 7 floréal, an VI, au Conseil des Cinq-Cents.

« le plaignons pas d'être mort jeune; il vaudra toujours mieux
« pour la gloire de Hoche, Kléber, Desaix, de n'être pas
« devenus des maréchaux. Ils ont eu l'honneur de mourir
« citoyens et libres, sans être réduits comme Moreau à cher-
« cher un asile dans les armées étrangères [1]. »

Non, ce n'est pas Hoche qu'il faut plaindre; c'est nous, c'est la France, c'est la République; un tel homme pouvait rendre de nouveaux et incomparables services; il était de taille à entraver les desseins de Bonaparte et alors que de choses eussent été changées pour l'avenir de la patrie! Qui sait si le 18 brumaire eût été possible en face de Hoche adoré des soldats? On se laisse ravir à la pensée que nous aurions pu avoir pour chef de l'Etat, en 1800, un grand homme qui eût été d'abord un honnête homme; que de tristesses, que de crises morales et matérielles il nous eût épargnées en donnant dès lors à la Révolution son couronnement inévitable, c'est-à-dire en organisant définitivement la République qu'il nous a fallu reconquérir par un siècle de luttes et de douleurs!

Hoche eût-il été à la hauteur d'une si noble tâche? Nous le croyons. « Il n'avait pas, a dit encore M. Thiers, cette cou-
« pable audace d'esprit qui peut porter un capitaine illustre à
« ambitionner plus que la qualité de citoyen »; il avait écrit un jour : « Fils aînés de la Révolution, nous abhorrons le
« gouvernement militaire; il est celui des esclaves; » quand il avait commencé à pénétrer les ambitions personnelles de Bonaparte, il s'était écrié : « S'il veut se faire despote, il
« faudra qu'il me passe sur le corps! » On a prêté à Bonaparte cette parole : « Hoche se serait rangé ou je l'aurais
« écrasé »; nous doutons que le mot ait été prononcé; en tous cas, que prouverait-il? Ce ne serait là qu'une insolence et une bravade de plus, bravade tardive et facile après la mort d'un redoutable rival.

Au moment où il fut ravi à la France, Hoche avait été mûri par le temps, par de rudes épreuves, par les événements si nombreux et si graves dont il avait été le témoin et dans lesquels il avait parfois joué un rôle; il avait acquis une réelle expérience politique. Ses idées en matière de gouvernement

---

[1] *Révolution française*, t. VI, ch. II.

nous sont connues : il voulait un président électif et rééligible; il croyait à la nécessité de deux Chambres dont l'une entièrement élue par le suffrage universel et l'autre par moitié; il était l'ennemi déclaré de la violence sous toutes les formes; il répétait souvent : « Je ne suis pas terroriste, je suis répu-« blicain. » Il demandait qu'on assurât aux électeurs la liberté de vote la plus absolue ; à cet égard, il allait jusqu'à réclamer non seulement l'abstention du gouvernement mais celle de la presse « implicitement et explicitement » à l'égard des candidats. « J'entends, disait-il, presse écrite et presse parlée. « Point de liberté sans cela! Il faut que le candidat soit « désigné par la considération qui l'entoure, l'estime qu'il « inspire. » Cette théorie, il faut en convenir, était d'une application assez difficile ; elle atteste, du moins, des scrupules très honorables, un esprit élevé, une conscience droite.

Barrère a dit et on a répété après lui que Hoche avait dans l'esprit une sorte d'immodération ; nous n'en trouvons guère la trace dans les doctrines qu'il professait. Il définissait d'une façon admirable le rôle d'un gouvernement républicain : « Il ne faut faciliter ni les menées de l'aristocratie ni celles de « la démagogie. Ce sont deux minorités qu'il faut désarmer et « empêcher de faire trop de bruit. C'est servir la liberté que « de la restreindre chez qui la réclame pour opprimer »; il raillait avec une rare finesse les niveleurs à outrance ; qu'on en juge par ces quelques lignes : « Il faut se défier de ceux « qui proclament l'égalité de l'inégalité. Nous ne sommes pas « tous nés pour les mêmes fins; que ce sergent puisse être « général, d'accord; mais, un peu de patience; qu'il prenne « la peine de gravir les degrés. C'est à lui de faire voir s'il « peut monter. Au besoin, tendons-lui la main, mais ne des-« cendons pas. »

Ce grand homme aurait voulu réformer notre système d'éducation nationale; il se plaignait qu'on fît « de nos filles « des coquettes étourdies ou des Agnès dont la timidité « rebute..... » Il estimait que l'enseignement public devait être affranchi de l'influence du clergé; il écrivait à Carnot[1] : « J'ai su comment procédaient les ministres du culte et,

---

[1] Lettre du 10 ventôse, an V.

« quand j'ai vu où ils arrivaient, j'ai compris que *ce n'était*
« *plus entre leurs mains qu'il fallait laisser l'éducation et*
« *l'instruction des familles.* La théocratie ne fait que des
« esclaves ; elle prend l'enfant au berceau ; elle ne lui laisse
« pas un moment de liberté ; elle l'enserre de tous les côtés ;
« elle lui trace son chemin ; elle lui fait peur de tout; elle ne
« l'éclaire véritablement sur rien; elle l'entoure de spectres ;
« elle ne le conduit que par des monstres futurs dont elle
« peuple l'avenir, ou par des récompenses qui ne sont achetées
« que par l'abandon de ses facultés natives et de sa raison.

« C'est là comment les prêtres ont élevé les hommes ou
« plutôt comme ils en ont fait des espèces de bêtes sauvages
« qu'ils ont muselées ensuite ou bien qu'ils ont lancées contre
« les amis de la droiture naturelle, de l'intelligence pure et
« de la vérité.

« *Il n'est pas possible de supporter aujourd'hui et de*
« *ramener ce régime.* Ces formes qui n'avaient produit et
« soutenu que le despotisme ne *sont plus supportables sous*
« *la République.* Il faut donc, en tolérant les pratiques chré-
« tiennes, enlever au sacerdoce l'enseignement des communes
« et, par là même, la direction de tout l'esprit public. »

Ajoutons que Hoche était un partisan déclaré, pour la jeunesse, de l'externat qu'il déclarait bien supérieur au casernement imaginé par le moyen âge, développé par les despotismes de tous les temps, favorisé souvent par l'incurie, la paresse ou l'impuissance des familles ; enfin, il pensait que l'enseignement élémentaire devait être gratuit. Voilà comment il entendait de graves questions dont plusieurs ont été résolues, un siècle après sa mort, conformément à ses tendances ; cet homme de guerre eût pu devenir un hardi réformateur en matière de gouvernement et d'éducation.

C'est une des plus grandes figures de l'histoire et peut-être la plus belle, la plus pure des premiers temps de la Révolution française. Si l'on nous demandait de dire quels furent les traits essentiels de son génie, nous répondrions que Hoche fut surtout un homme d'action et un homme de foi. Il aimait à répéter un mot profond emprunté au grand pensionnaire de Witt; *Ago quod ago;* Je fais ce que je fais. Cette parole et la célèbre devise qu'il mettait souvent en tête de ses lettres, *Res non verba, des actes et non des paroles*, le caractérisent à merveille. Agir fut sa constante préoccupation, sa suprême ambition; travailler, mettre dans le travail toute son âme, toutes ses forces, tel est l'exemple, telle est la leçon qu'il donne à chaque jour, à chaque heure de sa vie; mais cette activité inouïe, cette indomptable énergie à quelles sources merveilleuses les puisait-il? Comment étaient-elles entretenues en lui? La réponse est bien simple. Hoche avait une foi profonde, invincible dans les hautes destinées de la France et de la République. « Avec « des baïonnettes et du pain, s'écriait-il, nous pouvons vaincre « l'Europe; » et encore : « Il n'est point d'obstacle invincible; « le Français, conduit par l'amour de la patrie, les surmon- « tera tous »; il réservait toutes ses haines « aux tyrans « coalisés contre notre sainte liberté »; il ne parlait qu'avec « passion du service de la République, notre mère commune »; c'était ainsi qu'il communiquait à ses soldats un enthousiasme et un élan irrésistibles. De tels traits donnent bien la note du temps. Le vieux conventionnel Baudot, mort il y a quelques années seulement, disait à Edgar Quinet en rappelant les dangers qu'il avait courus aux armées comme délégué du Comité de Salut public : « On nous trouvait téméraires. Eh « bien! nous n'y avions aucun mérite; nous savions parfaite- « ment que les boulets ne pouvaient rien. » *Les boulets ne leur pouvaient rien!* Ils avaient la France à sauver et ils étaient certains de la sauver malgré tout. Chose inouïe! Cette certitude, nos ennemis avaient fini par la partager eux-mêmes. Le prince de Hardenberg tenait exactement le même langage que Hoche; il a dit : « Aucun obstacle, pas même ceux que suscitaient les événements, n'arrêtait les Français. » Ah! sans doute, les lois de la guerre ont changé depuis 1792; sans doute, aujourd'hui, la science doit préparer le succès, mais la première condition de la victoire pour une nation sera toujours la foi dans la cause qu'elle défend, dans les idées au nom desquelles elle combat.

Villemain a magnifiquement résumé les principaux titres de Hoche à l'admiration de la postérité dans une inscription que lui demanda la veuve de l'illustre général et qui devait figurer sur le piédestal de sa statue; en voici le texte éloquent:

LOUIS-LAZARE HOCHE
NÉ LE 24 JUIN 1768
A VERSAILLES
SOLDAT A SEIZE ANS
MORT GÉNÉRAL EN CHEF DE L'ARMÉE
DE SAMBRE-ET-MEUSE
AU CAMP DE WETZLAR
LE 2º JOUR COMPLÉMENTAIRE DE L'AN V[1]
DE LA RÉPUBLIQUE
A VINGT-NEUF ANS.

L'UN DES FONDATEURS DE NOTRE LIBERTÉ
IL VAINQUIT L'ÉTRANGER ET PACIFIA SON PAYS.
ÉLEVÉ AU-DESSUS DE TOUTES LES FACTIONS,
PAR SON GÉNIE ET SON HUMANITÉ;
HÉROS CITOYEN,
SON NOM EST PUR AUTANT QU'IMMORTEL.

WEISSEMBOURG, QUIBERON, LE PASSAGE DU RHIN,
NEUWIED, ALTENKIRSCHEN,
LA ROUTE DE VIENNE ET LA CÔTE D'IRLANDE,
DIRONT A LA POSTÉRITÉ LA PLUS RECULÉE
SES VERTUS GUERRIÈRES ET SES GRANDS DESSINS;
MORT TROP TÔT POUR LA FRANCE,
S'IL EUT VÉCU, SA GLOIRE TOUJOURS CROISSANTE
N'EUT JAMAIS RIEN COUTÉ A LA LIBERTÉ DE SA PATRIE.

En 1832, lorsqu'on voulut inaugurer à Versailles une première statue du général[2], M{mo} Hoche transmit elle-même l'ins-

---

[1] La mort n'eut lieu, en réalité, que le 3º jour complémentaire, d'après le récit de Poussielgue.

[2] Cette statue qu'on peut voir encore dans les galeries de Versailles était du sculpteur Milhomme. Exécutée à Rome en 1808 et destinée au *Temple de la Gloire*, elle représente Hoche assis, presque nu, et coiffé d'un casque antique.

cription de Villemain au maire de la ville comme l'atteste la lettre suivante[1] :

Paris, 25 juillet 1832.

« J'ai reçu, Monsieur le Maire, la lettre que vous m'avez
« fait l'honneur de m'écrire pour me prévenir du jour fixé
« définitivement pour l'inauguration de la statue du général
« Hoche. Vous ne devez pas douter de l'empressement que
« je mettrai, ainsi que mes enfants, à répondre à une invita-
« tion aussi flatteuse pour nous.

« Le retard apporté à la cérémonie ne peut que donner
« plus de temps pour les dispositions nécessaires. J'avais remis
« à M. Durand une note incomplète pour une inscription qui
« me semblait pouvoir être placée sur le monument; mais,
« d'après le conseil de quelques-uns de mes amis, j'ai demandé
« à *M. Villemain* de vouloir bien la rédiger et c'est celle,
« Monsieur, que je vous envoie et que je soumets à votre
« approbation. »

La municipalité de ce temps-là ne trouva pas le texte de Villemain à son goût; elle voulut en supprimer une grande partie et y substituer quatre vers fort médiocres de Joseph Chénier. Mme Hoche protesta énergiquement dans une première lettre datée du 28 juillet 1832 :

« M. des Roys, mon gendre, Monsieur le maire, à son retour
« de Versailles, m'a remis l'inscription qu'on se propose de
« placer sur le monument du général Hoche. Je ne puis rester
« sans vous exprimer *mon regret qu'on ne se soit pas déter-*
« *miné à mettre entièrement celle qui a été faite par M. Ville-*
« *main*. Assurément, les vers de Chénier ont du mérite et
« sont honorables, mais je pense que l'inscription d'un pareil
« monument doit avoir *la sévérité du style de l'histoire*. La
« gloire du général Hoche avait *un caractère particulier qui*
« *ne se trouve chez aucun autre;* il semble que l'inscription,
« telle que je l'avais envoyée, *avait surtout le mérite de tracer*
« *en peu de mots et de rendre parfaitement tout ce que le*
« *général Hoche avait fait pour son pays*. Je ne sais, monsieur
« le Maire, si, en insistant auprès du Conseil municipal, je

[1] Archives de la ville de Versailles.

« pourrais obtenir qu'il veuille bien remplacer les vers par une
« partie de l'inscription, si l'espace ne permet pas de la
« mettre entièrement. Faudra-t-il que j'éprouve un sentiment
« de regret quand j'ai si grand sujet d'être touchée de ce que
« la ville de Versailles et ses autorités font en ce moment pour
« un de leurs concitoyens dont toutes les actions n'ont eu
« d'autre mobile que le bonheur de sa patrie ? »

La municipalité ne cédant pas, Mme Hoche écrivit de nouveau le 30 juillet :

« Je pense, Monsieur le Maire, que vous aurez encore des
« séances avec Messieurs du Conseil municipal. Je crois devoir
« insister auprès de vous, pour lui demander de *rétablir* sur
« le monument une majeure partie de *l'inscription de M. Ville-*
« *main*. J'y tiens d'autant plus que je trouve que *rien ne dépeint*
« *mieux le caractère du général Hoche*. Beaucoup de héros
« peuvent mériter les vers honorables de Chénier, *mais on*
« *peut dire du général Hoche* SEUL *qu'il fut élevé au-dessus de*
« *toutes les factions par son génie et son humanité : héros*
« *citoyen, son nom est pur autant qu'immortel*, etc.
« *Mort trop tôt pour la France, s'il eût vécu sa gloire toujours*
« *croissante n'eût jamais rien coûté à la liberté de sa patrie*.
« Je ne puis voir effacer ces passages sans un véritable
« regret, puisqu'ils rappellent d'une manière si distinctive les
« titres du général Hoche au monument que lui élève la ville
« de Versailles.
« Si je me permets, Monsieur le Maire, d'insister près de
« vous, c'est que *je sens toute l'importance de cette inscription*.
« Veuillez donc me prêter le secours de votre appui auprès de
« Messieurs du Conseil municipal et soyez bien persuadé de
« toute l'obligation que je vous en aurai. »

Une telle insistance amena le rétablissement de quelques-unes des lignes que le Conseil municipal avait voulu supprimer mais au lieu de : « *sa gloire n'eût jamais rien coûté à la liberté de sa patrie;* » on imagina de mettre : « sa gloire *promettait* de ne rien coûter, etc. » ; c'était dénaturer tristement la magistrale formule de Villemain,

En 1836, lorsque la belle œuvre de Lemaire remplaça la médiocre statue de Milhomme, les bonapartistes réussirent à faire écarter complètement le texte Villemain dont la fin leur déplaisait et l'on se contenta de mettre sur le piédestal de la nouvelle statue :

HOCHE

NÉ A VERSAILLES,

LE 24 JUIN 1768

SOLDAT A 16 ANS

GÉNÉRAL EN CHEF A 25 ANS

MORT A 29 ANS

PACIFICATEUR DE LA VENDÉE.

C'est seulement en 1880 que l'inscription du célèbre académicien fut rétablie. Le 24 juin 1879, lors de la célébration du cent onzième anniversaire de la naissance de Hoche, cet acte de justice avait été publiquement réclamé par nous; le 10 mai 1880, il fut ordonné par le Conseil municipal de Versailles animé d'autres sentiments que les assemblées de 1832 et de 1836; le 24 juin de la même année, une cérémonie patriotique consacra cette réparation [1].

Peut-être le gouvernement de la République devrait-il faire davantage. Il a restitué récemment le Panthéon au culte des grands hommes; pourquoi, comme nous l'avons demandé [2], n'y donnerait-il pas un asile aux restes du glorieux soldat citoyen ou pourquoi, tout au moins, n'y consacrerait-il pas un monu-

---

[1] On lit dans le discours que prononça ce jour-là le maire de Versailles : « Plus d'une fois, à Versailles, on avait exprimé le regret de ne pas lire, sur le piédestal, les dernières lignes de l'inscription : « S'il eut vécu, sa gloire toujours croissante n'eût jamais rien coûté à la liberté de sa patrie. » Un de nos députés, M. Maze, que son enseignement historique à notre Lycée et ses études spéciales sur la Révolution appelaient à faire une conférence sur la vie de Hoche, remit en lumière l'ensemble de l'inscription composée par Villemain et en réclama le rétablissement; le Conseil municipal l'a ordonné dans sa séance du 10 mai 1880. »

[2] Discours prononcé à Versailles, le 24 juin 1886. Nous y exprimions le vœu que les restes de Hoche et de Marceau, enterrés tous deux près de Coblentz, fussent transférés au Panthéon.

ment à sa mémoire? Il s'honorerait lui-même et donnerait à l'opinion publique une haute satisfaction en rendant de suprêmes hommages à l'un des fondateurs de la République, à l'un des plus beaux génies et des plus nobles caractères que la France ait produits.

A MON FRÈRE

LE COMMANDANT AUGUSTE MAZE

H. M.

MARCEAU

> « Remplir mon devoir fut toujours le
> « comble de mon ambition. »
> MARCEAU.

1769 — MARCEAU — 1796

MARCEAU

I

TROIS GRANDS NOMS INSÉPARABLES

J'avais retracé la vie de Kléber et de Hoche; j'ai voulu écrire celle de Marceau.

Les noms de ces trois grands hommes sont inséparables.

Tous trois étaient liés par l'estime et par l'amitié;

Tous trois ont rendu, au même moment de notre histoire, d'éclatants services à la France et à la République; tous trois ont été des généraux de premier ordre et ont pris part à des luttes de géants pour l'indépendance et l'unité de la patrie;

Tous trois ont donné l'exemple des vertus civiques.

Marceau est moins connu que ses deux glorieux émules; sa vie n'a jamais été présentée au public avec quelque détail; j'ai pu l'exposer en me servant d'un certain nombre de documents inédits que j'ai retrouvés notamment aux Archives du Ministère de la Guerre, à la Bibliothèque de Soissons et en Allemagne.

Puissent ces pages faire aimer et respecter encore davantage un général républicain dont la modestie égalait le génie et que la mort nous ravit à 27 ans !

II

ORIGINE DE MARCEAU

SON ENFANCE

Marceau-Desgraviers naquit à Chartres le 1ᵉʳ mars 1769 [1]. Son père qu'on appelait communément Desgraviers était alors procureur au bailliage [2]. Veuf d'une première femme dont il avait eu quatre enfants, Desgraviers se remaria avec la fille d'un marchand tapissier, Anne-Victoire Gaulier qui lui donna six enfants; Marceau fut l'aîné. Baptisé le jour même de sa naissance à la paroisse Saint-Saturnin, Marceau eut pour parrain Etienne Gillot, premier huissier audiencier au bailliage, et pour marraine sa grand'mère maternelle, Marie-Anne Gaulier, née Thuilier; il reçut les prénoms de son père François Séverin.

Ses premières années ne furent pas heureuses; sa mère se montra fort sèche pour lui; par faiblesse, son père manifesta

---

[1] Rue du Chapelet, aujourd'hui rue Marceau.
[2] Il mourut greffier du tribunal criminel du bailliage.

des préférences trop visibles pour certains autres de ses enfants; il fut élevé durement; son caractère était vif, fier, ardent: il se sentit profondément blessé des mauvais procédés dont il était l'objet; il ne trouva quelque consolation qu'auprès d'une de ses sœurs, Emira[1], qui était cependant du premier lit.

Emira Marceau avait à la fois l'intelligence la plus distinguée, la plus ornée et le cœur le plus généreux; elle n'était pas beaucoup mieux traitée dans sa famille que son jeune frère; elle s'attacha à lui et l'éleva, lui donna les premiers éléments de l'instruction, forma son esprit et son âme. Marceau en fut profondément reconnaissant; il voua à Emira et lui garda jusqu'à son dernier jour la plus tendre, la plus confiante affection. Guidé, soutenu par cette sœur chérie, il fit d'assez bonnes études dont toute sa correspondance porte la trace et il travailla pendant quelque temps, comme clerc, chez le procureur Champion de Cernel qu'on fit épouser à Emira contre son gré; toutefois, il ne se sentait aucun goût, aucune aptitude pour la basoche. Emira ayant été amenée à quitter Chartres, Marceau se trouva profondément isolé et malheureux; l'idée lui vint de s'enfuir. « Ma sœur aînée, a-t-il dit, qui, quoique
« d'un autre lit que moi, m'aimait infiniment, avait jusqu'alors
« tempéré l'ardeur de mon caractère qui s'était aigri par les
« contrariétés. Ses consolations, ses bontés pour moi m'avaient
« vingt fois fait différer mon projet. Eloignée de moi, en me
« laissant seul, elle me laissait à mon désespoir[2]. »

Il hésitait encore. L'attitude de sa famille l'affermit dans sa résolution. « Voyant, dit-il, que chaque jour le refroidissement
« de mes parents à mon égard augmentait, je revins à mon

---

[1] Anagramme de Marie. Un arrêté de la commune de Chartres, du 25 prairial, an 2, autorisa cette substitution de prénom. Emira Marceau épousa en premières noces le procureur Champion de Cernel et plus tard Louis Sergent, graveur, qui fut député à la Convention nationale et commissaire aux armées de la République.

[2] Mémoires de Marceau cités par Emira. (*Emira Marceau-Sergent au citoyen Guillard, député d'Eure-et-Loir*; Paris, Vatar-Jouannet, in-4°, sans date. Bibl. nat., n° 18839.) Les Mémoires de Marceau sont un journal de sa vie qu'il avait commencé et ne poursuivit pas. Ce journal qu'il destinait à sa fiancée est aujourd'hui entre les mains de M. Noël Parfait, député d'Eure-et-Loir. Nous n'avons pu en obtenir communication, mais nous en avons, comme on le voit, retrouvé quelques fragments.

« premier projet et quittai tout pour aller au loin dévorer un
« chagrin mortel qui me consumait [1]. »

Il voulut même cesser de prendre le nom sous lequel ses parents étaient généralement connus à Chartres et il supplia sa sœur de faire comme lui : « Je suis étranger aux Desgra-
« viers; pas un de leurs cœurs ne s'est ouvert pour moi; vous
« seule m'avez serré dans vos bras. Je ne veux plus porter
« leur nom; je prendrai dans la société celui de leur père, le
« nom de Marceau; je leur laisse celui qu'ils portent. Ne vous
« séparez pas d'avec moi, de votre fils, ma bonne sœur; car
« je vous dois tout comme à une mère tendre; promettez-moi
« que vous n'adopterez comme moi que le nom de Marceau. Il
« n'y a que nous deux qui soient unis d'amour [2]. »

Après avoir ainsi averti de ses desseins le seul être qui s'intéressât vraiment à lui, Marceau quitta Chartres et ce fut, comme tant d'autres infortunés, dans les rangs de notre armée qu'il vint chercher un refuge. Ainsi, les persécutions dont cet enfant était l'objet dans sa propre famille décidèrent sans doute des éclatantes destinées qui l'attendaient.

[1] *Idem.*
[2] Lettre citée par Sergent-Marceau. (*Journal de Chartres*, 21 juillet 1839.)

III

DÉBUTS DE MARCEAU DANS L'ARMÉE

Le 2 décembre 1785[1], à l'âge de 16 ans, Marceau s'engageait avec un de ses camarades, nommé Richer, dans le régiment d'Angoulême qui devint plus tard le 34mo d'Infanterie. Sa famille ne semble pas avoir fait le moindre effort pour le retenir. Il servit obscurément dans ce corps jusqu'au mois de juin 1789. Venu à Paris pour y voir sa sœur que de graves mésintelligences tenaient éloignée de son mari, il entra en juillet dans la garde nationale ; le 14 de ce mois, il était à la prise de la Bastille, dans la colonne commandée par Élie ; un peu plus tard, il fit partie de la section de Bon Conseil (District de Saint-Jacques).

[1] Cette date figure au *Registre matricule du 34ᵉ régiment d'Infanterie* qui est conservé aux Archives administratives de la Guerre. Marceau y est inscrit sous le numéro 1020, mais nous devons faire remarquer qu'il a lui-même donné une date différente dans une note rédigée sur la demande des bureaux de la Guerre, datée de Coblentz, le 28 nivôse, an 3, et apostillée par Jourdan. Cette note fixe à 1784, *sans désignation de jour*, son entrée au 34ᵉ d'infanterie. (*Arch. adm. M. G.*; *Dossier Marceau*). Le 20 août 1790, Marceau fut rayé du contrôle du 34ᵉ. (*Registre matricule du 34ᵉ*; *Arch. adm. M. G.*).

En octobre 1789, il quitta la capitale pour retourner à Chartres, sur les propres conseils d'Emira que quelques peccadilles du jeune soldat avaient inquiétée; c'est encore par lui-même que nous le savons : « J'aurais, a-t-il écrit, infailli-
« blement succombé à ma manière d'être, si ma sœur, qui
« n'avait cessé d'avoir l'œil sur moi et qui sentit que je me
« perdais, n'eût employé son pouvoir pour me faire quitter
« Paris et mes habitudes [1]. »

La garde nationale s'organisait alors à Chartres comme partout; Marceau y prit sa place, à l'automne de 1791, quand les bataillons de volontaires se formèrent pour marcher à la frontière et repousser l'invasion étrangère; il se fit inscrire au premier d'Eure-et-Loir qui était placé sous les ordres du commandant Huet [2]. L'expérience qu'il avait déjà acquise sous les drapeaux lui permit de rendre quelques services spéciaux et lui donna d'abord parmi ses camarades, puis près de ses chefs une certaine autorité. Dès le 6 novembre, il était nommé capitaine de la 2me compagnie; le 1er décembre, le Ministre de la Guerre, Narbonne, le faisait adjudant-major.

Son bataillon se trouvait compris dans l'armée du Nord; il passa près de deux mois en Champagne et ce séjour n'eut rien de pénible. Marceau trouvait le temps d'écrire à ses amis les lettres les plus affectueuses et même de leur envoyer des produits du pays, par exemple du pain d'épice de Reims [3]; il se louait beaucoup de l'excellent accueil que ses camarades et lui rencontraient dans cette ville : « Nous ne savons, en vérité,
« si nous avons quitté notre pays, tant on a de bonté pour
« nous [4]. »

Du reste, il montrait de l'entrain, de l'ardeur dans le service; il souhaitait de marcher à l'ennemi le plus tôt possible. Sa sœur veillait toujours sur lui; elle l'engageait à passer dans les troupes de ligne et le pressait d'adresser, dans ce but, au Ministre de la Guerre, une demande, un « mémoire » dont elle

---

[1] Mémoires de Marceau cités par Emira. (Document déjà cité.)

[2] Nous disons du premier bataillon et non du second comme l'ont répété plusieurs biographes de Marceau. Voir la lettre autographe de Marceau lui-même à la municipalité de Chartres, datée de Reims, 14 octobre 1792. (*Arch. Adm. M. G.*)

[3] Lettre du 13 mars 1792 à Constantin Maugars. (*Bibliothèque de Chartres.*)

[4] *Idem.*

lui envoyait le texte[1]. Marceau hésitait à quitter ses concitoyens, ses camarades d'Eure-et-Loir ; il était aussi retenu par l'espoir d'un avancement prochain dans son bataillon : « Il se « présente, écrivait-il, un incident qui m'empêche de me « résoudre de suite. Notre lieutenant-colonel en second est « sur le point de quitter. Mes amis me font espérer que je le « remplacerai[2]... » Il ajoutait, du reste, qu'il n'osait pas se « flatter d'une chose qui pourrait fort bien ne pas s'effectuer » et il demandait instamment conseil à son excellent ami, Constantin Maugars[3] sous le sceau du secret, en lui envoyant ses condoléances pour un malheur de famille et ses félicitations pour son élection au grade de lieutenant dans la garde nationale de Chartres.

Les espérances du jeune adjudant-major ne furent pas déçues ; au mois de mai 1792, malgré les compétitions des capitaines Richer et Petit, il fut élu lieutenant-colonel en second du bataillon d'Eure-et-Loir[4], en remplacement de M. Desgranges démissionnaire. Il put dire : « Sur le total du « bataillon, cinquante-cinq voix ont seulement manqué au vœu « unanime de mes camarades[5]. » Encore, était-ce la compagnie de Richer qui, composée de ce nombre d'hommes, n'avait pu refuser ses suffrages à son capitaine.

Bientôt il quitta Reims[6] avec ses troupes pour se rendre à Montmédy, à une demi-lieue de l'ennemi. « Dans huit jours, « écrivait-il à Maugars, j'espère pouvoir te donner des nou- « velles certaines de notre destination pour le reste de la « campagne » ; et se commentant lui-même avec esprit : « Je n'entends pas parler de la destination qui peut nous être « réservée dans l'autre monde, mais bien de la place que nous

---

[1] Lettre de Marceau à Constantin Maugars. — Le texte de cette lettre non datée prouve qu'elle a été écrite en février ou en mars 1792. —(Bibliothèque de Chartres.)

[2] Idem.

[3] C'était le fils d'un avoué de Chartres.

[4] Les Etats de services officiels de Marceau, au Ministère de la Guerre, placent cette nomination au 25 mars, mais la note personnelle de Marceau, dont nous avons parlé, la fixe en mai sans désignation de jour et sa correspondance semble bien indiquer que cette dernière date est seule exacte. Lettre à Constantin Maugars. (Bibl. de Chartres).

[5] Lettre à Constantin Maugars, non datée, mais que Doublet de Boisthibault place par erreur en 1793, dans son Marceau, et qui est certainement de 1792.

[6] Le 5 mai 1792.

« occuperons dans l'armée et les principales opérations qui y
« seront agitées... »

Les devoirs que lui imposait son nouveau grade ne lui laissaient plus guère de temps pour la correspondance intime, mais sa tendresse de cœur se révélait toujours dans ses billets à Maugars : «... Le nombre d'affaires dont je suis surchargé
« me force de ne pas t'en dire plus long ; mais, dussé-je man-
« quer l'heure de la poste, il faut que je te gronde d'avoir été
« si longtemps sans m'écrire ; je croyais que tu m'avais
« oublié.

« Dis-moi, que fait Vallon ? Qu'est-il devenu ? Je ne reçois de
« ses nouvelles ni directement, ni indirectement. Sans doute
« il m'a oublié. Je t'avoue que cet abandon de sa part me
« touche sensiblement... L'amitié que nous nous étions jurée,
« les attentions que j'ai toujours eues pour lui, les secours
« même que je me suis toujours empressé de lui procurer (non
« pas que je regrette de lui avoir prêté beaucoup d'argent
« qu'il ne m'a point rendu ; je lui ai prêté de trop bon cœur pour
« pouvoir le regretter), tout, dis-je, ne méritait pas de sa part
« un pareil traitement. S'il est à Chartres, montre-lui ces
« lignes ; s'il n'y est pas, procure-moi son adresse... [1] »

Dans le service, il se montrait doux et affable pour ses camarades d'Eure-et-Loir, quitte à trouver que la salle de police « ou de discipline », comme on disait alors, n'était pas inutile pour leur « apprendre à obéir. »

Au moment d'entrer en campagne, il semble que Marceau ait éprouvé quelque regret d'avoir quitté brusquement la maison paternelle. Le 13 mars 1792, il disait : « Je me suis
« rappelé avec peine les moments où..... j'ai abandonné ce que
« je devais le plus respecter. Hélas ! comme j'eusse été heureux
« si..... j'avais trouvé des amis qui, par leurs soins, m'eussent
« mis en état de réparer mes torts [2] », et, le 19 juillet, tout en rappelant ce qu'il avait souffert, il écrivait à sa mère [3] : « Je ne
« demandais qu'à être regardé par vous comme un de vos fils

---

[1] Lettre à Constantin Maugars du 4 mai 1792. (*Bibl. de Chartres*).

[2] Lettre à Constantin Maugars. (*Bibliothèque de Chartres*).

[3] Lettre datée de Montmédy, 19 juillet 1792, et adressée à madame Marceau-Desgraviers, rue du Chapelet, à Chartres. (Autographe communiqué par M. de Sainte-Beuve, de Chartres, à Doublet de Boisthibault).

« et comme celui même qui par sa conduite présente et future
« méritera à tous égards votre tendresse. Je vous prie de ne
« point me laisser plus longtemps dans l'incertitude de votre
« indifférence ou de votre amitié... » Il ajoutait en post-
scriptum : « Que mes frères et sœurs reçoivent l'assurance
« de mon amitié. »

Quand on songe aux procédés dont le signataire de ces
lignes avait été l'objet dans son enfance, cette démarche, ce
langage semblent bien touchants; Marceau a écrit des lettres
plus affectueuses; aucune peut-être ne révèle mieux la générosité de son âme; il n'avait pas voulu marcher à l'ennemi sans
s'être réconcilié avec sa famille.

IV

MARCEAU A VERDUN

Le bataillon d'Eure-et-Loir entra dans Verdun la veille même du jour où l'armée prussienne, déjà maîtresse de Longwy, commençait l'investissement de cette place; il venait de Sedan.

Marceau fit vaillamment son devoir; quoiqu'il ne crût pas Verdun « tenable », il se prononça dans le conseil de défense pour une résistance énergique. Lui et un autre officier supérieur, Lemoine, devinrent les meilleurs collaborateurs de l'héroïque Beaurepaire qui commandait la place; ils auraient voulu, au moins, retarder la capitulation dans l'intérêt général de la défense nationale à la frontière Nord; ils ne furent pas écoutés.

Le siège ne durait que depuis trois jours et déjà l'on parlait de se rendre; en vain Marceau supplia qu'on attendît deux jours encore; la reddition fut précipitée par le pouvoir exécutif qui ne sut pas prendre les mesures nécessaires, par le peu de solidité d'une garnison dont une grande partie n'avait jamais vu le feu et surtout par l'affollement des autorités locales et de la population. Marceau n'a pas ménagé celle-ci. Il la juge ainsi : « Les habitants de cette exécrable ville sont les seuls coupables[1]; » il accuse aussi les « *aristocrates*, » membres du conseil de défense. En revanche, il déclare que le bataillon d'Eure-et-Loir a donné « pendant la durée de l'attaque... des preuves de courage » et ce témoignage n'est pas suspect sous sa plume car, un peu plus tard, il se montrera sévère pour ses compatriotes.

Beaurepaire avait juré de ne pas rendre Verdun à l'ennemi; plutôt que de manquer à son serment, ce brave officier se tua. Son successeur Neyon eut moins de scrupules; il accepta aussitôt, avec quelques modifications, la capitulation proposée par le duc de Brunswick. Marceau était le plus jeune membre du conseil de défense; il fut chargé de porter la dépêche au camp prussien et de régler les détails [2].

Le 2 septembre, vers midi, il arriva au quartier général de Frédéric-Guillaume II, accompagné d'un trompette, les yeux bandés selon l'usage, et il s'acquitta avec une entière convenance de sa douloureuse tâche. On a répandu, depuis, sur cette très simple mission, des légendes qui ne nous paraissent point dignes de foi. Le roi de Prusse et son état-major semblent avoir ignoré même le nom du jeune lieutenant-colonel; encore moins purent-ils soupçonner la haute valeur de l'homme qu'ils avaient devant eux [3].

Le 4 septembre, quand la garnison évacua la ville, un de nos soldats passant devant le duc de Brunswick lui jeta fièrement ce cri : « Au revoir dans les plaines de Châlons! » Rien ne nous autorise à attribuer cette parole à Marceau, comme on l'a fait. Elle eût été, d'abord, assez mal placée dans la bouche de l'officier supérieur chargé, deux jours avant, de négocier avec l'ennemi mais surtout elle n'eut pas concordé avec

---

[1] Lettre de Marceau à Constantin Maugars, datée de Verdun, 7 septembre 1792; (*Bibliothèque de Chartres*). — Voir aussi : *La première invasion prussienne* par Chuquet, Paris, Cerf, 1886, et *Beaurepaire, L'histoire et la légende* par Edmond Dommartin, 1884; (Mémoires de la société philomatique de Verdun).

[2] Lettre de Marceau en date du 7 septembre, déjà citée.

[3] *Documents relatifs aux campagnes en France et sur le Rhin, pendant les années 1792 et 1793, tirés des papiers militaires de S. M. le feu roi de Prusse Frédéric-Guillaume III,* traduits de l'allemand par Paul Mérat, Paris, Corréard, 1848.

les sentiments qui remplissaient son âme et que trahit sa correspondance. Il avait pu, nous l'avons dit, louer l'attitude du bataillon d'Eure-et-Loir pendant le siège, mais, aussitôt après, il eut la douleur de voir ses compatriotes imitant les volontaires de l'Allier, de la Charente-Inférieure, de Mayenne-et-Loire, refuser obéissance et abandonner le drapeau ; leur conduite l'avait jeté dans le plus profond abattement. « Ils se « sont déshonorés » s'écria-t-il ; « 300 lâches viennent de « quitter leur drapeau, soit par envie de retourner dans leurs « foyers ou par crainte.... Oh! mon ami, combien il en coûte à « mon cœur d'être obligé de te parler ainsi de mes conci- « toyens ; qu'il m'en coûte d'être obligé de t'avouer que je « regrette d'avoir été jugé digne de les commander ! Combien « est malheureux celui qui, par état, est obligé de souffrir sans « pouvoir apporter de remède à ses maux. Je suis dans ce cas, « forcé de servir par état. J'ai à souffrir de voir l'indiscipline « régner dans notre armée. Ami de la liberté et par conséquent « ami de l'ordre, je ne peux voir sans douleur qu'il soit troublé « par ceux-là même qui, par raison, devraient n'avoir besoin « que de l'exemple. Je rougis d'avoir à t'avouer que nos « troupes sont ici plus craintes que les ennemis ; il est à sou- « haiter que cela ne dure pas longtemps ; sans quoi, la France « est à deux doigts de sa perte et elle se trouvera abandonnée « par les officiers et les soldats qui aiment et veulent le bien. « Je serai de ce nombre ; obligé de rester ici par besoin, je « préfère la misère à l'ignominie et j'aime mieux entendre « dire : M. fut vertueux et il ne fut pas un lâche.

« Travailler pour vivre sera pour moi plus supportable que « de voir le désordre et le pillage dans les possessions de « vertueux citoyens sans pouvoir l'empêcher ; je préfère l'hon- « neur à la richesse et la pauvreté à l'infamie.

« Tu me connais ; tu sais comme je pense ; ainsi, tu peux « voir par cet aperçu que, loin de renchérir sur le fait, je ne « le trace que faiblement. »

Un tel langage fait honneur à celui qui l'a tenu ; remarquons-y une formule dont la simplicité et la profondeur peuvent étonner sous la plume d'un jeune homme de vingt-trois ans, jeté sans guide au milieu d'une révolution comme celle de 1789. Marceau se dit « *ami de la liberté et par conséquent de l'ordre.* » C'est en s'inspirant de tels principes qu'il gémissait des désordres commis par les soldats français; comme Kléber et Hoche, il avait horreur de l'indiscipline, du désordre, du pillage; il ne laissait passer aucune occasion de manifester ses sentiments.

A Verdun il avait joué dix fois sa vie; il avait perdu ses épargnes (plus de quatre cents francs), et ses effets; il ne lui restait que son épée[1]; cependant, peu s'en fallut qu'on ne l'envoyât à l'échafaud. On l'arrêta; on l'emprisonna avec les officiers de la garnison qui avait capitulé. Heureusement il trouva un énergique défenseur dans le conventionnel Sergent, son compatriote; c'était l'ancien maître de dessin et l'ami de sa sœur Émira. Sergent n'eut pas de peine à montrer combien l'attitude du jeune lieutenant-colonel avait été patriotique; non-seulement il obtint sa mise en liberté mais il lui fit voter des remerciements.

Marceau alla rejoindre l'armée du Nord commandée par Dumouriez. Il fut placé à l'avant-garde sous les ordres du général Dillon dans lequel il saluait à la fois « un bon patriote » et un « bon militaire; » il prit part à deux affaires assez chaudes dans lesquelles huit ou neuf mille des nôtres repoussèrent l'ennemi qui ne comptait pas moins de vingt mille hommes. Chargé de la poursuite des fuyards, il les ramena, sans trêve ni merci, jusque dans leurs retranchements et ne laissa lui-même sur le champ de bataille que deux chasseurs d'une compagnie franche.

Les savantes manœuvres de Dumouriez l'enthousiasmaient; il admirait son *talent*, sa *science*, son *courage;* il le comparait à Turenne; il le plaignait d'avoir à réprimer dans ses propres troupes et devant l'ennemi de scandaleux désordres commis par « des lâches, des traîtres, des scélérats enfin qui se disent « français et qui n'en ont que le nom. » Il flétrissait la conduite des *fédérés* qui jetaient la terreur sur leur passage, pillaient, assassinaient, sous prétexte de montrer leur bravoure et se faisaient attendre quand il s'agissait de marcher à l'ennemi; il leur reprochait de vouloir *vaincre sans combat et faire*

---

[1] On a raconté qu'après le siège de Verdun un représentant du peuple ayant demandé à Marceau ce qu'il désirait, celui-ci avait répondu : « Un sabre pour venger notre défaite. » Il n'y a là, selon nous, qu'une légende.

même chair, en pleine invasion, *qu'à Paris*. « Pour nous, « ajoutait-il, dévoués entièrement à la chose publique, nous « méprisons ceux qui ne connaissent d'autre subordination « que leur volonté et nous emploierons tous moyens de force « pour les faire rentrer dans l'ordre. Il y a trois jours que le « pain nous manque, les convois ayant été obligés de prendre « le grand tour pour éviter l'ennemi; *Sed pro patria pati* « *oportet* [1]. » Ces dernières paroles le peignent tout entier. S'il avait cherché un refuge dans l'armée la vie militaire n'exerçait sur lui aucune fascination. Les fautes et les erreurs dont il était témoin l'attristaient profondément; seul, le sentiment du devoir le soutenait; il se consolait en faisant ses confidences à ses amis et il concluait en évoquant les plus nobles souvenirs de l'antiquité romaine : « *Sed pro patria pati oportet* »; il faut savoir souffrir pour la patrie.

[1] Lettre à Constantin Maugars, datée du Bois de Coureux, le 24 septembre 1792. (*Bibliothèque de Chartres.*)

V

MARCEAU EN VENDÉE — SON ARRESTATION
IL SAUVE LA VIE AU REPRÉSENTANT BOURBOTTE
SES PREMIERS RAPPORTS AVEC KLÉBER
SON ROLE A LUÇON, A CHANTONNAY, A MORTAGNE
A CHOLET
IL EST FAIT GÉNÉRAL DE BRIGADE

Marceau avait suivi le conseil de sa sœur Émira ; il avait demandé à passer dans l'armée régulière et sollicité un poste de lieutenant de cavalerie. Sa déception fut grande quand il reçut à Reims, en octobre 1792, un brevet de sous-lieutenant au 83ᵐᵉ d'infanterie. Il s'adressa aussitôt à la municipalité de Chartres qui avait secondé ses démarches et la pria d'insister de nouveau pour que satisfaction lui fût donnée :

« La place d'adjudant-major du premier bataillon d'Eure-et-
« Loir qui me fut conférée par le ci-devant ministre Narbonne,
« lors de la formation de ce bataillon, me mettant dans la
« classe des officiers de troupes de ligne tirés, suivant la loi,

« de leurs foyers, pour l'instruction des bataillons volontaires,
« me donnait droit à une place plus avantageuse que ne l'est
« une sous-lieutenance et, certes, si j'eusse préféré rester au
« milieu de mes concitoyens soldats et concourir, par mon
« zèle et quelques connaissances militaires déjà acquises, à
« donner à la Patrie un bataillon de défenseurs instruits, j'eusse
« sans doute obtenu de mon ancienneté dans un corps ce qui
« semble aujourd'hui m'être refusé. » Il invoquait ensuite son
élection au grade de lieutenant-colonel et ses cinq mois de
services à ce titre; il rappelait que depuis le début des hostilités il n'avait pas cessé de combattre « sous les yeux des géné-
« raux, de manière à mériter leur estime et toujours aux postes
« les plus périlleux[1]. »

Sa réclamation fut accueillie; le 7 novembre 1792, il fut nommé lieutenant en premier dans les cuirassiers légers de la *Légion Germanique*.

Envoyé en Vendée, à l'*Armée des côtes de La Rochelle*, il avait à peine rejoint son poste qu'il fût arrêté comme *suspect* et emprisonné à Tours. La Convention avait chargé les représentants Bourbotte et Julien (de Toulouse) de procéder à une enquête rigoureuse sur la conduite des officiers, sous-officiers et soldats de la Légion Germanique. On affirmait que ce corps était composé en grande partie de déserteurs prussiens et autrichiens. « Le surplus, disait-on, est un ramassis d'hommes
« sans aveu, sortis de Paris avec tous les vices qui règnent
« dans une grande ville sans en avoir les vertus ni le patrio-
« tisme[2]. » En réalité, la *Légion Germanique* était un corps de quatre ou cinq mille hommes organisé par Westermann, bien discipliné et qui rendait les plus grands services; les lâches que Westermann en avait chassés étaient allés le dénoncer.

Traduit en jugement comme complice de son général, Marceau fut acquitté et mérita, dit-on, qu'un de ses juges le représentant Goupilleau de Fontenay s'écriât : « Si cet officier que
« je vois pour la première fois et que j'apprécie par la manière

---

[1] Lettre du 14 octobre 1792. (*Arch. Adm. M. G.*)

[2] Lettre de M. A. Miniey, commissaire national dans les départements troublés par les rebelles, aux citoyens composant le Conseil exécutif provisoire, datée de Tours, le 13 juin 1793. (*Arch. Hist. M. G.*)

« de se défendre n'est pas aussi vrai républicain qu'il est
« brave soldat, je ne compterai plus sur personne. »

Marceau prit sur le champ de bataille sa revanche contre ses accusateurs et il ne tint pas à lui que les républicains ne conservassent Fontenay compromise et perdue par la confiance aveugle du général Sandos[1] ; puis il se vengea noblement de son violent adversaire.

En juin 1793, à la déroute de Saumur, Bourbotte fut exposé aux plus grands périls ; son cheval avait été tué sous lui ; il allait périr ou être fait prisonnier ; Marceau s'approche et met pied à terre : « J'aime mieux, dit-il, être pris ou tué que de voir un représentant du peuple entre les mains de ces brigands » ; il offre sa monture au Conventionnel qui l'avait si injustement persécuté, se fait jour, le sabre en main, à travers l'ennemi et rejoint son colonel le brave Weissen qui s'était couvert de gloire mais avait été grièvement blessé en enlevant dans une charge héroïque l'artillerie de l'ennemi ; tous deux n'échappèrent que par miracle.

Justice fut rendue à Marceau ; le 13 juin, par une délibération spéciale, la Convention déclara qu'il avait bien mérité de la patrie et demanda que sa brillante conduite fût récompensée ; voici le texte de cette délibération : « Sur la proposition d'un de ses membres, la Convention nationale décrète que le citoyen Marceau, officier de la Légion Germanique, qui a arraché des mains des rebelles près Saumur le citoyen Bourbotte, représentant du peuple, qui eut son cheval tué sous lui d'un boulet de canon en essayant plusieurs fois de rallier nos troupes dispersées pour les ramener au feu, a bien mérité de la patrie et qu'il est expressément recommandé au Ministre de la Guerre pour qu'il l'élève à un grade supérieur à celui qu'il occupe[2]. »

Au mois d'avril 1793, Marceau avait été fait capitaine et classé comme tel au 19me régiment de chasseurs à cheval ; en s'appuyant sur le décret de la Convention, Sergent réclama pour

---

[1] Thiers, *Révolution française*, T. 3. Fontenay bien défendue le 16 mai fut perdue le 23.

[2] Extrait du procès-verbal de la Convention nationale, du 13 juin 1793, l'an 2 de la République française, collationné à l'original par les secrétaires de la Convention le 14 juin. (*Arch. Adm. M. G.* ; dossier *Marceau*.)

son ami le grade d'adjudant général ; il trouva quelque résistance au Ministère de la Guerre. Audouin, adjoint au Ministre, lui écrivit : « J'ai fait vérifier les services du citoyen Marceau
« auquel vous vous intéressez. Il n'est porté que comme lieu-
« tenant sur le contrôle des officiers de la Légion Germanique.
« Aucune des nominations faites dans ce corps n'a été con-
« firmée par le Conseil exécutif, attendu qu'il ne croit pas
« qu'on puisse disposer des emplois des officiers détenus, avant
« qu'ils n'aient préalablement été jugés. Ainsi, celle du citoyen
« Marceau étant de cette nature n'a pas été ratifiée. Je ne
« puis donc remettre son brevet d'adjudant général que lors-
« qu'il m'aura fait passer toutes les pièces qui justifient de ses
« services; il y joindra en même temps son extrait de bap-
« tême [1]. »

Les états de services officiels de Marceau indiquent que les démarches de Sergent furent couronnées de succès car ils placent au 15 juin 1793 sa nomination d'adjudant général, chef de de bataillon, et lui-même a donné cette date en résumant sa carrière militaire dans la note personnelle que nous avons signalée. Il fut envoyé avec son nouveau grade sous les ordres du général Lecomte, à Luçon,

Depuis longtemps, les Vendéens projetaient une attaque contre cette ville; ils s'y portèrent le 14 août avec des forces considérables; après un premier succès, ils s'enfuirent, abandonnant la plupart de leurs canons et de leurs caissons. Marceau avait tourné le flanc droit de l'ennemi avec de l'infanterie et deux escadrons de cavalerie; par une charge impétueuse, il avait largement contribué au succès [2].

Trois semaines plus tard, il se signalait de nouveau par son énergie. Le 5 septembre, les Vendéens dirigeaient, à l'improviste, contre Chantonnay une attaque très habilement combinée et qui jeta le désordre parmi les républicains. Marceau fit des prodiges pour éviter un désastre; courant de l'infan-

---

[1] Lettre datée de juillet 1793, sans indication de jour. L'acte de baptême que demandait Audouin fut envoyée au Ministère et est resté au dossier de Marceau. En marge de la minute de la lettre d'Audouin on lit ces mots tracés à l'encre rouge : *Faire Marceau capitaine et le placer où il doit être. (Arch. Adm. M. G.; dossier Marceau)*.

[2] *Une année de la vie militaire de Marceau*, par Robert l'aîné, Nancy, Grimblot, 1850.

terie à la cavalerie, se consumant en efforts désespérés pour rallier les fuyards, il traversa plusieurs fois les colonnes ennemies, perdit deux chevaux [1], seconda le général Lecomte avec une admirable énergie mais les troupes ne surent pas se montrer à la hauteur de tels chefs [2].

Des échecs répétés déterminèrent la Convention à réunir les deux armées de Brest et de La Rochelle en une seule dite *Armée de l'Ouest* [3]; la colonne de Luçon eut ordre de se porter sur Cholet avec le général Bard; Marceau eut le commandement de l'avant-garde.

Le 14 octobre, au sortir de Mortagne, les Vendéens fondent sur les républicains; Marceau se met en défense et soutient avec vigueur le feu de l'ennemi. La queue de la colonne, menacée d'être coupée, se replie sur Mortagne; Bard s'y porte rapidement pour rassembler toutes ses forces; il reçoit deux coups de feu l'un à la poitrine, l'autre au bras; on le ramène à Luçon et Marceau le remplace à la tête des troupes.

Au même moment, Kléber se couvrait aussi de gloire en Vendée dans une série de combats où il suppléait, heureusement pour la France, un général en chef à la fois incapable et lâche, Léchelle. Les deux héros ne devaient pas tarder à se rencontrer.

Toutes les troupes républicaines avaient eu ordre de se réunir devant Cholet où les Vendéens s'étaient retirés et qui devait être attaqué le 16 octobre. Le 15 au soir, Marceau ne peut résister au désir d'entrer en relations personnelles avec le défenseur de Mayence; il va le trouver dans sa tente. Kléber était inquiet de la situation, préoccupé de l'attaque projetée pour le lendemain; il reçoit froidement le visiteur : « Vous « n'auriez pas dû quitter votre poste, lui dit-il; retournez-y; « nous aurons, plus tard, le temps de faire connaissance. » Marceau avait cédé à un élan de son cœur mais Kléber avait raison; du reste, c'était sur le champ de bataille même qu'il

---

[1] Lettre de Marceau à Daubigné, adjoint du Ministre de la Guerre. — (Doublet de Boisthibault, *Marceau*.)

[2] Rapport du général Lecomte au général Chalbos, daté de Luçon, 8 septembre. (*Collection des Mémoires relatifs à la Révolution française; Guerre des Vendéens*, Tome 2.)

[3] Décret du 1er octobre 1793.

allait *faire connaissance* avec son jeune émule et concevoir pour lui autant d'estime que de sympathie. Kléber était de de beaucoup l'aîné de Marceau [1] et sa nature était plus sévère; mais ces deux grands hommes de guerre, ces deux vaillants serviteurs de la République, également généreux et désintéressés, étaient faits pour se comprendre; une étroite amitié les unit bientôt.

Dans la journée de Cholet, Marceau joua un rôle très important. Il faisait fonctions de général de brigade et était placé au centre avec la colonne de Luçon composée de trois mille hommes environ; il avait pour aide de camp l'intrépide La Bruyère. La veille de la bataille, il fit mettre à l'ordre du jour la proclamation suivante : « Soldats de la liberté, il faut « que demain les royalistes soient tous exterminés; le salut de « la patrie l'exige; l'impatience du peuple français le com- « mande; votre courage doit l'accomplir. »

L'action s'engagea le 17 octobre. A droite, Vimeux repousse les Vendéens mais Beaupuy est moins heureux à gauche; Marceau donne à Kléber le temps de secourir l'aile menacée et d'y rétablir la confiance; la division de Chalbos qui devait le soutenir lâche pied; il est assailli à son tour; « sans s'émou- « voir, il fait avancer son artillerie qu'il a soin de masquer; « la horde fanatique n'est plus qu'à une demi portée de fusil, « ne se doutant point du stratagème; à l'instant, la mitraille « renverse des files entières. Les rebelles étonnés s'arrêtent, « s'ébranlent, tournent le dos [2]. » Marceau les poursuit; Kléber le rejoint avec cinq bataillons; la victoire est assurée et les républicains entrent dans Beaupréau.

Jamais les Vendéens n'avaient livré bataille avec autant d'ordre et d'opiniâtreté; selon le mot de Kléber, ils avaient combattu « comme des tigres et nos soldats comme des lions ». D'Elbée et Bonchamps étaient grièvement blessés; le premier fut transporté presque mourant à Noirmoutiers; le second expira le lendemain. Si le général en chef Léchelle s'était dispensé de paraître pendant cette mémorable action, Kléber, ses lieutenants, le représentant Merlin qui pointait lui-même

[1] Kléber était né en 1753; il avait donc seize ans de plus que Marceau et quinze de plus que Hoche né en 1768.
[2] Rapport de Kléber.

les pièces, un grand nombre d'officiers et de soldats républicains s'étaient couverts de gloire. Marceau avait puissamment contribué au gain de la journée; il fut fait général de brigade; nous croyons devoir citer en entier l'acte par lequel ce grade si bien gagné lui fut conféré car nous ne croyons pas qu'un hommage plus éclatant ait été rendu à personne par les délégués de la Convention :

ARMÉE DE L'OUEST. — LA LIBERTÉ OU LA MORT

Au nom de la République française une et indivisible.

Les représentants du peuple près l'armée de l'Ouest réunis à Beaupréau, en considération du courage, de la bravoure et des talents militaires que l'adjudant général Marceau a développés dans toutes les circonstances depuis son activité dans la guerre contre les rebelles de la Vendée et d'après la connaissance qu'ils ont acquise de son patriotisme pur et soutenu, le nomment provisoirement Général de Brigade, arrêtent qu'il en remplira dès ce moment les fonctions et qu'il sera envoyé au Conseil exécutif copie du présent pour le mettre promptement à même de rendre justice à un bon citoyen en confirmant cette nomination par l'expédition du brevet de Général de Brigade.

A Beaupréau le 25ᵉ jour du 1ᵉʳ mois de l'an 2ᵉ de la République une et indivisible.

La minute est signée Bourbotte, Bellegarde, J. P. M. Fayau, Pʳᵉ Choudieu, Carrier, Turreau et Merlin.

POUR COPIE CONFORME :

Pʳᵉ Choudieu, Merlin, L. Turreau, J. P. M. Fayau, Bourbotte, Bellegarde [1].

Le 5 novembre, Marceau était confirmé par le pouvoir exécutif dans le grade de Général de Brigade.

Il n'avait pas attendu cette confirmation pour demander à son ami Constantin Maugars de venir le rejoindre en qualité

---

[1] *Arch. Adm. M. G.; dossier Marceau.*

d'aide de camp. « Je ne te parlerai point, lui avait-il écrit dès « le 1ᵉʳ novembre[1], des avantages que tu pourrais retirer, « comme militaire, de cette place; ils sont trop au-dessous de « ceux qu'éprouvera mon cœur pour qu'ils puissent être mis « en parallèle. Ainsi, si tu m'aimes, tu viendras, ou au moins « tu me donneras de bonnes raisons, j'attends ta réponse avec « impatience. Je serais charmé que tu te trouvasses à la pre- « mière bataille. J'espère qu'il n'y a pas loin d'ici à ce temps. » On ne sait ce qu'il faut admirer le plus dans ce billet ou les élans affectueux de son auteur ou l'ardeur patriotique qu'il manifestait, alors qu'il se sentait fatigué, malade; les travaux, les combats de chaque jour, dans cette terrible guerre de Vendée, minaient sa santé déjà délicate, comme ils agirent depuis et plus cruellement encore, peut-être, sur celle de Hoche; il en convenait, au reste[2]; cependant, il allait redoubler d'énergie, accepter de nouvelles responsabilités et déployer, dans les plus hautes fonctions, des talents de premier ordre.

[1] Lettre datée du *premier jour de la 2ᵉ décade du 2ᵉ mois de l'an second de la République française une et indivisible,* 1ᵉʳ novembre 1793 (*Bibliothèque de Chartres*).
[2] *Idem.*

VI

BATAILLE DE LAVAL ET D'ANTRAIN
MARCEAU DEVIENT GÉNÉRAL DE DIVISION
PUIS GÉNÉRAL EN CHEF PAR INTÉRIM
IL TRIOMPHE AU MANS ET SAUVE
MADEMOISELLE ANGÉLIQUE DES MELLIERS
KLÉBER ET MARCEAU JUGÉS PAR ROSSIGNOL

Après la journée de Cholet, les représentants Bourbotte, Turreau, Choudieu et Francastel, réunis à Angers, adressèrent au Comité de Salut public un rapport dans lequel ils présentaient la guerre de Vendée comme terminée. « Une solitude « profonde, disaient-ils, règne actuellement dans le pays qu'oc- « cupaient les rebelles... Nous n'avons laissé derrière nous que « des cendres et des monceaux de cadavres [1]. » Merlin tenait le

---

[1] Rapport lu à la Convention Nationale le 23 octobre; c'est après l'avoir entendu que Barrère s'écria : « Il n'y a plus de Vendée. »

même langage. Kléber ne partageait pas ces illusions que les faits allaient détruire.

Non seulement les Vendéens n'étaient pas écrasés mais ils se retrouvèrent bientôt en mesure d'attaquer les républicains ; ils les battirent même, grâce aux ordres absurdes donnés par Léchelle qui n'était sorti de sa torpeur que pour commettre les plus lourdes fautes, changer les plans habilement concertés et offrir le scandaleux exemple d'une honteuse défection. Telle fut sa conduite au combat d'Entrames près de Laval[1] dans lequel Marceau fit avec Kléber, Beaupuy, Merlin, Bloss et vingt autres des efforts inouïs mais inutiles pour repousser l'ennemi. C'en était trop cependant ! L'indignation de nos troupes ne permit pas de laisser le commandement en chef aux mains d'un tel homme. Kléber ne crut pas pouvoir accepter la succession de Léchelle ; celui-ci, après un court intérim de Chalbos, fut remplacé par Rossignol. Rossignol avait été porté aux grades les plus élevés sans avoir jamais servi ; il ne s'était signalé que par sa cruauté et ses mœurs dépravées ; c'était l'idole du club des Cordeliers ; il donna toute sa confiance à des collaborateurs imprudents ou incapables.

Le 21 novembre, une marche mal combinée sur Dol place Marceau, fait tout récemment général de division[2], dans la situation la plus difficile ; les emportements, les erreurs des représentants et de Westermann qui a engagé l'action sans avoir sous la main assez de monde mettent sa petite colonne aux prises avec toute l'armée vendéenne ; il épuise ses munitions, résiste pendant vingt-deux heures ; enfin, Kléber arrive à temps pour le sauver.

Le lendemain, à Antrain, les républicains quoiqu'occupant une position très avantageuse éprouvent, par incurie, un nouvel échec ; alors, Rossignol offre sa démission ; Prieur (de la Marne) s'obstine à la refuser mais Kléber obtient qu'on nomme un commandant en chef des troupes et, s'effaçant lui-même, il fait désigner Marceau sur lequel il exerçait un véritable ascendant. C'était une victoire remportée sur les délégués de la Convention qui voyaient des conspirateurs dans Kléber et dans ses amis, dans tout ce qui restait de l'héroïque armée de

[1] 27 octobre 1793.
[2] Le 10 novembre 1793.

Mayence. Quelques jours après, le Comité de Salut public donnait à Turreau le commandement en chef des deux armées de l'Ouest et de Brest mais il confiait l'intérim à Marceau jusqu'à l'arrivée du nouveau titulaire qui était à la frontière d'Espagne. Les dépêches du Ministre renfermaient une liste de destitutions sur laquelle figuraient un bon nombre de *Mayençais* et Kléber en tête. Indigné, Marceau n'accepta le commandement qu'à condition de garder auprès de lui son ami ; il y fut autorisé : « Je prends, lui dit-il alors, les dégoûts et la « responsabilité pour moi et je te laisserai à toi le comman- « dement véritable et les moyens de sauver l'armée. » — « Sois « tranquille, répondit Kléber ; nous nous battrons et nous « nous ferons guillotiner ensemble. »

Dès ce moment, dit M. Thiers, tout fut conduit avec unité et fermeté [1] ; les historiens sympathiques à la cause vendéenne tiennent le même langage et rendent hommage à Marceau. « Ce fut sous ce jeune officier, a écrit Alphonse de Beauchamp, que l'armée de la République porta les coups les plus décisifs aux royalistes [2]. »

Les premières lettres de Marceau, général en chef par intérim, au Ministre de la Guerre se ressentent, à coup sûr, de son âge mais elles dénotent en même temps un profond sentiment du devoir et des qualités de premier ordre. Il prend toutes les précautions nécessaires pour empêcher les Vendéens de passer la Loire, fait couper les ponts, couvre Saumur, Tours et Blois par des retranchements, répartit ses forces en quatre colonnes dont la tâche est nettement précisée et la marche bien éclairée ; il organise un « système de guerre où la pré- « voyance a autant de part que la force. Dans ce système, la « cavalerie agit sans cesse, tandis que l'infanterie est en obser- « vation pour la secourir [3] ». Son langage est élevé, ferme, patriotique. « Compte, dit-il au Ministre, sur mon zèle et mon « vif amour pour la République et sois assuré que je n'omettrai « aucune des occasions qui pourraient assurer le succès de nos

---

[1] *Révolution Française*, T. 3, ch. VIII.

[2] *Histoire de la guerre de la Vendée et des chouans, depuis son origine jusqu'à la pacification de 1801*, par Alphonse de Beauchamp, T. 2.

[3] Lettre autographe, du 21 frimaire, an II, au Ministre de la Guerre. (*Arch. Hist. M. G.*)

« armes¹. » En outre, le jeune général en chef réclama sans cesse, avec grand profit pour lui et pour la République, les avis, les conseils de Kléber; il était fier de l'avoir pour ami; il ne lui reprochait que sa timidité; il ne cessa de le considérer « comme un des meilleurs généraux possibles² ».

De son côté, Kléber avait une entière confiance dans son collègue. « J'étais certain, écrivait-il, que Marceau n'entrepren-
« drait rien sans s'être concerté avec moi. Il était jeune, plein
« d'intelligence, d'audace. Plus froid que lui, j'étais là pour le
« contenir. Nous prîmes l'engagement de ne point nous quitter
« jusqu'à ce que nous eussions ramené la victoire sous nos
« drapeaux³. »

Cependant, les Vendéens étaient entrés au Mans presque sans coup férir. Westermann voulut les en chasser; il commit la faute d'ordonner une attaque de nuit. Marceau qui hésitait à le seconder se laissa entraîner. Tous deux firent irruption dans la ville et, malgré le feu terrible qui partait des maisons, ils parvinrent à refouler sur la grande place la majeure partie de leurs adversaires. Marceau fit couper toutes les rues adjacentes et braquer sur les Vendéens les canons qu'il venait de leur prendre. Toutefois, sa propre position devenait inquiétante; engagé, au milieu de la nuit, par un temps affreux, dans une ville qu'il connaissait mal, il risquait d'être lui-même tourné, enveloppé; il prévint les représentants et Kléber du danger qu'il courait. A deux heures du matin, Prieur (de la Marne) et Bourbotte lui répondirent : « Nous recevons ta lettre
« sur la route; la troupe marche à grands pas pour te porter
« du secours. Tiens ferme et nous sommes à toi⁴. » Dès minuit, Kléber avait répondu à l'appel de son ami; il avait dit à Savary : « Marceau est jeune; il a fait une sottise; il est bon qu'il la
« sente; mais il faut se hâter de le tirer de là. » Il fit dix lieues en quelques heures, atteignit le Mans à la pointe du jour, prévint Marceau, releva les postes occupés par les soldats de

---

¹ *Idem.*

² Lettre de Marceau à Kléber, datée de Coblentz, le 3 pluviôse, an III.

³ Voir *Kléber*, par Hippolyte Maze, Paris, Martin, 1887.

⁴ *Mémoires historiques relatifs à la Révolution française; Guerres des Vendéens et des Chouans*, T. 2.

Tilly exténués de fatigue après la lutte de la veille[1] et ordonna une charge à la baïonnette à travers les rues. Un grand nombre de Vendéens avaient déjà pris la fuite; les autres évacuent les maisons, jettent leurs armes, se précipitent sur la route de Laval, ne font que traverser cette ville et vont jusqu'à Château-Gontier, quelques-uns jusqu'à Ancenis; Westermann, avec sa cavalerie et l'infanterie légère, les charge, les poursuit pendant huit ou dix lieues; onze pièces de canon, les caissons, les bagages de l'ennemi restent en notre pouvoir[2].

On lut dans le rapport des délégués de la Convention au Comité de Salut public : « Voilà la plus belle journée que nous « ayons vue depuis dix mois que nous combattons ces bri- « gands... Le triomphe de nos armes a été complet; » les représentants du peuple n'étaient pas moins fondés à louer, comme ils le firent, les qualités de nos généraux que la valeur et la constance de nos soldats qui marchaient pieds nus en décembre[3].

Un affreux massacre et, selon l'expression même du vainqueur, une « *boucherie épouvantable* » vint attrister ce succès[4]. Si bien des traits de générosité honorèrent nos officiers et nos soldats, le nombre des victimes innocentes fut trop grand. De concert avec Kléber, Marceau fit tout ce qu'il put pour modérer l'emportement des troupes; lui-même arracha à la mort plusieurs personnes et entre autres une charmante jeune fille, Mlle Angélique Des Melliers, dont Kléber a dit que « jamais « on ne vit de femme ni plus jolie, ni mieux faite, ni plus « intéressante. »

La famille Des Melliers habitait la campagne près de Montfaucon; à l'arrivée des républicains, elle abandonna sa maison pour

---

[1] Tilly commandait la division de Cherbourg qui avait donné pendant toute la soirée du 12 décembre, au Mans.

[2] Lettres de Marceau au Ministre de la Guerre, des 13, 15 et 16 décembre 1793. (*Arch. hist. M. G.* — *Mémoires historiques relatifs à la Révolution française; Guerres des Vendéens et des Chouans.* T. 2.)

[3] Lettres des représentants Turreau, Prieur (de la Marne) et Bourbotte au Comité de Salut public, datées du 23 frimaire, an 2, sept heures du soir (13 Décembre 1793) et du 25 frimaire (15 Décembre.) (*Arch. hist. M. G.*).

[4] Lettre de Marceau au Ministre de la Guerre, datée du 13 décembre. (*Arch. hist. M. G.*).

se réfugier au Mans. Dans la terrible journée du 13, la jeune fille se trouva séparée de sa mère et de tous les siens; folle de douleur, elle voulait se faire tuer; Marceau la vit, eut pitié d'elle, la mit d'abord en sûreté, puis la conduisit à Laval ; mais elle fut dénoncée comme ayant pris part au combat du Mans dans les rangs des Vendéens; arrêtée, emprisonnée, elle périt sur l'échafaud. Marceau la pleura longtemps, désolé de n'avoir pu l'arracher une seconde fois à la mort. D'après une tradition touchante, l'infortunée jeune fille lui aurait légué la montre qu'elle portait avant d'aller au supplice[1]. Peut-être n'y a-t-il là qu'une gracieuse légende, mais ce qui appartient bien à l'histoire c'est la lettre dans laquelle Mlle Des Melliers raconte elle-même à sa tante sa rencontre avec Marceau et lui rend un hommage mérité. Voici le texte de cette lettre[2] :

« Que d'événements, que de malheurs me sont arrivés depuis que je ne vous ai vue. Vous savez que maman et sa famille habitaient la campagne depuis plus d'un an; nous y vivions tranquilles quand l'arrivée des Mayençais vint porter l'épouvante dans notre canton.

« On nous effraya tellement que ma mère se décida à abandonner sa maison; les événements, les circonstances l'ont forcée de suivre une armée dont nous détestions les torts. Vous avez su qu'au Mans l'armée républicaine a battu complètement les brigands. J'ai eu le malheur affreux d'être séparée de toute ma famille. Dans cette horrible déroute je désirais la mort.

« Je n'ai trouvé que de la pitié parmi les troupes républicaines. Je me suis rendue au général Marceau; il m'a traitée non seulement avec humanité, mais encore j'ai infiniment à me louer de son honnêteté, de sa générosité; il m'a conduite à Laval où, malgré l'attestation qui prouvait que je m'étais rendue volontairement, j'ai été conduite à la maison d'arrêt où

---

[1] *Notices historiques sur le général Marceau*, par Sergent.

[2] L'original appartient à M. Thénezic, au château de la Treille, près Cholet, M. le sous-lieutenant Guasco, du 77º de ligne, en a envoyé récemment copie au Ministère de la Guerre. — Nous devons la communication de cette copie à M. le capitaine Sergent, attaché à la section historique de l'État-major général du Ministre (Mai 1887).

je suis depuis 3 jours. On m'a fait espérer que mon âge me met hors la loi. Je peux donc ne rien craindre pour mes jours. Mais, ma chère tante, j'ai tant d'autres sujets d'inquiétude ! Qu'est devenue ma mère, ma sœur ? Mes frères existent-ils ? Vous qui aviez tant d'amitié pour ma pauvre mère, combien vous serez touchée de son sort; quel qu'il soit, prenez pitié du mien aussi... J'implore vos bontés, votre amitié; ne pourriez-vous pas me faire reconnaître ? Votre titre de républicaine peut sûrement vous donner des droits. Je me jette dans vos bras; ne m'abandonnez pas; que je vous doive la liberté. Puissé-je aller vivre bientôt auprès de vous...

« Je n'ai dû mon salut, ainsi que bien d'autres, qu'à ma jeunesse. Elle a été respectée par le général bienfaisant qui m'a protégée. Privée de tous les biens, je ne possède plus rien. L'exposé de ma misère vous touchera sûrement et j'ose compter sur l'assistance que réclame auprès de vous la fille malheureuse et innocente d'une mère chérie.

Angélique Des Melliers.

9 Nivôse, an II.

« Adressez votre lettre au citoyen Paul à la maison d'arrêt de Laval. »

La générosité dont Marceau avait fait preuve aurait pu lui coûter la vie; on dénonça le général en chef comme coupable d'avoir donné un dangereux exemple en sauvant une Vendéenne et peut-être eût-il été arrêté, condamné, si Bourbotte, bien inspiré cette fois, n'eût étouffé l'affaire.

Dans plusieurs circonstances graves, les représentants du peuple lancèrent contre lui et contre Kléber, les accusations les plus violentes; il y répondait avec fermeté, avec hauteur; il ne se bornait pas à se justifier; il défendait son ami; il faisait ressortir ses grandes qualités; au commencement de décembre[1], il le sauva peut-être de l'échafaud par une violente explication avec Prieur (de la Marne). Ce fut surtout contre Rossignol que les deux héros eurent à lutter sans cesse. Il est

---

[1] Le 3 décembre, le représentant Prieur (de la Marne) dit à Marceau : « Dès demain, nous établirons un tribunal pour faire guillotiner Kléber. »

curieux et triste de relire aujourd'hui le jugement que portait cet incapable et ce vantard sur de tels hommes ; non content de contrarier leurs plans et d'annuler, à l'occasion, leur génie à force de stupidité, il ne cessait pas de les calomnier dans sa correspondance avec le Ministre de la Guerre et avec le Comité de Salut public; il voulait bien convenir que Kléber était « *un bon militaire* », mais il le présentait comme « *faisant métier de la guerre et servant la République comme il servirait un despote* »; quant à Marceau, c'était, d'après ce bon juge, « *un petit intrigant enfoncé dans la clique, que l'ambition et l'amour-propre mayençais perdront.* » Il ajoutait : « *Je l'ai suivi d'assez près et je l'ai assez étudié avec mon gros bon sens pour l'apprécier à sa juste valeur... Il inquiète les patriotes avec lesquels il ne communique pas.* » A son gré, Kléber et Marceau étaient trop « *concentrés* », ne parlaient pas assez au conseil des généraux ; en vérité, nous comprenons sans peine les raisons de leur silence ! Devant l'exubérance et l'ignorance des Léchelle et des Rossignol ils n'avaient qu'à se taire, trop heureux qu'on leur permît parfois d'agir et de réparer les fautes commises ! Ainsi étaient persécutés ces grands citoyens qui travaillaient jour et nuit à sauver l'unité de la patrie; ainsi devaient-ils disputer, à la fois, leur vie aux Vendéens et à l'échafaud !

Marceau recevait du moins de ses compatriotes des témoignages d'estime auxquels il était bien sensible. Avant la journée du Mans, le département d'Eure-et-Loir avait été très ému des progrès des Vendéens; on croyait déjà voir les Chouans à Chartres ; Marceau annonça la victoire au Conseil Général de sa ville natale; aussitôt, cette Assemblée prit la délibération suivante : « Le Conseil Général considérant que
« c'est à ce jeune républicain Marceau que le département
« d'Eure-et-Loir doit son salut, que sa valeur et son courage
« n'ont pas peu contribué à préserver son territoire de l'in-
« vasion des brigands fanatisés qui seraient venus piller les
« subsistances qu'il renferme et ravager les campagnes, arrête
« unanimement que *mention honorable* du courage et du zèle
« du républicain Marceau sera faite en son procès-verbal et
« qu'extrait lui en sera envoyé par le procureur de la com-
« mune, chargé de lui marquer la satisfaction que ressent le

« Conseil Général de voir l'un de ses concitoyens à la tête de
« deux armées et qui s'y conduit avec autant de zèle que de
« patriotisme. »

VII

VICTOIRE DE SAVENAY
MARCEAU ET KLÉBER A NANTES
MARCEAU A CHATEAUBRIAND ET A RENNES
PROJET DE MARIAGE
AVEC MADEMOISELLE AGATHE DE CHATEAUGIRON

L'œuvre commencée à Cholet et au Mans devait être couronnée par la victoire de Savenay.

Après leur dernière défaite, les ennemis songeaient à traverser la Loire et à se rejeter dans la Vendée; des radeaux étaient secrètement construits pour permettre le passage sur la rive gauche. Marceau dit : « Le fleuve sera leur tombeau » et il prit les dispositions les plus habiles. Muller fut appelé du Mans pour garder la rive droite de la Loire; d'énergiques instructions furent données aux généraux qui commandaient à Angers et à Nantes. Marceau s'attendait à un combat vers Ancenis : « Je crois même, écrivait-il au Ministre, que l'ennemi

« aux abois viendra me l'offrir pour protéger son travail ; je
« me dispose à le bien recevoir. Compte, dans tous les cas,
« que je ferai tout mon possible pour justifier ta confiance et
« faire triompher la cause de la liberté et de l'égalité[1]. » Il
lança la cavalerie de Westermann vers le fleuve, se rendit lui-
même à Châteaubriand et jeta son avant-garde commandée
par l'adjudant-général Scherb du côté d'Ancenis ; il désirait
joindre le plus tôt possible l'armée vendéenne.

Celle-ci voyait ses projets déjoués par l'activité des républicains et la vigilance des postes qui surveillaient le passage
du fleuve ; craignant d'être attaquée à Ancenis et jugeant
qu'elle courait de grands dangers, qu'elle pouvait être exter-
minée, elle se retira vert Nort et Savenay ; la division Marceau
dut rétrograder pour se rapprocher de l'ennemi et couvrir
Rennes.

Le 1er nivôse, à trois heures du matin, le général Bonnaire
qui se trouvait à Alençon et allait se mettre en route pour
Angers reçut l'ordre de se diriger vers l'Ouest[2].

Pendant ce temps, les paysans lassés de la lutte, terrifiés,
désarmaient et les désertions commençaient parmi les Vendéens; Marceau disait : « Encore une victoire et c'en est fait
des rebelles[3] »; il était plein de confiance dans ses soldats; il
demandait seulement aux intendants de ne pas les laisser aller
pieds nus en plein hiver et dans un moment où l'on exigeait
d'eux tant d'activité : il écrivait au commissaire des guerres
d'Alençon : « *Envoyez-moi en poste six mille souliers;* » et,
comme il ne recevait pas de réponse, il s'indignait; « Une
« partie de l'armée marche pieds nus depuis longtemps. Le
« soldat murmure fortement et ne peut suffire à une marche
« continuelle. Des souliers, des souliers et vive la Répu-
« blique ![4] »

Turreau qui était toujours, en titre, général en chef des

---

[1] Lettre au Ministre de la Guerre, du 16 décembre 1793. (*Mémoires relatifs à la Révolution française.*)

[2] Lettre de Marceau à Bonnaire, datée de Châteaubriand, le 29 frimaire, an II, (*Arch. Hist. M. G.*). — Lettre du représentant Laplanche au Comité de Salut public, datée d'Alençon, le 1er nivôse (*Idem*).

[3] Lettre de Marceau au Ministre de [la Guerre, du 19 décembre 1793. (*Mémoires relatifs à la Révolution française.*)

[4] Lettre de Marceau à Bonnaire, citée note 2.

armées de Vendée, avait paru peu pressé de prendre son commandement. Venu très lentement des Pyrénées dans l'Ouest et arrivé à Angers, il séjourna plusieurs jours dans cette ville sans même en aviser Marceau ; puis, tout à coup, il lui écrivit pour se plaindre qu'on donnât des ordres aux troupes sans le consulter. Justement blessé de ces façons d'agir, Marceau, après avoir pris l'avis de Kléber, répondit : « Je suis devant « Savenay ; demain, de grand matin, j'attaquerai l'ennemi qui « sera détruit. Si tu veux être témoin de la fin de la guerre, « accours promptement. »

Après de nouvelles et infructueuses tentatives pour traverser la Loire, la colonne vendéenne voulut se jeter à l'extrémité de la Bretagne, dans le Morbihan ; encouragée par un petit avantage à Blain, elle occupa Savenay et les bois situés en avant de cette place. Le 22 décembre, par une manœuvre audacieuse, Kléber et Marceau la chassèrent de ces bois, puis ils occupèrent tous les débouchés de Savenay. Il faisait nuit ; la fusillade et la canonnade continuaient toujours, mais nos soldats étaient brisés de fatigue ; depuis trois jours ils étaient mouillés jusqu'aux os ; ils avaient dû bivouaquer deux nuits, sans feu, après avoir passé à la nage l'Isac qui coule près de Blain et combattu toute une journée par un temps épouvantable. Westermann et les représentants voulaient néanmoins attaquer sur le champ ; Prieur de la Marne ne se contenait pas ; il parcourait le front des troupes en criant : « Allons ! camarades, en avant, en avant ! » N'écoutant que son ardeur, Marceau allait peut-être céder imprudemment ; il s'inclina devant la ferme résistance de Kléber et réussit à calmer les représentants : « Ce « n'est pas ici votre place, leur dit-il, et, sans que votre pré- « sence puisse être d'aucune utilité, vous vous exposez fort « mal à propos à recevoir un coup de fusil ou de la mitraille. » Ce langage habile détermina Prieur et Bourbotte à se retirer au moment où le feu était si vif qu'une bataille générale allait devenir inévitable.

Elle eut lieu le lendemain 23 décembre. Ce furent les Vendéens qui, désespérés et voulant en finir, attaquèrent à la pointe du jour ; nos généraux avaient pris toutes leurs dispositions ; ils étaient à cheval ; Canuel commandait à gauche, Marceau au centre, Kléber à droite. Les troupes se précipitent

au cri de vive la République! Au milieu du combat, on manque de cartouches et le chef de bataillon Duverger s'en plaint : « Ne sommes-nous pas convenus, dit Kléber, que nous les tuerions à coups de crosse? » Une admirable charge à la baïonnette refoule les rebelles dans un désordre inexprimable; les canonniers sont égorgés sur leurs pièces. Il faut achever la journée; à défaut de cavalerie, Kléber et Marceau chargent eux-mêmes avec les généraux et tous leurs états-majors; la fuite devient impossible aux Vendéens; ils sont pris entre la Loire à droite et les marais de Montoir à gauche; quelques-uns se noient dans ces marais; un grand nombre sont massacrés à la baïonnette ou faits prisonniers; nos colonnes traversent Savenay et chacune prend une direction différente à la poursuite des vaincus; équipages, canons, tout tombe au pouvoir des républicains; Marceau eut le droit de dire au Ministre de la Guerre que si cette bataille était *la plus sanglante,* c'était aussi *la plus mémorable* qui eût été livrée depuis le commencement des hostilités; il rendit justice à tous « ses camarades » avec un élan et une sincérité qui nous ravissent : « Il me serait bien
« difficile de détailler les belles actions dont cette journée a
« été témoin; mais je ne puis m'empêcher de te parler des
« généraux qui, par leur bravoure et leurs talents, ont accéléré
« le terme de cette guerre. Kléber a donné, dans cette occa-
« sion, des preuves d'un courage et d'un talent supérieurs;
« Westermann, Canuel, Tilly, Dembarrère, Savary et tous les
« officiers généraux et supérieurs se sont montrés vrais répu-
« blicains.

« Les soldats de toute arme ont aussi montré qu'ils sont
« dignes de la cause qu'ils défendent. Il n'est point d'exemple,
« j'ose le dire, d'une patience aussi soutenue et d'un courage
« aussi héroïque... Il m'est bien doux de pouvoir rendre justice
« à mes braves *camarades*[1]. »

Marceau et Kléber entrèrent à Nantes dans la soirée du 24 décembre; ils y furent reçus comme des libérateurs. Dans une fête brillante que donna à l'ancienne église Sainte-Croix la société populaire, une couronne civique leur fut offerte au milieu des plus chaleureuses acclamations. Une voix s'éleva,

[1] Rapport de Marceau au Ministre, daté *du champ de bataille, près Montoir,* 23 décembre 1793. (*Mémoires relatifs à la Révolution française.*)

il est vrai, pour protester contre cette patriotique manifestation ; c'était celle du représentant Turreau ; dissimulant mal sa basse jalousie, il essaya d'exciter contre les vainqueurs de Savenay les plus mauvaises passions et d'opposer les chefs aux soldats : « Ce sont les soldats, s'écria-t-il, qui remportent « les victoires ; ce sont eux qui méritent des couronnes. » Kléber demanda la parole : « Ce ne sont pas, dit-il, les géné-
« raux républicains ayant presque tous, comme moi, commencé
« par être grenadiers qui ignorent que ce sont les soldats qui
« gagnent les batailles ; mais ce ne sont pas non plus les sol-
« dats de la République, puisque tous peuvent espérer d'arriver
« au commandement, qui ignorent que des milliers de bras ne
« remportent des victoires que lorsqu'ils sont dirigés par une
« seule tête. Ce sont les armées, c'est-à-dire les officiers et les
« soldats, qui font triompher la République. Marceau et moi
« nous n'acceptons cette couronne que pour l'offrir à nos cama-
« rades et l'attacher à leur drapeau. » Des applaudissements enthousiastes accueillirent cette noble déclaration ; Turreau se retira, la rage dans le cœur ; il devait bientôt chercher à se venger autrement de ceux qui avaient su terminer la guerre sans lui, mais, comme toutes les difficultés n'étaient pas aplanies, il attendit encore pour prendre d'une façon effective le commandement en chef.

Marceau resta donc chargé de l'intérim ; il pourvut aux mesures nécessaires pour pacifier la région et protéger les populations. Il recommanda la plus grande activité à ses collaborateurs ; il fit cerner les routes qui pouvaient permettre aux Chouans de rétablir leurs communications, organisa solidement la défense des bords de la Loire, établit des barrières infranchissables entre la grande et la petite Vendée, enfin prodigua ses soins à ses soldats dont l'esprit était excellent, disait-il, mais qui *manquaient de tout* et appela vivement sur leur situation l'attention du gouvernement[1].

Turreau n'arriva à Nantes que le 29 décembre et il trouva moyen de récriminer contre les savantes dispositions prises par son suppléant auquel il jugeait bon de laisser toutes les responsabilités ; dans une vive explication avec Marceau qui

---

[1] Lettre au Ministre de la Guerre, insérée dans les *Mémoires historiques relatifs à la Révolution française* (T. 35) et datée du 28 décembre 1793.

eut lieu chez le représentant Carrier, il s'attira l'énergique réponse que voici : « Il fallait venir te faire reconnaître devant « l'ennemi ; un brave se serait empressé de nous rejoindre ; tu « es resté ignoré dans les jours de danger et jusqu'à ce que tu « m'aies demandé de te remettre le service, nous sommes « égaux. » L'entretien n'eut pas d'autres suites, mais Turreau continua à dénoncer au Ministre de la Guerre les « *mauvaises combinaisons* » de Marceau, « *sa conduite inexplicable et ridi-cule, son insubordination*[1]. » Enfin il se décida à entrer en fonctions et le premier usage qu'il fit de son commandement fut de reléguer à Châteaubriand Marceau et Kléber dont la présence le gênait visiblement. Il ne dépendit pas de lui que le vainqueur de Savenay ne fût arrêté et condamné comme traître.

C'était une situation intolérable que celle de Marceau ; sa santé était d'ailleurs fort éprouvée ; il souffrait d'une cruelle maladie de peau ; il sollicita l'autorisation d'aller prendre à Chartres un repos bien gagné. Turreau ne demandait pas mieux que de le voir partir ; le Ministre de la Guerre lui écrivit : « D'après les observations qui viennent de m'être faites, citoyen, par les représentants du peuple, tes compatriotes, sur l'état de ta santé, tu peux te rendre à Chartres pour t'y livrer entièrement à tous les soins qu'elle exige ; tu en préviendras le général en chef Turreau afin qu'il te fasse relever dans ta division et, aussitôt que tu lui auras rendu compte de tes opérations et de l'état des choses, tu pourras te retirer dans ton pays et, pour suivre la loi, tu m'enverras un certificat des officiers de santé de l'armée qui constate le besoin que tu as de repos et de traitements.

« Lorsqu'elle sera rétablie et que tu te trouveras en état de rentrer en campagne, tu m'écriras et sur le vœu que tu as témoigné aux représentants du peuple d'être employé dans une autre armée, j'en ferai la proposition au Conseil exécutif et au Comité de Salut public.

« Salut, Fraternité,

« BOUCHOTTE[2] »

---

[1] Lettre au Ministre de la Guerre, datée du 26 décembre 1793. (*Mémoires hist. relatifs à la Révolution française.*)

[2] Lettre datée du 14 nivôse, an II. (*Arch. Adm. M. G. — Dossier Marceau*).

Nous avons retrouvé aux Archives de la Guerre le certificat que le ministre exigeait de Marceau; cette pièce prouve que le jeune général en chef avait trop réellement besoin de soins et qu'il n'exagérait pas quand il le disait; il était atteint, comme le furent aussi Kléber et Pichegru, d'une de ces maladies de peau assez fréquentes alors dans nos armées en campagne; voici l'attestation qu'il produisit [1] :

ARMÉE DE L'OUEST. — HOPITAUX AMBULANTS

Nous, officiers de santé de la 2me division, stationnée à Châteaubriand, attestons que le général Marceau éprouve les accidents d'une galle répercutée que les travaux militaires ont fait négliger et qu'il est utile pour sa santé qu'il aille, dans un endroit favorable, employer les moyens curatifs.

A Châteaubriand ce 23 nivôse l'an 2me de la République une et indivisible.

> NORIRAY[2], officier de santé, aide-major.
> FERRIÈRE, médecin de l'armée.
> GAULT, officier de santé.

Marceau dut être doublement éprouvé par cette pénible maladie car, au moment même où il en souffrait, il rencontra la femme qui devait fixer son cœur et sa vie.

Il avait à Châteaubriand, dans son état-major, un jeune officier, connu seulement à l'armée sous le nom d'Hippolyte Leprêtre, mais dont la famille appartenait à la plus ancienne noblesse de Bretagne; l'aide de camp très attaché à son général lui proposa de venir prendre quelque repos chez son père à Rennes; Marceau accepta. Il fut accueilli de la façon la plus hospitalière par le comte et la comtesse Leprêtre de Châteaugiron et par leurs deux filles.

Madame de Châteaugiron, née de Trécesson, descendait de Descartes; c'était une femme distinguée et bienveillante; sa fille aînée, Agathe, qui portait le titre de chanoinesse, était une ravissante personne; elle avait 17 ans; elle était grande, bien faite, pleine de simplicité et de grâce, avec des yeux bleus

---

[1] *Arch. Adm. M. G. — Dossier Marceau.*
[2] Le nom de ce signataire est fort difficile à déchiffrer dans l'original.

d'une douceur infinie, un teint éclatant de blancheur, une abondante chevelure blonde, une voix pénétrante et le plus aimable sourire aux lèvres; son esprit et sa beauté enchantèrent Marceau; il en devint éperdument amoureux. Il était lui-même alors dans toute la fleur de la jeunesse. Il avait 24 ans; il était grand (cinq pieds 4 pouces) et bien fait; sa physionomie respirait à la fois la douceur et la fierté; les yeux grands et bruns s'animaient dans la conversation; le front était élevé, le nez droit, le teint pâle; la bouche qui souriait volontiers mais d'un sourire un peu mélancolique était couverte par une fine moustache rousse; de longs cheveux châtains encadraient le visage qui révélait la douceur du caractère : sous les armes, le jeune général prenait une allure vive et martiale; au repos, il avait quelque abandon dans la tenue; l'ensemble de sa personne était plein de distinction et d'élégance.

Ce brillant jeune homme, déjà couvert de gloire, devait plaire aisément; son amour fut partagé; après s'en être assuré, il fit l'aveu de ses sentiments et de ses espérances à madame de Châteaugiron; celle-ci était femme à le comprendre; elle entra dans les vues des deux jeunes gens; il n'en fut pas ainsi de son mari. Profondément attaché aux traditions de l'ancien régime, le comte de Châteaugiron ne put accepter l'idée que sa fille épouserait un homme sans naissance, un général républicain et surtout celui qui avait achevé la déroute des Vendéens; on lui avait caché quelque temps le projet de mariage; dès qu'il le connut, il refusa hautement son consentement; sa femme, son fils insistèrent au nom du bonheur de sa fille; Mlle Agathe pria, supplia; rien ne put fléchir le comte; il déclara que jamais on n'aurait son aveu, qu'arrivée à sa majorité sa fille pourrait agir comme elle l'entendrait, mais que si elle lui désobéissait il ne la reverrait pas et qu'en présence de si graves dissentiments il préférait se séparer immédiatement de sa famille. La séparation eut lieu en effet; mais, de son côté, Marceau ne pouvait rester près de celle qu'il aimait; il ne pouvait attendre quatre ans à Rennes la majorité de sa fiancée; il s'éloigna le cœur brisé. Madame de Châteaugiron resta, du moins, très bienveillante pour lui; elle l'autorisa à correspondre par son intermédiaire avec sa fille; il usa de cette permission avec toute la délicatesse de son âme et ce fut pour sa fiancée qu'il commença à rédiger un journal de sa vie, ses *Mémoires* dont nous avons cité quelques fragments.

Il n'était vraiment pas heureux en amour; dans sa première jeunesse, il avait éprouvé, à Chartres, une tendre inclination pour la sœur de son intime ami, Mlle Maugars, quoiqu'elle fût son aînée; cette jeune personne était morte, dès 1792, à l'âge de 21 ans[1]; au Mans, il s'était épris d'Angélique Des Melliers en la sauvant et celle-ci n'avait pas tardé à périr sur l'échafaud; son mariage avec Agathe de Châteaugiron eût comblé tous ses vœux; voici que les préjugés d'un père venaient briser ses espérances et c'était ses victoires même qui lui ravissaient son bonheur intime, les joies du foyer qu'il ne devait jamais goûter!

[1] Marie-Anne-Isidore Maugars mourut le 17 février 1792, à Chartres.

VIII

MARCEAU A PARIS
SES RELATIONS AVEC SES AMIS
IL EST APPELÉ A L'ARMÉE DES ARDENNES
PRISE DE THUIN — SIÈGE DE CHARLEROI
BATAILLE DE FLEURUS
JOURDAN ET MARCEAU A L'ARMÉE DE SAMBRE-ET-MEUSE

En quittant Rennes, Marceau vint se soigner à Paris; il dut suivre un traitement spécial pendant six semaines qui lui parurent bien longues. Il ne cessa de songer à reprendre un commandement; il avait besoin de chevaux; il chargea Constantin Maugars, devenu son aide de camp, de lui en acheter à Chartres et pria le Ministre de lui remplacer ceux qu'il avait perdus à Chantonnay, en septembre 1793. Fort recherché dans la capitale par les divers partis, il accueillait froidement les visiteurs, menait une existence des plus retirées,

évitait surtout de se mêler à la politique. « Je ne te dis rien de
« l'esprit public, écrivait-il à Maugars. C'est ici, plus qu'ail-
« leurs, un tourbillon dont il faut s'écarter et un rayon qu'il
« faut éviter de faire réfléchir sur soi; je suis cette maxime et
« ne me montre nulle part; je fuis et comités et bureaux et
« me renferme en moi-même; il y a plus à gagner[1]. » Ce rôle,
ce langage rappellent ceux de Kléber et de Hoche; une telle
attitude convenait à des généraux républicains dans ces temps
troublés; il faut regretter à jamais pour la France que tous les
collègues de ces hommes si désintéressés n'aient pas montré
la même réserve.

Parvenu aux suprêmes honneurs et déjà célèbre, Marceau
restait simple, bon; pendant son séjour à Paris, il ne cessa
de s'employer pour ses amis d'Eure-et-Loir, les Maugars,
Sevret, Mme Duchesnay, Guillard; il se plaignait sans cesse du
silence de ce dernier : « Qu'il me dise ce qu'il veut et il sera
« satisfait. Ne veut-il rien? Il me restera le regret de n'avoir
« pu l'obliger. Dis-lui que, malgré sa paresse, je l'aime tou-
« jours; mais qu'il n'en induise pas de là qu'il faille être
« paresseux pour me plaire[2]. » Il avait pour Guillard la sympathie la plus vive, et d'une façon générale il se montrait on
ne peut plus affectueux envers ses camarades d'enfance;
c'était toujours lui qui allait au devant d'eux; en septembre
1794, il s'exprimait ainsi : « Je suis bien fâché que Guillard
« ne m'écrive pas; il y a un siècle qu'il me tient rigueur et,
« certes, cela n'est pas répondre à l'intérêt et à l'amitié que j'ai
« pour lui. Cessez donc, toi et tous mes amis, de me chagriner
« par votre paresse (car je ne puis croire à votre indifférence).
« Mille choses pour eux, Petey, son épouse et tous ceux enfin
« qui me témoignent quelque intérêt[3]. » Dans une autre lettre
à Constantin, alors en congé, lettre écrite sur le champ de
bataille de Blendeff après un éclatant succès, nous lisons :
« Dis-moi donc quand tu viendras; je m'ennuie de ne pas te
« voir et de ne point recevoir de tes nouvelles. Oh! mon ami,

---

[1] Lettre à Constantin Maugars, datée du 3 ventôse an II. (*Bibliothèque de Chartres.*)

[2] *Idem.*

[3] Lettre à Constantin Maugars, datée du quartier général de Viersen, le 22 fructidor, an II, 8 septembre 1794. (*Bibl. de Chartres.*)

« tu me négliges et me porterais à croire que tu ne m'aimes
« pas autant que je t'aime ; je n'ai encore reçu de toi qu'une
« lettre.

« Mille choses à nos amis ; je pars demain. Dans quelques
« jours je me battrai te donnerai de mes nouvelles et t'aimerai
« toujours de même c'est-à-dire plus que tout homme au
« monde.

« Dis-moi as-tu besoin de quelque chose ?

« Amèneras-tu Auguste[1] ? On m'a promis un congé pour
« quelques jours à la fin de la campagne ; nous retournerons
« ensemble. Embrasse nos amis. Si tu ne peux venir me
« joindre je t'enverrai une prolongation de congé ; j'ai cepen-
« dant et grande envie et grand besoin de te voir[2]. » En
Vendémiaire, an III, nouveaux reproches à Constantin toujours
retenu à Chartres : « Pour le coup, mon cher, tu me fâcheras
« si enfin tu n'es plus exact et si tu n'as à cœur de me prouver
« que tu m'aimes autant que je t'aime moi-même ; car enfin
« il est étonnant que de quatre lettres que je t'ai écrites
« toutes soient restées sans réponse. Une seule de toi depuis
« deux mois ! Tu avoueras je l'espère que ce n'est pas rassu-
« rant, dans un temps surtout où il me serait si doux de te
« savoir bien portant et de te savoir près de venir me rejoindre
« et finir une campagne qui a été si heureuse pour nous.
« Marque-moi donc, je te prie, quand tu comptes venir, si tu
« te portes mieux ou si j'ai à craindre de te voir encore pour
« longtemps éloigné de moi.

« Mille choses à tous nos amis à qui j'en veux autant qu'à
« toi pour leur paresse et leur insouciance.

« Assure ta famille de mon respect et de mon dévoue-
« ment[3]. »

Ainsi, c'était le général qui allait sans cesse réveiller les
sympathies de l'aide de camp ; c'était le vainqueur des Vendéens et des Autrichiens qui, devant l'ennemi, trouvait tou-

---

[1] C'était un frère de Constantin dont Marceau s'occupa avec la plus vive sollicitude ; Auguste Maugars a vécu jusqu'en 1851.

[2] Lettre à Constantin Maugars, datée de Blendeff le 3e jour sans culotide, an II ;
19 septembre 1794.

[3] Lettre à Constantin Maugars, datée du quartier général d'Eschwiller, le 5
vendémiaire, an III, 26 septembre 1794. (*Bibliothèque de Chartres.*)

jours du temps pour donner un souvenir à son pays natal, à ses premières affections.

Enfin, quand Constantin rétabli rejoint l'armée, ce sont de vrais cris de joie que pousse Marceau : « Tu reviens donc enfin « et je suis content. Ne perds pas de temps et mets-toi en « route tout de suite. » Il recommande au voyageur de prendre les chemins les plus courts : « Que font cent livres de plus ou « de moins ? Je ne paierai jamais trop cher le plaisir de te « revoir. Ainsi, vite et dépêchons !... Je te recommande d'em- « brasser nos amis, de m'apporter des lettres de chacun, « d'assurer ta famille et ton frère aîné en particulier de mon « attachement et de revenir vite, vite ; je t'embrasse[1]. » De telles lettres se passent de commentaires ; elles révèlent chez ce victorieux l'âme la plus délicate et la plus tendre qui fût jamais.

En avril 1794[2], Marceau, entièrement guéri, fut envoyé à l'armée des Ardennes ; il s'y trouva subordonné au général Charbonnier.

L'armée des Ardennes devait opérer conjointement avec celle du Nord que commandait Pichegru et où le Comité de Salut public était représenté par Saint-Just. Malgré les grands succès de Hoche à Wissembourg et à Landau, notre frontière Nord avait été franchie par les coalisés ; ils s'étaient emparés de Condé et de Valenciennes ; ils menaçaient Landrecies. Le péril était immense ; la Convention décréta la levée en masse et Carnot traça le plan d'une campagne décisive. En ce qui concernait Pichegru, ce plan ne devait être exécuté que d'une façon très insuffisante. En outre, l'armée des Ardennes avait un chef brave sans doute, mais plus que médiocre ; après ses succès en Vendée, Marceau eût mérité de ne pas être mis en sous ordre et avec un chef comme Charbonnier ; placé à l'avant-garde, il fit du moins tout ce qui dépendit de lui pour soutenir l'honneur de nos armes.

Il se signala d'abord au passage de la Sambre, en emportant Thuin. Le 10 mai, à deux heures et demie du matin, il commença l'attaque ; l'ennemi, qui occupait des bois en avant de

---

[1] Lettre datée du quartier général de Bonn, le 9 frimaire an III, 29 novembre 1794. (*Bibliothèque de Chartres.*)

[2] Le 14 avril, d'après son dossier (*Arch. Adm. M. G.*).

la ville, résista; expulsé par nos chasseurs, il se renferma dans les redoutes qui défendaient la place et qui étaient fortifiées d'une manière redoutable. Marceau s'empara de toutes les hauteurs environnantes, y plaça quelques pièces d'artillerie légère et, comme la canonnade ne produisait pas de résultats suffisants, sans attendre la division de l'armée du Nord qui devait le seconder, il se décida à employer ce qu'il appelait dans son rapport sur cette journée « *les moyens révolutionnaires et français (la baïonnette)*. » Nos chasseurs, soutenus par l'artillerie, enlevèrent les retranchements et les remparts. Les Autrichiens furent contraints de nous céder la place en laissant bon nombre des leurs sur le terrain. Marceau rendit un juste hommage aux troupes : « Annonce, écrivait-il à
« Charbonnier [1], annonce à la République que si l'armée des
« Ardennes a bien mérité de la patrie pour avoir repoussé la
« cavalerie à la baïonnette, la cavalerie a aussi, dans cette
« occasion, donné des preuves d'héroïsme. Le 11me régiment
« de chasseurs à cheval a chargé l'ennemi jusque dans ses
« redoutes et est entré dans la ville, malgré tous les obstacles.

« La division de l'armée du Nord qui devait attaquer Thuin,
« sur la gauche, ayant été retardée par des causes imprévues,
« n'est arrivée qu'après la prise de la ville; mais elle a aussi
« eu part à la fête et a emporté une position que l'ennemi
« avait conservée derrière la place, et s'y est établie.

« ... Je puis t'assurer que tous ceux qui ont été employés
« à l'attaque ont fait leur devoir. J'attends tes ordres pour
« demain et j'espère que l'essai d'aujourd'hui prouvera à tous
« nos ennemis ce que nous sommes en état de faire pour la
« suite. »

Le 22 floréal, les représentants Laurent et Levasseur de la Sarthe, délégués auprès des armées du Nord et des Ardennes, rendirent aussi compte de cette brillante affaire au Comité de Salut public : « Le 20, nous avons annoncé à l'armée du Nord
« et des Ardennes les grandes victoires remportées par celle du
« Midi. Voici la réponse de l'armée du Nord et des Ardennes :
« Hier, nous nous sommes mis en marche pour passer la Sambre

---

[1] Rapport au général Charbonnier, daté du quartier général de Thuin, le 21 floréal, an II (*Arch. Hist. M. G.*)

« et prendre Thuin. La Sambre a été passée et Thuin pris. La
« résistance de l'ennemi n'a pu arrêter des républicains. Tous
« ont fait leur devoir. Le 26me régiment de chasseurs à pied
« a soutenu sa grande réputation. Le 11me régiment de chas-
« seurs à cheval a franchi les redoutes à cheval. Dites, mes
« collègues, dites à l'armée du Midi qu'elle peut tirer sur
« l'armée du Nord et des Ardennes autant de *lettres de victoire*
« qu'elle le voudra; elle les acquittera facilement[1]. »

Nous n'étions pas partout aussi heureux qu'à Thuin; des pluies torrentielles avaient dégradé les chemins; on ne pouvait plus transporter l'artillerie; nos soldats étaient sans vêtements, sans souliers et parfois sans pain; leur nombre n'était pas suffisant pour exécuter sur la Sambre et au-delà des opérations décisives; Jourdan venait les renforcer avec 40,000 hommes qu'il amenait des bords de la Moselle et du Rhin; sans l'attendre, Saint-Just voulut, contre l'avis de tous les généraux, assiéger Charleroi. On avait confié à Marceau un certain nombre de bataillons et d'escadrons d'élite; ces troupes même refusèrent de marcher; elles n'avaient pas mangé depuis quarante-huit heures; leurs chefs finirent par les entraîner, mais sans l'élan de Marceau et la fermeté de Kléber l'armée eût été perdue[2]; une seconde fois, puis une troisième, il fallut repasser la Sambre.

Les 2 et 3 juin, Marceau, constamment à l'avant-garde, fit avec d'Hautpoul, Duhem, Boyer et Bernadotte des prodiges de vigueur et d'habileté. Le 2, le régiment des hussards de l'Empereur fut mis en pleine déroute; le 3, de savantes opérations des Autrichiens étaient déjouées; assaillie par des forces imposantes, la cavalerie, enlevée par d'Hautpoul, tint bon et permit à Marceau de prendre les dispositions voulues pour arrêter les Impériaux, à Fontaine-l'Évêque; ses soldats, c'est lui qui le dit, manœuvrèrent comme à la parade; *ni les boulets, ni les obus, ni la supériorité de l'ennemi ne purent engager un seul homme à quitter son rang*[3].

---

[1] *Arch. Hist. M. G.* — La plupart des biographes de Marceau avaient à peine, jusqu'à présent, signalé cette affaire de Thuin; on en voit cependant tout l'intérêt.

[2] Thiers, *Révolution française*, T. 3, chap. XI.

[3] Rapport de Marceau sur les journées des 14 et 15 prairial. (*Arch. Hist. M. G.*)

Cependant, trois officiers viennent successivement annoncer que l'armée bat en retraite et enjoindre à l'avant-garde de se retirer; Marceau obéit mais il donne le change aux Autrichiens et laisse aux bagages le temps de filer. Tout à coup, on lui ordonne de reprendre le village de Lhermes que l'ennemi vient d'occuper après son évacuation par les Français; il fait culbuter dans les bois les impériaux par le 3e bataillon de grenadiers et le 6e régiment de chasseurs; il reprend la position; mais il n'a plus qu'à profiter du désordre de l'ennemi pour opérer sa retraite car il est menacé de voir couper toutes ses communications avec le gros de l'armée; la vaillante avant-garde se retire sans murmurer et sans faiblir, après avoir déployé les plus solides qualités militaires pendant un combat qui avait duré seize heures, de quatre heures du matin à huit heures du soir [1].

Pour la quatrième fois, le 16 juin, la Sambre fut passée, puis repassée par les Français; ce ne fut pas la faute de la division des Ardennes postée dans le bois de Campinaire [2]; enfin, le 25, après de beaux travaux exécutés par l'ingénieur Marescot, le savant ami de Carnot, Charleroi finit par succomber; le commandant de la défense, général Reyniac, dut « s'en rapporter à la générosité française. » La possession de Charleroi permit à Jourdan de livrer dès le lendemain la bataille de Fleurus [3].

Kléber à gauche, Jourdan, Morlot, Championnet au centre et à droite rivalisèrent d'énergie. A l'extrême droite, Marceau fut violemment attaqué par Beaulieu qui avait sous la main le double de forces en infanterie et cavalerie et le triple au moins en artillerie [4]. La division des Ardennes défendit les redoutes de Lambusart pendant huit heures, avec un acharnement égal à celui des assaillants, mais une grande partie de son artillerie finit par être démontée et hors de service; une charge de cavalerie acheva de jeter le désordre dans ses rangs. Marceau voulait mourir plutôt que d'abandonner la position de Lambusart

---
[1] Rapport de Marceau.
[2] Rapport de Jourdan au Comité de Salut public, daté de Marchiennes, le 1er messidor, an II, 19 juin 1794. (*Arch. Hist. M. G.*)
[3] 8 Messidor, 26 juin 1794,
[4] Rapport autographe de Marceau au général en chef Jourdan, daté de Lambusart, le 9 messidor, an II, — 27 juin 1794. (*Arch. Hist. M. G.*)

contiguë à la Sambre et indispensable à notre droite; rappelant à lui quelques bataillons, il se battit, au témoignage du général en chef, *comme un lion*. Lefebvre puis Jourdan vinrent le soutenir mais Beaulieu lança de nouvelles forces sur le village. On se heurta avec un acharnement effroyable. Les feux étaient si rapides qu'on ne distinguait plus les coups; les blés et les baraquements s'enflammèrent; on s'égorgeait au milieu d'un incendie; enfin, les Français restèrent maîtres du champ de bataille [1].

Au lendemain de cette journée, Marceau n'eut qu'une préoccupation : pallier les fautes commises par quelques-unes des troupes placées sous ses ordres; lui-même, d'après Jourdan [2], avait donné « *des preuves de la plus grande bravoure et de l'expérience la plus consommée;* » il avait eu un cheval tué et un de blessé sous lui, mais une partie de la division des Ardennes n'avait pas imité son exemple; sans pouvoir le nier, sans dissimuler, près des actes de bravoure, *les actes de lâcheté* qui avaient *déshonoré la journée*, Marceau montrait l'insuffisance des forces qu'on lui avait confiée, et exprimait l'espoir que les coupables *saisiraient la première occasion pour réparer leurs torts* [3]. Comme les représentants du peuple insistaient sur ce qui s'était passé à l'extrême droite, Marceau rappela avec quelle vigueur ses soldats avaient, en définitive, soutenu, de trois heures du matin jusqu'à onze, les efforts de l'ennemi; *beaucoup se sont illustrés;* disait-il, si quelques-uns ne se sont *peut-être pas conduits comme je l'aurais désiré;* il ajoutait généreusement : « Je ne puis vous dissimuler que je croyais
« que le succès de cette journée aurait fait oublier quelques
« fautes partielles qu'on brûle de réparer en battant l'ennemi
« de la patrie. Si les circonstances l'exigent et que vous le
« vouliez, j'aurai avec vous une explication qui ne peut être
« au détriment de ceux qui ont combattu avec moi dans cette
« journée [4]. »

[1] Thiers, *Révolution française*, T. 4, chap. II. — La journée du 26 juin porte le nom de Fleurus, quoique ce village y ait joué un rôle fort secondaire, en souvenir de celle qui a illustré le duc de Luxembourg sous Louis XIV.
[2] Rapport du chef d'Etat-Major général Ernouf. (*Arch. Hist. M. G.*)
[3] Rapport à Jourdan déjà cité, page 313, note 1.
[4] Lettre autographe aux représentants du peuple, datée du quartier général de Lambusart, le 12 messidor, an II, 30 juin 1794. (*Arch. Hist. M. G.*)

C'est après Fleurus que la droite de l'armée du Nord, l'armée des Ardennes et la gauche de l'armée de la Moselle furent réunies sous le nom d'armée de Sambre-et-Meuse; le décret du 11 Messidor (29 juin) maintint à la tête de toutes ces troupes Jourdan auquel la Convention témoignait une juste confiance. Marceau resta près de ce chef habile, intègre, patriote; dès lors s'établirent entre les deux généraux des relations affectueuses et même intimes, comme l'atteste leur correspondance en 1794, 95 et 96. Marceau avait plusieurs années de moins que Jourdan [1]; il éprouva pour son ancien quelque chose du respect et de l'attachement de l'élève pour le maître; il le plaça dans ses affections d'abord à côté, puis au-dessus de Kléber. Avoir inspiré de tels sentiments à Marceau c'est, devant l'histoire, un titre d'honneur, même pour le vainqueur de Fleurus et de la Roër.

[1] Jourdan était de 1762; il avait environ sept ans de plus que Marceau né en mars 1769.

IX

SUITE DE LA CAMPAGNE DE 1794
ROLE DE MARCEAU DANS LES BATAILLES
DE L'OURTHE ET DE LA ROER
HÉROISME DE L'ARMÉE DE SAMBRE-ET-MEUSE.

La journée de Fleurus sauva notre frontière Nord et nous donna la Belgique. Au milieu des opérations qui suivirent, Marceau ne cessa pas de se signaler.

Dans la marche sur Mons, il bat à Gembloux l'avant-garde de Beaulieu et fait, de sa main, un officier autrichien prisonnier.[1] Un peu plus tard, à Onoz, attaqué à l'improviste, il lutte sans désemparer pendant seize heures. Dans cette action il tombe de cheval et sa chûte l'oblige à aller se faire soigner à Givet; le général Hatry avec lequel il sert, écrit à Jourdan : « J'ai du regret de son éloignement, car c'est un excellent « officier; » il loue aussi sa connaissance approfondie du pays[1].

Le 20 août, l'ennemi se jette sur ses avant-postes à Strée, en

---

[1] Lettre à Jourdan, datée de Bry, le 19 messidor, an II, 7 juillet 1794. — (*Arch. Hist. M. G.*)

avant de Huy, sur la rive droite de la Meuse. Marceau s'élance avec sa cavalerie et repousse les assaillants qui laissent sur la place 38 chevaux et quarante prisonniers, dont un capitaine pris encore par le général en personne [1].

Au commencement de septembre, Marceau faillit être envoyé à l'armée de la Moselle avec le corps qu'il commandait, mais ce projet fut abandonné sur le conseil du représentant Gillet, dont la clairvoyance, le bon sens et l'énergie, pendant toute cette campagne, ne sauraient être assez loués; la vie de ce conventionnel délégué aux armées n'a jamais été écrite; elle devrait l'être; presque toute sa correspondance mériterait d'être publiée; elle fait un heureux et saisissant contraste avec celle de plusieurs de ses collègues.

Le général Clairfayt a massé les Autrichiens à Maëstricht, devant Liège et à Sprimont derrière l'Ayvaille, petit affluent de l'Ourthe. C'est de ce dernier côté que Jourdan compte frapper un grand coup pour préparer sa marche sur la Roër et sur le Rhin; mais l'Ayvaille est tortueuse, encaissée et couverte de batteries sur sa rive droite; n'importe; Marceau reçoit l'ordre de s'y porter en même temps que Scherer. Le 15 septembre, il franchit l'Ourthe, rejoint Scherer et, le 19, tous deux campent sur les hauteurs d'Ayvaille. Le 18, la bataille s'engage; elle est terrible. Marceau commande le premier corps; il a sous ses ordres les généraux Nalesche et Lorge; « *par un mouvement savant et hardi* » il culbute la cavalerie autrichienne sur l'infanterie, enlève, pour sa part, 15 pièces de canon, 40 caissons, 100 chevaux et fait plus de 500 prisonniers [2]. Scherer, qui dirigeait les opérations avec une sûreté admirable, donna les plus vifs éloges à son brillant lieutenant. La victoire était éclatante; les Autrichiens poursuivis à la baïonnette s'enfuirent jusqu'à Maëstricht. Kléber envia cette journée à ses collègues et leur rendit hommage dans un éloquent ordre du jour qu'il adressa à sa division; Carnot loua dignement les vainqueurs; la Convention déclara qu'ils avaient bien mérité

---

[1] Rapport de Jourdan au Comité de Salut public, daté de Waren, le 3 fructidor, an II. — (*Arch. Hist. M. G.*)

[2] Rapport de Scherer (*Arch. Hist. M. G.*) et lettre de Marceau à Constantin Maugars, datée du quartier général de Blendeff, le 3ᵉ jour sans culotide, an II, 19 septembre 1794.

de la patrie[1], et le peuple de Paris, apprenant ces grands succès le jour où l'on transportait au Panthéon les restes de Jean-Jacques Rousseau acclama les généraux et les soldats de l'armée de Sambre-et-Meuse.

Cette armée était dans une véritable détresse; les commissaires ordonnateurs en convenaient eux-mêmes; Gillet proposait de remettre à plus tard l'invasion de la Hollande; il aurait voulu que « ses frères d'armes fussent vêtus et habillés suivant « les intentions de la Convention Nationale »; il venait de commander pour eux cinquante mille paires de souliers et cent mille capotes; il entendait substituer « une coiffure mili-« taire et d'un bon usage, un casque d'infanterie » aux « bon-« nets de police n'offrant aucune résistance contre les coups « de sabre de la cavalerie[2] »; mais le comité de Salut public entendait qu'on ne s'arrêtât pas dans la marche en avant.

Le 24 septembre, Aix-la-Chapelle est prise; le 30, Jourdan fait ranger l'armée en bataille dans une vaste plaine, par un temps superbe, et lui remet le drapeau que la Convention Nationale vient de lui accorder. Sur ce drapeau se lit l'inscription suivante: « A l'armée de Sambre-et-Meuse la Patrie reconnaissante. » « Soldats républicains, dit le général en chef, ce drapeau sera « désormais l'oriflamme de la liberté française; le cri de ral-« liement autour de lui sera Patrie; il sera porté par un officier « de l'état-major. Votre valeur, votre courage et votre amour « pour la patrie me donnent l'heureux présage que je ne le « déploierai jamais en vain; il sera le signal de la victoire.

« Jurons tous de ne l'abandonner qu'avec la vie! »

Les cris mille fois répétés de Vive la République! Vive la Convention! répondent au général[3]. L'armée s'avance avec un élan irrésistible; Maëstricht est investie; une grande bataille s'engage aux bords de la Roër. Cent mille jeunes républicains sont sous les armes; ils montrent des qualités dignes des plus vieilles troupes. Jourdan a peut-être choisi un point de départ trop éloigné du point d'attaque; d'énergiques efforts sont

[1] Séance du 22 septembre 1794.

[2] Ordre général pour l'armée du 9 au 10 vendémiaire, an III, 30 septembre 1794. — (Arch. Hist. M. G.)

[3] Lettre de Jourdan au représentant Gillet, du 26 vendémiaire, an III, 17 octobre 1793; — (Arch. Hist. M. G.)

nécessaires; ils sont faits par Scherer, Lorge, Championnet, Lefebvre, Kléber et Marceau. Celui-ci est, comme toujours, à l'avant-garde; il passe la rivière au gué de Mirweiller; il n'a que dix mille hommes (infanterie et cavalerie); les deux divisions qui devaient le seconder n'arrivent pas; pendant cinq heures, à Duren, il tient tête *en enragé* (c'est le mot de Jourdan[1]), à la presque totalité des forces autrichiennes, malgré une grêle de mitraille et de boulets.

Carnot dit de cette victoire : « *Elle eut une importance au moins égale à celle de Fleurus;* elle marquera dans l'histoire et couvrira d'une gloire immortelle tous ceux qui ont coopéré à ces mémorables succès. » Il parlait au nom du Comité de Salut public[2].

Le 3 octobre, les Français trouvèrent Juliers évacué et purent passer la Roër sur tous les points. L'ennemi fut poursuivi sans relâche; le 4 au soir, dans une seule charge, Marceau lui fit encore plus de cent prisonniers et lui enleva 96 chevaux; le 6, Jourdan occupa Cologne où il trouva des magasins immenses et une nombreuse artillerie, 118 bouches à feu presque toutes de gros calibre; bientôt, Bonn fut à nous; Kléber et Marceau investirent Maëstricht. L'armée de Sambre-et-Meuse épuisait tous les termes de la reconnaissance nationale; la Convention ne trouvait plus de formules pour la louer; chaque jour, de nouveaux décrets constataient que Jourdan, ses lieutenants et ses soldats avaient bien mérité de la France. Talents militaires, héroïsme, simplicité, vertus civiques, tout était réuni dans ces légions républicaines. Si, parfois, le commandement fut mal exercé ou si quelques bataillons montrèrent de la faiblesse, ce furent là de rares exceptions. Presque tous les généraux de cette armée mériteraient une place à part dans l'histoire; plusieurs furent des maîtres sur le champ de bataille et le mot de génie n'est pas trop fort pour eux; quant aux soldats, on n'avait le plus souvent qu'à réprimer leur ardeur; s'ils commirent des fautes, ce fut souvent par excès d'audace; au milieu des plus dures fatigues et des privations les plus pénibles, il ne leur échappait ni plaintes, ni murmures; les représentants du peuple en étaient émus; Richard et Choudieu disaient au Comité de Salut

---

[1] Lettre à Kléber datée du quartier général de Juliers, le 12 vendémiaire an III.
[2] 2 Octobre 1794, Rapports de Scherer et de Gillet. — Lettre de Carnot à Gillet. (*Arch. Hist. M. G.*)

public : « Comment peindre ce que nous éprouvons à la vue de ces
« généreux défenseurs de la liberté ? C'est aux cris mille fois ré-
« pétés de Vive la République ! qu'ils combattent, qu'ils tombent,
« qu'ils meurent, qu'ils triomphent… L'image sacrée de la patrie
« leur fait tout supporter, tout braver[1]… » Carnot n'exagérait pas
quand il s'exprimait ainsi dans un rapport justement célèbre :

« On a vu ces jeunes guerriers surpasser en constance tout
« ce que l'histoire rapporte des phalanges grecques et des
« légions romaines[2]. »

Les traits de dévouement, de valeur ne pouvaient se compter ; leur relevé sommaire, les noms seuls des héros, avec une modeste annotation, remplissent des cahiers entiers joints au récits de chaque bataille, de chaque combat. Quelquefois les noms eux-mêmes manquent ; j'ai parcouru ces cahiers jaunis par le temps avec une indicible émotion ; c'est le sanglant martyrologe des soldats républicains de l'an II ; les enfants, les femmes même y tiennent une large place ; fantassins, cavaliers, canonniers rivalisent d'ardeur, de patriotisme. La Convention, les municipalités, les populations envoyaient à ces braves des témoignages répétés d'admiration ; ce n'était que justice. Victimes obscures et sacrées, la France vous aurait dû, à vous aussi, un arc de triomphe. Vous l'attendez encore ! Pourquoi, du moins, votre glorieux souvenir ne serait-il pas gravé aux murs du Panthéon avec celui de vos chefs ?

[1] Lettre datée du 25 floréal, an II, 14 mai 1794. — (*Arch. Hist. M. G.*)
[2] Séance du 22 septembre 1794 à la Convention nationale.

X

MARCEAU S'EMPARE DE COBLENTZ ET Y SÉJOURNE
SON PORTRAIT PEINT PAR LUI-MÊME
SES TRISTES PRESSENTIMENTS

On comprend qu'après avoir servi dans les rangs de l'armée de Sambre-et-Meuse, on ne voulût plus s'en séparer. Scherer ne quitta ce corps qu'avec déchirement pour se rendre en Italie. Menacé, une seconde fois, d'être envoyé à l'armée de la Moselle qui agissait alors avec une extrême lenteur sous les ordres du général René Moreaux[1] et secondait mal Jourdan, Marceau protesta vivement. Campé à Bonn, il surveillait l'ennemi qui envoyait quelquefois, de loin, des balles à ses avant-postes mais se tenait toujours à distance; il espérait pouvoir prendre quelque repos et il en manifestait l'espoir dans ses

---

[1] Le général René Moreaux commandant provisoirement l'armée de la Moselle du 2 juillet 1794 du 9 février 1795. Ses états de service font même partir ce commandement du 25 juin, 7 messidor, an II. Son petit fils, M. Léon Moreaux a écrit sa biographie sous ce titre : *Le général René Moreaux et l'armée de la Moselle*, 1792-1794 ; Paris, Didot, 1886.

lettres au général en chef; il voyait, du reste, Jourdan assez souvent et le recevait amicalement à sa table; le 12 octobre, il lui écrivait : « Ne dois-tu pas venir demain? Je t'attendrai pour « dîner. Nous sommes réduits à notre société ordinaire. Bon « vin, par exemple. Tu rempliras le vide que laisse le manque « de femmes; je ne puis désirer rien autre chose, si ce n'est de « te posséder souvent[1]. »

Coblentz résistait encore et vingt mille hommes couvraient cette place si importante sans laquelle nous ne pouvions être, comme le souhaitait Marceau, *paisibles possesseurs des bords du Rhin*[2]. Jourdan songeait à s'en emparer; une partie très importante de ses forces était détachée au siège de Maëstricht; il avait, en outre, beaucoup de malades; il espérait que les opérations de Coblentz pourraient être conduites simultanément par Marceau avec l'aile droite de l'armée de Sambre-et-Meuse et par Debrun avec l'aile gauche de l'armée de la Moselle; dans sa pensée, ces deux corps devaient assurer leurs communications et combiner leurs mouvements[3].

Marceau se mit à l'œuvre sans tarder; il détacha plusieurs bataillons sur sa droite; Debrun se montra plein de bon vouloir, mais le général en chef René Moreaux avait accueilli avec grande froideur le plan de son collègue et ne semblait pas pressé d'en assurer le succès. A la fin, Jourdan, d'accord avec le représentant Gillet, se lassa d'attendre et, le 23 vendémiaire, il ordonna à Marceau de se porter sur Coblentz; il l'invitait encore à tâcher de faire sa jonction avec Debrun mais lui prescrivait de marcher, au besoin, à l'ennemi avec ses seules forces.

La division de Marceau achevait à peine la plus laborieuse campagne; elle manquait de tout; elle comprenait plus de deux mille cinq cents hommes en traitement[4]; son chef, qui comptait fort peu sur le concours de l'armée de la Moselle, ne put s'empêcher d'exprimer à Jourdan ses préoccupations.

[1] Lettre à Jourdan, datée de Bonn, le 21 vendémiaire, an III, 12 octobre 1794. (*Arch. Hist. M. G.*)

[2] *Idem.*

[3] Lettre de Jourdan à René Moreaux du 25 vendémiaire an III, 16 octobre 1794. (*Arch. Hist. M. G.*)

[4] Pour une maladie de peau, véritable épidémie.

« Obligé de la préférence, mon cher général. Tout en étant très
« flatté du vaste champ que ta confiance veut bien ouvrir à la
« bravoure de mes braves frères d'armes, je t'avoue franche-
« ment que je n'eusse point été fâché qu'une autre division
« eût à remplir cette tâche[1]. » Il craignait encore que « *par
un arrangement à la diable* » on ne finît par le rattacher à
l'armée de la Moselle et il déclarait ne pas vouloir de cet
« *amalgame*; » mais, ces observations faites : « Ne crois pas,
« ajoutait-il, que les difficultés que nous pourrons rencontrer
« pour remplir tes intentions entrent pour quelque chose dans
« ce que je te dis. Nous saurons et les vaincre et les aplanir…;
« sois tranquille… je pars demain et ferai tout pour que tu
« sois satisfait… »; puis, il indiquait gaîment son itinéraire et
se considérait déjà comme maître de Coblentz : « Je te vois
« sourire et me dire : Halte-là, citoyen; vous n'irez peut-être
« pas si vite. Tu as raison sans doute mais il est de l'homme
« de proposer et tu sais suivant le proverbe qui dispose. »

La rive droite du Rhin se couvrait de batteries; le fleuve
était sévèrement gardé. « L'ennemi, écrivait Marceau, croyant
« que nous allions tout bonnement passer par la grande route,
« se tenait prêt à nous taper de la bonne manière; il a été
« trompé car, à l'instant où il se préparait une fête, un par file
« à droite l'a sans doute dérouté[2]. » En effet, parti de Bonn le
29 vendémiaire, à une heure de l'après-midi, après avoir prévenu les généraux René Moreaux et Debrun, Marceau se dirigea
sur la droite mais, même de ce côté, il ne tarda pas à rencontrer de graves obstacles; ses lettres, ses billets à Jourdan
nous permettent de le suivre jour par jour et parfois heure par
heure.

Voici la fin d'octobre; la pluie tombe sans interruption; les
routes, souvent montueuses, sont détrempées, abominables;
souvent, il faut prendre des chemins de traverse qui ne sont
pas meilleurs; on met douze heures à faire trois lieues; le pain
des soldats n'arrive ni en temps, ni en quantité suffisante; les
souliers font défaut par milliers. Marceau commence *à s'étonner*

[1] Lettre autographe à Jourdan, du 28 vendémiaire an III, 19 octobre 1794. (*Arch. Hist. M. G.*)

[2] Lettre autographe à Jourdan du 29 vendémiaire, an III, 20 octobre 1794. (*Arch. Hist. M. G.*)

un peu moins des lenteurs de l'armée de la Moselle; du reste, il redouble de zèle et d'ardeur; le 1ᵉʳ brumaire, il arrive à Andernach; il pousse ses reconnaissances vers Coblentz et fait prisonniers cinquante hussards; l'armée de la Moselle ne lui donne pas signe de vie; *il faut un cran,* dit-il, pour remuer ces gens-là; en attendant, sa division avance; il écrit à Jourdan : « Je te ferai passer les clefs d'Andernach avec celles de « Coblentz, je l'espère; car demain je me propose de taper « cette ville[1]. » Le 2 brumaire, en effet, le camp ennemi devant Coblentz est attaqué à la pointe du jour; le combat s'engage à une demi-lieue de la ville; notre cavalerie force les Autrichiens à reculer puis tourne leurs retranchements et les poursuit jusqu'à la ville malgré le feu des batteries qui tonnent à droite et du haut d'Ehrenbreitstein; l'ennemi n'échappe à un véritable désastre qu'en coupant à temps le pont de la Moselle; mais Marceau sait qu'il ne pourra rester maître de Coblentz tant qu'il sera exposé au canon de la redoutable forteresse : il propose au général autrichien de lui remettre la ville à des conditions honorables en *menaçant simplement de tout réduire en cendres en cas d'un refus;* l'ennemi cède. « Tes « désirs sont satisfaits, dit le vainqueur au général en chef. « J'ai pris Coblentz[2]; » et encore : « C'est une charmante « ville; je t'engage à y venir et te prie de vouloir bien, par un « courrier extraordinaire, me faire part au plus tôt de tes « intentions sur les points que je dois occuper. Un autre que « moi aurait eu de quoi faire une brillante lettre de notre bril-« lante expédition; mais nous battre ferme vaut mieux que « toutes les fleurs de rhétorique. L'affaire a été chaude, mais « enfin nous y sommes[3]. » Jourdan prévint aussitôt le Comité de Salut public d'un succès qui couronnait sa campagne et faisant allusion à une parole malheureuse qui avait été prononcée jadis, à Coblentz même, par les adversaires de la République : « L'étendard tricolore, dit-il, flotte maintenant sur les murs d'une ville jadis le repaire des déserteurs de la patrie qui avaient pris pour devise : L'honneur est à Coblentz. Oui, sans doute, c'était là qu'on devait trouver

---

[1] Lettre du 1ᵉʳ brumaire, an III, 22 octobre 1794. *(Arch. Hist. M. G.)*
[2] Lettre du 2 brumaire, an III, 23 octobre 1794. *(Arch. Hist. M. G.)*
[3] 2ᵉ Lettre du 2 brumaire, an III. *(Arch. Hist. M. G.)*

MARCEAU DEVANT COBLENTZ
(D'après une gravure de Sergent-Marceau)

l'honneur, mais il appartient aux soldats fidèles de la cause de la liberté[1]. »

En transmettant le rapport de Marceau sur la prise de Coblentz, le général en chef ajoutait : « Ce document est d'autant plus intéressant qu'il est dicté par la modestie[2] ». En effet, Marceau y parlait de tout le monde excepté de lui; comme récompense, il se bornait à réclamer, *au nom de la chose publique*, un peu de bien-être pour ses soldats et de l'avancement pour quelques-uns de ses officiers, notamment pour le capitaine Sarrazin dont il faisait grand cas[3]. Bientôt, il fit planter solennellement un arbre de la liberté devant le palais de l'Électeur; il ne pouvait s'empêcher de sourire en écrivant ces mots : « L'arbre de la liberté à Coblentz! » Il constatait que l'affluence des habitants n'avait pas été grande pour la cérémonie républicaine, mais il trouvait bien *d'avoir là le symbole et l'emblème de la liberté, à la place du petit monstre qui y résidait*[4].

Le représentant Gillet trouvait les forces de Jourdan trop dispersées et redoutait une surprise. Marceau lui-même n'était pas sans inquiétudes; il disait spirituellement à Jourdan : « Tu « m'as fait peur un instant en m'assignant de nouvelles con-« quêtes à faire. Je ne me sens plus de moyens, au moins « pour quelque temps[5]. » Le général en chef jugeait, au fond, la situation comme son lieutenant; la prolongation du siège de Maëstricht le préoccupait beaucoup; il demanda que la garde de Coblentz fût remise à l'armée de la Moselle.

Marceau prit le commandement de la huitième division[6] et fut chargé de surveiller l'ennemi depuis Andernach jusqu'à Rheinfeld; il s'installa dans quelques-uns des cantonnements que les troupes du général René Moreaux venaient d'aban-

---

[1] Lettre du 3 brumaire, an III, 24 octobre 1794. — (*Arch. Hist. M. G.*)

[2] Lettre de Jourdan au représentant Gillet, du 3 brumaire, an III. — (*Arch. Hist. M. G.*)

[3] Lettre de Marceau au représentant Gillet, du 2 brumaire an III, 24 octobre 1794. — *Arch. Hist. M. G.*)

[4] Lettre à Jourdan, du 6 brumaire, an III, 27 octobre 1794. — (*Arch. Hist. M. G.*)

[5] *Idem.*

[6] Il avait sous ses ordres les généraux de brigade Nalesche, Lorge, Hardy et Klein.

donner. Ces cantonnements étaient restés dans un état de malpropreté vraiment scandaleux; les fourrages, les vivres même étaient rares et le commissaire général de l'armée répondait aux réclamations dont il se voyait assailli en déclarant tout bonnement que, seules, les réquisitions pouvaient faire vivre nos soldats; or, la région était ruinée de fond en comble par la guerre [1]. Marceau se plaignait hautement; le général en chef et le représentant Gillet trouvaient ses réclamations bien fondées mais ne pouvaient que lui donner de bonnes paroles; il prit ses quartiers d'hiver dans des circonstances assez tristes et d'autant plus pénibles pour lui que Jourdan quitta momentanément le commandement [2]; ajoutons qu'au même instant ses collègues de l'armée de la Moselle le faisaient attaquer près du Comité de Salut public; Gillet se chargea de le défendre et démontra que le seul crime de son ami était d'avoir su vaincre en se passant de ses dénonciateurs.

N'ayant qu'à surveiller pendant l'hiver la construction d'un camp retranché, séparé de Jourdan, Marceau reçut, du moins, à Coblentz, deux bonnes nouvelles; son ancien aide de camp, le frère d'Agathe de Châteaugiron, Hippolyte Leprêtre, emprisonné injustement, fut mis en liberté, et Constantin Maugars, qui avait dû prendre un long congé pour raisons de santé, annonça son retour. Nous avons dit en quels termes émus il avait pressé celui-ci de le rejoindre; d'autre part, il avait fait faire des démarches très actives pour Hippolyte Leprêtre, pendant sa captivité, par Sergent et par Émira; il ressentit une grande joie de la libération de son ami et s'il ne put le reprendre immédiatement comme aide de camp, il lui assura une place *de frère et d'ami* dans son état-major [3].

Il restait aux bords du Rhin, comme dans les Ardennes et en Vendée, toujours modeste et, dès qu'il n'était plus devant l'ennemi, assez mélancolique. Il s'est dépeint lui-même, avec autant de simplicité que de vérité, dans une lettre adressée à

---

[1] Lettre de Marceau à Jourdan, datée de Coblentz, le 20 frimaire, an III, 10 décembre 1794. (*Arch. Hist. M. G.*)

[2] L'intérim fut confié au général Hatry, depuis le 21 décembre 1794.

[3] Lettre de Marceau au citoyen Hippolyte Leprêtre, datée de Coblentz, le 8 brumaire an III, 29 octobre 1794. (*Bibliothèque de Chartres.*)

son camarade Cochon devenu l'un des administrateurs du district de Chartres. Cochon l'avait prié de réunir et de lui fournir les documents nécessaires pour écrire l'histoire de ses campagnes. « Mon cher camarade, répondit-il, renonce à ton « projet.... Pour moi, né avec de faibles moyens, j'ai, par un « travail opiniâtre, forcé la fortune à me devenir un peu pro- « pice ; une âme ardente, un patriotisme pur et beaucoup de « bonheur à la guerre m'ont placé où je suis et je t'assure que, « soutenu là par mon faible mérite, il ne me reste pas assez de « temps pour m'occuper d'autre chose que de mon métier et « encore ai-je souvent la peine de me trouver au-dessous de « mes fonctions[1]. » Combien ce langage sous la plume d'un tel homme nous touche ! Marceau ajoutait : « A la paix, *si j'y arrive,* « nous pourrons alors nous livrer au plaisir d'être réunis et à « quelque travail, soit dans le genre que tu désires, soit dans « tel autre. En attendant, je t'embrasse et t'engage à être plus « prompt à écrire cette fois.... Mille chose à tous mes amis[2]. »

Il y a bien de la tristesse et une sorte de désolante prophétie dans ces mots : *A la paix, si j'y arrive....* Cette paix Marceau avait le douloureux pressentiment qu'il ne la verrait point et il ne la vit pas lui qui fit tant pour l'assurer avec honneur à la France.

---

[1] Lettre au citoyen Cochon, datée du quartier général de Bonn, le 25 brumaire, an III, 15 novembre 1794. (Doublet de Boisthibault, *Marceau.*)

[2] Cette lettre suffit à prouver que Marceau n'écrivit jamais le *Traité d'Evolutions* qu'on lui a quelquefois attribué et qu'on n'a jamais pu retrouver, du reste. Ce traité a été vainement recherché par ordre du Ministre de la Guerre. (Lettre du général Pelet, Pair de France, Directeur général du Dépôt de la Guerre, à Doublet de Boisthibault, en date du 14 mai 1847. — *Arch. Adm. M. G.* ; dossier Marceau.)

XI

CAMPAGNE DE 1795 — BLOCUS D'EHRENBREITSTEIN
AFFAIRE DU PONT DE NEUWIED
MARCEAU DANS L'HUNDSRUCK
SA VICTOIRE A SULTZBACH
IL NÉGOCIE UN ARMISTICE AVEC L'AUTRICHE

Toute la première partie de l'année 1795 se passa pour Marceau dans une inaction relative; l'incurie de l'administration militaire, l'ineptie ou l'insouciance des hommes qui la composaient nous créaient sur le Rhin les plus cruels embarras et pouvaient, selon l'expression du représentant Gillet, perdre la patrie. Les responsabilités qu'imposaient le commandement dans de telles conditions devenaient vraiment trop lourdes; loin de chercher à étendre celui qui leur était confié, nos généraux ne visaient qu'à l'alléger; pour soustraire leurs soldats à la faim, ils les laissaient parfois marcher à volonté et ne pouvaient pas toujours les empêcher d'aller mendier, déguisés en paysans[1].

Comme la plupart de ses camarades, Marceau souffrait et il se décourageait; il transmettait au chef d'état major général, Ernouf, les plaintes de l'armée contre « la criminelle insouciance des sots et coquins agents » chargés d'assurer les subsistances; il dénonçait leur corruption, leurs dilapidations[2]; il faisait ses confidences intimes à son ami Gillet pour lequel il ressentait un profond attachement; il n'avait plus, et il l'avouait, *cette tranquillité d'esprit qui avait fait son bonheur* dans la dernière campagne[3]. On voulut ajouter à ses forces une division de l'armée du Rhin; il résista; il ne voulait pas commander dans ces circonstances à des troupes de deux armées différentes dont il ne connaissait pas assez les chefs; on lui donna raison.

Dès que le dégel le permit, les travaux du camp retranché sous Coblentz furent poussés avec activité. Pour faire davantage, il aurait fallu au moins du pain et des fourrages; on n'en avait pas. D'après Marceau, on pouvait encore triompher de tous les obstacles, malgré les insouciants, les égoïstes et les envieux, mais il n'y avait plus une heure, plus un instant à perdre; les souffrances, les privations amenaient l'indiscipline. « *On veut qu'on punisse les soldats; on se plaint d'eux*, s'écria-t-il, « *et non loin de magasins pleins on laisse mourir bêtes et gens* « *d'inanition! Tantale n'éprouvait pas un supplice plus cruel*[4]. »

L'encombrement des hôpitaux, l'insuffisance des moyens d'évacuation, l'absence de voitures, de bateaux pour la construction des ponts venaient encore aggraver la situation dans un moment où l'ennemi se disposait à franchir le Rhin.

La journée du 1er prairial ajouta de nouvelles préoccupations à celles qui accablaient déjà Marceau; il craignit un moment que Gillet se trouvât compromis, menacé; le concours de ce

---

[1] Lettre au Comité de Salut public, du 27 nivôse. an III, 16 janvier 1795. — (*Arch. hist. M. G.*)
[2] Lettre au chef d'état-major général Ernouf, du 12 germinal, an III, 1er avril 1795. — (*Arch. hist. M. G.*)
[3] Lettre au représentant Gillet du 3 pluviôse, an III, 22 janvier 1795. — (*Arch. hist. M. G.*)
[4] Lettre au représentant Gillet, du 20 germinal, an III, 9 avril 1795. — (*Arch. hist. M. G.*)

conventionel habile et patriote le soutenait ; il réclamait souvent sa présence : « Je t'embrasse, lui écrivait-il un jour, mais « si tu veux être embrassé de meilleur cœur, viens demain [1] ; » quand il était séparé de ce collaborateur dévoué, les lettres qu'il en recevait lui faisaient, disait-il, « l'effet d'un précieux « baume répandu sur une plaie qu'on a laissé invétérer faute de « soin. » C'est encore de lui qu'il disait, pendant une absence de Jourdan : « Au moins quelqu'un s'occupera de nous et exclusive- « ment de nous. Ce quelqu'un saura prendre et les intérêts de « la République et les intérêts de ceux qui la servent avec « affection [2].... » Pour lui, étranger aux querelles politiques qui déchiraient la Convention et la France, il se *déclarait trop loin du théâtre des événements pour les juger* et il se bornait à dire : « Nos vœux, nos efforts et tous nos travaux n'ont qu'un « but, celui de la République une et indivisible. Les ennemis « quels qu'ils soient, trouveront en nous et dans l'armée des « ennemis irréconciliables [3]. » Il ne se plaignait que quand on négligeait les intérêts de ses troupes ou quand on méconnaissait les droits de ses officiers.

Appelé à un rôle d'observation sur toute la ligne du Rhin, il ne prit point part au brillant et périlleux passage du fleuve qui fut opéré par Jourdan en septembre, mais il tint très exactement le général en chef au courant des mouvements de l'ennemi vers Bonn et Mayence ; bientôt il reçut l'ordre de bloquer Ehrenbreitstein ; mais le moyen d'obliger une pareille forteresse à se rendre avec les ressources dont il disposait ! De grands travaux furent commencés ; ils ne purent être achevés et nos malheurs en Allemagne amenèrent l'abandon d'une opération qu'il eût été difficile de mener à bien, même avec le concours d'une armée victorieuse. Le blocus fut levé le 31 octobre ; le chef d'état-major général, Ernouf [4], rendit hommage aux mesures prises pour effectuer avec sûreté la retraite et les or-

---

[1] *Idem.*

[2] Lettre au représentant Gillet du 20 germinal, an III, 9 avril 1795. — (*Arch. hist. M. G.*) déjà citée page 339,

[3] Lettre au représentant Gillet. du 14 prairial, an III, 2 juin 1795.—(*Arch. hist. M. G.*)

[4] Rapport au Comité de Salut public, du 9 brumaire, an IV, 30 octobre 1795, — (*Arch. hist. M. G.*)

dres de Marceau montrent avec qu'elle sévérité la discipline fut maintenue[1].

Comment l'homme qui agissait ainsi aurait-il mérité au même instant le reproche qu'on lui a cependant adressé d'avoir détruit le pont de Neuwied avant que l'armée de Jourdan eût entièrement repassé le Rhin? Ce qui est vrai c'est que le capitaine Souhait exécuta avec une précipitation regrettable les ordres de son général. L'arrière-garde commandée par Kléber se trouva compromise. Désespéré, Marceau voulut se donner la mort et peut-être se fût-il tué sans l'énergique et affectueuse intervention de Maugars, son aide de camp dévoué.

Cependant, la faute commise fut attribuée par Kléber lui-même à un ordre *mal exécuté* et elle fut *bientôt réparée* grâce à l'énergie de tous[2]. Bien loin que Kléber se soit permis, comme on l'a prétendu, d'adresser à Marceau, son égal, des reproches aussi inconvenants dans la forme qu'injustes au fond, il jugea plus froidement ce qui s'était passé; dès qu'il revit son collègue, il se jeta dans ses bras et prit avec lui les mesures nécessaires pour arrêter l'ennemi. Les relations des deux amis étaient depuis quelque temps moins intimes. Kléber avait jugé sévèrement et critiqué tout haut les plans de Jourdan dans la dernière campagne; Marceau avait pris parti pour le général en chef qu'il regardait, on le sait, comme son maître. Ce fut devant l'ennemi, dans ce grand péril, qu'ils se réconcilièrent et ce trait de leur vie mérite encore d'être donné en exemple[3].

Les opérations militaires furent continuées malgré la rigueur de la saison; Jourdan comptait repasser le Rhin et se porter sur le Mayn. Il envoya Marceau dans l'Hundsruck et lui ordonna d'y

---

[1] Ordre au chef de brigade du 11ᵉ chasseurs à cheval, du 30 vendémiaire, an IV. Marceau prescrit de mettre en jugement « quatre maréchaux des logis qui ont quitté leur corps dans la nuit du 25 au 26 et repassé le Rhin dans une petite barque tandis que le régiment était à l'ennemi. » (*Bibliothèque de Soissons*.)

[2] Lettre de Kléber datée de Neuwied, le 19 octobre 1795. « La débâcle est bientôt réparée; au lieu de trouver de l'abattement, j'ai trouvé partout de l'énergie; avec cela, tous les revers seront bientôt réparés. » Voir *Kléber* par le général Pajol, Paris, Didot, et *Kléber* par Hippolyte Maze, Paris, Martin 1887.

[3] Voir la lettre d'Emira Marceau adressée au journal le *Constitutionnel* (nᵒ du 11 juillet 1837) et le rapport de Kléber à Jourdan daté d'Engers, le 18 octobre 1795; le récit d'Emira et celui de Kléber sont, au fond, parfaitement d'accord; l'un et l'autre attestent la réconciliation des deux amis.

devancer à tout prix l'ennemi pour couvrir Trèves, ou, s'il n'arrivait pas avant les Autrichiens, de défendre la Moselle jusqu'à la dernière extrémité, en se retirant sur Luxembourg[1]. C'était une tâche à la fois laborieuse et sans éclat, parce que les forces très modestes (7 à 8,000 hommes) avec lesquelles il fallait l'accomplir ne pouvaient guère permettre de grandes actions. Marceau s'y donna avec toute l'ardeur de son âme.

L'ennemi l'a devancé et est maître de tous les débouchés qui peuvent conduire dans l'Hundsruck et sur Trèves; il a en face de lui des troupes supérieures en nombre, surtout comme cavalerie; Bernadotte et Klein qui doivent rejoindre n'arrivent pas; on se canonne quand même; on se bat nuit et jour en novembre et décembre; tandis que l'armée du Rhin et Moselle se fait attendre, Marceau rétablit le pont de Trarbach levé avec une étrange précipitation, se porte vers la Nahe et s'empare de Kirn.

Les troupes souffrent cruellement; tous les éléments semblent déchaînés contre elles; on peut à peine bivouaquer[2]. Le 10 novembre, Marceau s'empare des gorges de Stromberg et repousse l'ennemi au-delà de la Nahe; mais sa situation reste très critique; il redoute une défaite de l'armée du Rhin et Moselle dont il n'a pas de nouvelles; sans munitions, avec quelques milliers d'hommes seulement sous la main, il est exposé à être tourné par l'ennemi, sans même avoir pu combattre; il promet de faire *tout ce qui dépendra de lui,* mais il supplie Jourdan *de jeter un coup d'œil sur sa position et de lui donner son avis :* « Cela, insinue-t-il modestement, cela agran-
« dira peut-être mes idées et me donnera de la force[3]. » Mais Jourdan lui-même est bien découragé et demande à quitter son commandement.

L'armée du Rhin et Moselle est battue comme on le craignait; Marceau ne peut dès lors conserver ses positions; après un nouveau et glorieux combat sur la Nahe, il est réduit à se retirer dans les gorges de Stromberg; la neige tombe; les vivres

---

[1] Lettre de Jourdan au Comité de Salut public, du 11 brumaire, an IV, 1er novembre 1795. — (*Arch. hist, M. G.*)

[2] Lettre de Marceau à Jourdan, datée de Simeren, le 17 brumaire, an IV, 7 novembre 1795. — (*Arch. hist. M. G.*)

[3] Lettre du 20 brumaire, an IV, 10 novembre 1795. — (*Arch. hist. M. G.*)

font défaut; les soldats se révoltent; Marceau s'en indigne, mais il est souvent sans ordres, sans dépêches; la plupart des émissaires qu'il envoie de tous côtés ne peuvent parvenir à destination[1]; il fait de pénibles confidences à Jourdan : « Je « suis si dégoûté que rien au monde ne m'empêcherait de « quitter le service et le commandement si mon honneur et « l'amitié que je vous porte ne me retenaient.

« Je préfère mourir en combattant, dussé-je combattre seul, « que de ne pas remplir vos intentions; mais c'est le déses- « poir dans le cœur que je me vois forcé de vous avouer que « je tremble d'en venir à une affaire sérieuse; je ne compte « pas plus sur les troupes à mes ordres que sur rien du tout; « enfin, je saurai me faire tuer; c'est tout ce que je puis vous « promettre.

« Ecrivez-moi, je vous en prie.[2] »

Sa correspondance avec Kléber révèle le même état d'esprit : « Je t'ai retrouvé mon ami. Je suis moins malheureux depuis « ce temps mais qu'il y a loin de ma position au bonheur... « Je ne dois plus être heureux; des pressentiments me l'as- « surent et le concours des événements qui depuis un an ont « traversé mon existence et me l'ont rendue désagréable me « le confirme encore davantage[3]. »

Un échec à Lautreck empêche le général de passer la Glann; il constate avec douleur que le nombre des déserteurs et des malades s'accroît chaque jour; *jamais son âme ne s'est trouvée autant affectée de tout ce qui passe sous ses yeux*; il est vrai, ajoute-t-il, que « les privations de tout genre qu'éprouvent « nos soldats qui sont sans pain et sans souliers militent en « leur faveur[4] » mais il s'inquiète, on le conçoit, de la respon- sabilité qui pèse sur lui; les grands chemins, les positions importantes sont à l'ennemi; la petite armée du Hundsruck est de plus en plus resserrée, menacée et, en même temps, amoin- drie par les luttes quotidiennes; que va-t-elle devenir? Que

---

[1] Lettres à Jourdan et à Gouvion Saint-Cyr, brumaire, an IV. (*Arch. hist. M. G.*)
[2] Lettre à Jourdan datée de Messenheim, le 10 frimaire, an IV, 1er novembre 1795. (*Arch. hist. M. G.*)
[3] Lettre à Kléber datée du 17 brumaire, an IV, 7 novembre 1795.—(Doublet de Boisthibault, *Marceau*).
[4] Lettre à Jourdan du 11 frimaire, an IV, 1er décembre 1795. — (*Arch. hist. M. G.*)

peut Jourdan pour son salut? Le Directoire lui a défendu de livrer bataille pour ne pas compromettre le sort de la Belgique et de la Hollande; la retraite même, si l'on y est contraint, sera difficile, peut-être impossible, car les ponts ne sont pas rétablis et ne le seront pas avant quelque temps, si l'on en croit le chef du génie lui-même, Dufalgua.

Marceau est toute la journée et souvent la nuit à cheval; il succombe à la fatigue; il vise à tromper le plus possible les Autrichiens sur le nombre de ses troupes. Vains efforts! Le 17 frimaire (7 décembre) il est surpris et coupé de son avant-garde dès sept heures du matin; sa droite est culbutée aussitôt qu'attaquée; plus de quinze mille hommes se jettent sur les ailes et les derrières de sa division; celle-ci se bat jusqu'à deux heures, mais elle est écrasée par le nombre; il a son cheval tué sous lui; c'est l'épée à la main qu'il s'ouvre un passage à travers les hussards ennemis; il arrive à cinq heures derrière Standernheim n'ayant plus ni cartouches, ni gargousses, ayant perdu ses équipages, ses caissons, mais fait payer cher à l'ennemi sa victoire; ses troupes, dociles cette fois à la voix de leur chef, avaient noblement rempli leur devoir; il leur rendait justice et se consolait en pensant « qu'il avait fait tout ce qu'il « fallait pour enchaîner les évènements; » vers la fin de son rapport à Jourdan, il annonçait la grave blessure de Dufalgua dont la conduite avait été des plus brillantes dans cette journée et qui avait eu la jambe emportée par un des derniers boulets de l'ennemi; il terminait par ce mot qui concorde trop bien avec ce que nous savons de son état d'esprit[1] : « Pourquoi ce « boulet s'est-il trompé? »

Les Autrichiens avaient cru remporter un succès facile; la résistance des Français les rendit plus circonspects et Marceau put effectuer sa retraite sans être trop inquiété; on lui tendit ce qu'il appelait des *attrapes à mouches*, sans réussir à le tromper.

Pendant plusieurs jours, il n'y eut que des canonnades et des affaires d'avant-postes; mais, le 17 décembre, arrivé vers Sultzbach, Marceau profite d'une occasion favorable, écrase les Autrichiens à Kirn, reprend la position que nous avions

---

[1] Lettre à Jourdan du 17 frimaire an IV, 17 décembre 1795. — (*Arch. hist. M. G.*)

perdue, fait 300 prisonniers dont 3 officiers supérieurs, s'empare de plusieurs canons et tue beaucoup de monde à l'ennemi.

Cette affaire nous rendit la navigation de la Moselle; elle nous assura la possession de Trèves et détermina peu après la conclusion d'un armistice nécessaire aux deux armées; car une extrême lassitude et la disette se faisaient sentir dans les deux camps. Pour Marceau, *il n'y tenait plus;* ce sont ses expressions; il était révolté de l'esprit et de la conduite des troupes; dès qu'elles ne se battaient point, elles pillaient; elles se portaient à de regrettables excès dont les chefs ne se consolaient pas : « Nous devrions être accoutumés à cela, écrivait Marceau, « mais, en vérité, j'en ressens tous les jours un plus grand « chagrin [1]. « Les vivres, le pain même n'arrivaient pas et le vainqueur de Sultzbach pouvait déclarer que les officiers autrichiens faits prisonniers dans cette affaire *emporteraient avec eux une grande idée de sa tempérance et de sa frugalité.*

Marceau n'aurait pourtant pas songé à proposer un armistice lorsque le général Kray, commandant en chef des troupes autrichiennes, fit demander une conférence; il fut surpris de cette offre mais ne crut pas devoir la décliner; il voulait, tout au moins, s'éclairer sur les intentions de l'ennemi, voir ce que « ces Messieurs avaient dans l'âme et en tirer parti [2]. »

L'entrevue eut lieu le 20 décembre, à neuf heures du matin. Sous le prétexte d'un échange de prisonniers, Kray engagea la conversation sur l'intérêt qu'auraient la République française et l'Empire à interrompre les hostilités, au moins pendant l'hiver. Marceau écouta ces propositions qui l'étonnèrent beaucoup et les transmit au général en chef; dès le 21, il était autorisé à négocier une convention au nom de Jourdan qui se déclarait *aussi avare de sang que qui que ce fût* [3]; le 31, les signatures furent échangées et, ce jour-là même, les hostilités prirent fin; on stipula qu'elles ne pourraient être reprises que dix jours après la dénonciation de l'armistice; le Simeren et

---

[1] Lettre à Jourdan du 27 frimaire, an IV, 17 décembre 1795. — (*Arch. hist. M. G.*)

[2] Lettre à Jourdan du 28 frimaire, an IV, 18 décembre 1795. — (*Arch. hist. M. G.*)

[3] Lettre de Marceau à Kray, du 30 frimaire, an IV, 20 décembre 1795. — (*Arch. hist. M. G.*)

la Nahe devaient servir de ligne de démarcation aux deux armées; il était entendu que Pichegru prendrait également ses quartiers d'hiver sans pouvoir être inquiété.

Il était temps qu'on donnât un peu de repos à cette armée de Sambre-et-Meuse qui avait encore tant fait pour la patrie en 1795 et qui avait tant souffert; elle était réduite non seulement aux derniers expédients mais à la famine; Marceau écrivait à Jourdan[1] : « Il me tarde bien que nos arrangements soient « pris pour sortir du terrible *chaos* dans lequel nous nous « enfonçons de plus en plus et s'ils connaissaient notre situa- « tion ceux-là qui ne seront peut-être pas partisans du parti « que vous avez pris, combien ils changeraient d'avis ! »

Le signataire de ces lignes n'était pas seul à apprécier ainsi les choses; d'autres bons juges, le représentant Joubert par exemple, partageaient cette opinion et considéraient la convention du 31 décembre comme un très heureux événement, comme la meilleure conséquence de la victoire de Sultzbach; l'histoire en a jugé ainsi; il est certain que, profitant habilement d'ouvertures faites par l'ennemi, Marceau mit le comble à ses services dans cette campagne de 1795; soldat, général, négociateur, à tous ces titres il a bien mérité de la France et la postérité n'a que des éloges à lui décerner.

[1] Lettre du 6 nivôse, an IV, 26 décembre 1795.

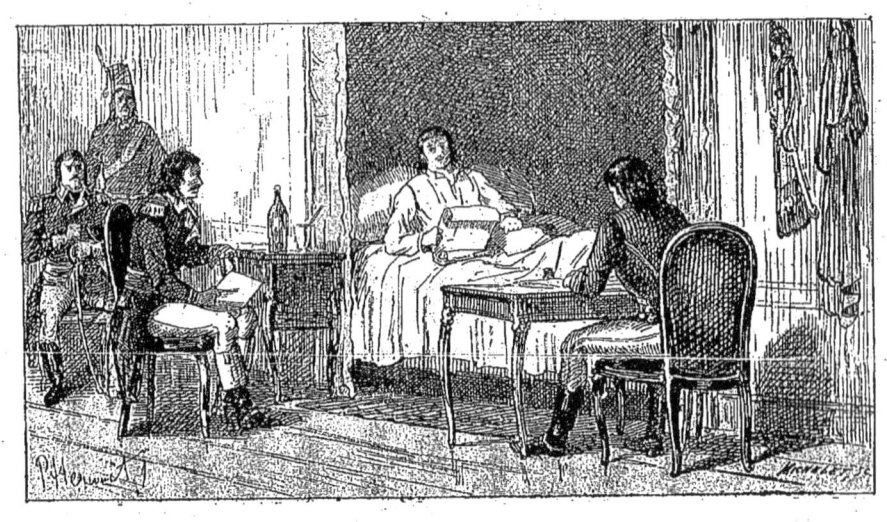

XII

CAMPAGNE DE 1796
MARCEAU EST CHARGÉ DE RELIER LES OPÉRATIONS DE JOURDAN ET DE MOREAU
DIFFICULTÉS DE SA TACHE — SON ATTITUDE
SES RAPPORTS AVEC LES VAINCUS
SA PAUVRETÉ — IL EST MALADE ET DÉCOURAGÉ

Blamés par le Directoire pour avoir conclu sans ordres une suspension d'armes, Jourdan et le représentant Joubert n'eurent pas de peine à expliquer leur conduite; laissant le commandement à Kléber, le général en chef vint se justifier en personne à Paris et se concerter avec le Gouvernement pour la campagne prochaine.

Marceau, resté à Trèves, préparait sa division aux luttes prochaines; sa cavalerie se remontait; l'équipement et l'armement étaient l'objet de tous ses soins; les services des renseignements et des reconnaissances se réorganisaient; il étudiait

un système de défense sur la rive gauche de la Moselle, occupait ses soldats à la construction d'un camp retranché, visitait fréquemment leurs lignes; aucun détail ne lui échappait; sa correspondance avec les chefs de brigade placés sous ses ordres, et notamment avec Treillard qui commandait le 11ᵐᵉ chasseurs à cheval, nous le montre appliquant avec vigueur les ordres du Directoire et du Ministre Petiet; d'après lui, « tous les chefs doivent être pénétrés de cet axiôme si
« véritablement senti par les militaires que c'est en temps de
« trêve et de paix que l'on doit plus particulièrement exiger
« de la précision dans le service, si l'on veut que le soldat ne
« soit pas négligeant à la guerre. » Si, par hasard, ses instructions n'étaient pas exécutées comme il l'entendait, il rappelait énergiquement ses subordonnés à l'obéissance. Un jour, les commandants des cantonnements manquent à leurs devoirs; le général écrit à Treillard [1] : « L'insouciance de plusieurs d'entre
« eux m'a déjà été funeste la campagne passée; je ne serai
« pendant celle-ci ni si bon ni si complaisant et je me propose
« de faire punir exemplairement celui qui fera des fautes qui
« pourraient porter préjudice à l'armée. C'est à vous de leur
« faire savoir à cet égard le dessein dans lequel je suis d'exercer
« jusqu'à la rigueur la surveillance que ma place et mon amour
« pour mes devoirs me dictent.. »

Le devoir! Voilà pour Marceau la règle unique; il le répète sans cesse dans sa correspondance. Il se plaignait parfois des formalités sans fin et de la paperasserie que les bureaux de la Guerre lui imposaient, mais, après une boutade, il s'inclinait et se remettait au travail, donnant à tous l'exemple de l'obéissance.

La convention avec l'Autriche avait paru incomplète à certains égards; le général dut revoir Kray et remplit sa nouvelle mission avec autant de sagacité que la précédente.

Cependant, la suspension d'armes ne pouvait se prolonger au-delà du printemps; les hostilités reprirent au commencement de juin.

---

[1] Lettre au chef de brigade Treillard, commandant les avant-postes, datée de Trèves, le 4 floréal, an IV. Cette lettre et seize autres adressées à ce colonel en pluviôse, germinal et floréal, an IV, nous ont fourni de précieuses indications. (*Bibliothèque de Soissons.*)

L'armée de Sambre-et-Meuse devait concerter ses opérations avec celles de Rhin et Moselle; le Directoire prescrivait à Jourdan et Moreau de faire converger leur marche, en prenant pour objectif la capitale même de l'Empire, Vienne, et en passant l'un par le Nord, l'autre par le Sud; mais, afin d'éviter toute surprise, afin que les deux armées ne fussent pas coupées, il fallait surveiller de près la ligne du Rhin; ce fut à Marceau qu'échut cette difficile mission. On ne lui donnait que vingt-cinq mille hommes, c'est-à-dire des forces insuffisantes pour garder une pareille étendue de terrain et on ne lui permettait pas de livrer bataille. Ainsi, cet audacieux, ce jeune victorieux se trouvait, cette fois encore, réduit à la défensive, enfermé dans un rôle très utile sans doute, mais auquel semblaient répugner sa nature si ardente et ses qualités militaires; il le remplit pourtant à merveille.

Jourdan et Moreau s'entendent mal : ils donnent chacun de leur côté des ordres contradictoires. Marceau leur soumet ses observations ; il n'obtient que peu ou pas de réponse; il a devant lui des forces considérables ; chaque jour, il est exposé à être *frotté* (c'est son mot) et aucune des deux armées ne peut lui venir en aide, tandis qu'il est obligé de seconder l'une et l'autre ; il use ses troupes dans des démonstrations et des combats le plus souvent stériles pendant qu'il faut exagérer l'importance de sa division aux yeux de l'ennemi; avec cela ses commissaires des guerres sont des *ustuberlu* qui laissent des bataillons entiers sans pain pendant deux jours de suite et lui font *perdre la tête*[1]. De temps à autre, quand les Autrichiens veulent couper ses communications soit avec Jourdan, soit avec Moreau il leur inflige de rudes leçons; plus d'une fois il reprend l'offensive; il remporte le 31 mai, les 1er et 4 juin, de brillants succès autour de Birkenfeld ; il se sert habilement des bois et rivières qui coupent la région ; avec une activité et une précision qui étonnent, il manœuvre à la fois sur la Blies et la Seltz; le représentant Joubert loue hautement ses services dans ses rapports au Directoire.

Toutefois, il attend avec la plus vive impatience que Moreau ait traversé le Rhin ; alors il pourra rejoindre Jourdan et faire

---

[1] Lettres à Jourdan et à Moreau de prairial, an IV, *passim*. (*Arch. hist. M. G.*)

avec lui la grande guerre qui lui plaît, en narguant les *gazetiers* de Francfort qui le calomnient[1]; au reste, il est certain que ces messieurs *chanteront la palinodie* dès qu'il pourra approcher des murs de leur ville, car ils sont « sans doute au plus fort ou « au dernier enchérisseur ; » il espère bien que *Charlot* (le prince Charles) ne l'arrêtera pas en route ; mais le passage du fleuve est sans cesse retardé ; Moreau n'écrit même plus et, d'autre part, voici Jourdan qui, loin d'envoyer sur la Nahe les escadrons si nécessaires, réclame à son lieutenant deux régiments de cavalerie.

Marceau passe 14 et 16 heures à cheval, en reconnaissances, en observations ; l'ennemi ayant évacué Creutznach, il y entre aussitôt, reprend la rive droite de la Nahe et lance le 11e chasseurs et le 6e de cavalerie sur la Seltz ; les hussards de Kaiser et les dragons de Waldeck *sont sabrés de la bonne manière*[2]; ils perdent trente des leurs et autant de chevaux ; mais comment pousser plus loin ces avantages avec cinquante mille hommes devant soi ? Et d'ailleurs à quoi servent ces succès partiels ? Marceau observe avec raison que « sans but et sans « objet fixe, il est au moins inutile de fatiguer les troupes[3]. » C'est en vain qu'il espère le passage du Rhin. « Quand cela « finira-t-il donc, s'écrie-t-il[4], et quand donc ces messieurs « (les Autrichiens) voudront-ils terminer par une grande et « belle bataille ? » Il compte les jours et les heures en attendant la réussite de l'opération qui doit décider de la campagne et lui permettre d'aller retrouver Jourdan, car, quant à quitter son chef « *l'ami de l'ordre et l'enfant chéri de la gloire* » il ne veut pas en entendre parler ; c'est avec lui, avec lui seul qu'il entend courir de nouveau à la victoire.

Hélas ! ce n'est pas de victoires qu'il s'agit pour l'armée de Sambre-et-Meuse en juin 1796. Jourdan est contraint de reculer après une action très vive soutenue par la division Lefebvre et ce revers encourage l'ennemi à faire un nouvel effort sur la Nahe. Marceau court les plus grands dangers ; il craint que

---

[1] Lettre à Jourdan du 17 prairial, an IV, 5 juin 1796. (*Arch. hist. M. G.*)
[2] Lettre de Marceau à Jourdan du 23 prairial, an IV, 11 juin 1796. (*Arch. hist. M. G.*)
[3] Lettre à Jourdan du 25 prairial, an IV, 13 juin 1796. (*Arch. hist. M. G.*)
[4] Lettre à Jourdan du 27 prairial, 15 juin 1796, (*Arch. hist. M. G.*)

nous ne puissions *échapper à des revers que par miracle*[1] ; il continue à se plaindre de la dislocation des forces françaises ; pour la première fois, il ose même donner quelques conseils à son chef en s'excusant de la liberté qu'il prend : « Je vous fais
« part de mes idées, lui dit-il ; vous savez que vous m'avez
« accordé la permission de le faire. Mon plus grand plaisir sera
« toujours de vous être agréable, mon bonheur de contribuer
« à vos succès et au maintien de votre gloire. Je ne mentis
« jamais et je vous parle ici vrai et vous assure de tout mon
« dévouement et de mon amitié[2]. »

Mais les revers succèdent aux revers ; le 15 juin, Lefebvre est encore battu à Wetzlar ; le 19, Kléber lui-même, après une lutte inouïe, est obligé de se retirer sur Dusseldorff ; Jourdan déclare au Directoire qu'il ne peut rester sur la rive droite du Rhin si Moreau ne le seconde pas en traversant le fleuve ; dans une lettre adressée à Moreau lui-même[3], Marceau va jusqu'à traiter d'*imbroglio* les relations de ce général avec l'armée de Sambre-et-Meuse et il se plaint de ne plus savoir sur quoi compter[4] ; il résiste sur la Nahe mais il ne songe plus qu'à gagner du temps et comme cette fière nature souffre ! Son indignation éclate quand les régiments Manfredini et Charles Schrœder viennent camper, le 4 Messidor, sur la rive gauche du Rhin : « Ces Messieurs[5] deviennent de plus en plus insolents
« ils semblent crever dans leur peau de joie et les ordres d'atta-
« que n'arrivent point assez vite à leur gré. Quel plaisir de
« rabattre un pareil orgueil ! » En attendant, il réprime toute tentative de désordre dans ses troupes et, quand il se produit quelque fait répréhensible, quand des soldats et surtout des officiers se montrent faibles ou intempérants, il sévit : « Il
« n'entre pas, dit-il, dans mon âme d'aimer à punir mais s'il
« n'y a pas d'exemple, si ceux qui nous déshonorent ne sont
« pas chassés de nos rangs je ne tiendrai pas davantage et
« j'aimerais mieux végéter au fond d'un hameau avec la pureté
« de mes intentions et de ma conscience que de me voir

---

[1] Lettre à Jourdan du 29 prairial, 17 juin 1796. (*Arch. hist. M. G.*)
[2] Lettre à Jourdan datée du 30 prairial, an IV, 18 juin 1796. (*Arch. hist. M. G.*)
[3] Lettre du 2 messidor, an IV, 20 juin 1796. (*Arch. hist. M. G.*)
[4] 4 Messidor, an IV, 22 juin 1796. (*Arch. hist. M. G.*)
[5] Lettre à Jourdan du 5 messidor, an IV, 23 juin 1796. (*Arch. hist. M. G.*)

« exposé à souffrir de l'impéritie et de la mauvaise volonté
« d'hommes pour qui le devoir est une chimère et l'honneur un
« vain mot[1] ... »

Quelques jours après, il se radoucit ; il a appris que les officiers contre lesquels il tonnait ainsi étaient de *vieux et très vieux soldats* bons à prendre leur retraite qu'ils sollicitent du reste ; le voilà calmé ; l'ancienneté des services lui inspire de la compassion ; il ne vise plus qu'à se débarrasser le plus tôt possible de ces *trop nombreuses mâchoires et à remonter la machine avec des jeunes gens pleins d'honneur* [2].

Enfin, l'horizon semble s'éclaircir ; Moreau franchit le Rhin et ce passage qui coïncide avec l'anniversaire de la bataille de Fleurus ranime Marceau ; mais, juste à ce moment, il est repris d'une grave maladie qui le tourmentait depuis longtemps[3] et qui va s'aggravant : il ne peut le cacher à Jourdan : « J'espère
« cependant si je puis avoir quelques jours de repos pouvoir
« au moins atténuer la violence du mal et remettre par là
« aux quartiers d'hiver à me guérir définitivement mais je
« crains beaucoup, et ceci m'afflige, d'être obligé de rester
« quelques jours au lit ; je ferai cependant pour que cela
« n'influe pas sur le service[4]. »

Il veille encore à tout ; de son lit, il donne à ses lieutenants et aux adjudants généraux les ordres les plus détaillés, les plus minutieux ; *il les fait courir*, pour être renseigné à temps ; ses lettres, notamment celles qu'il adresse aux généraux Friant, Hardy, Klein révèlent à la fois les élans de son âme et son exactitude ; elles montrent comment il savait utiliser les déserteurs et les espions ; pour lui, il demandait aux médecins de le mettre sur pied le plus tôt possible, de lui rendre ses forces afin qu'il pût faire *tout son devoir* [5]. Cette idée du *devoir* se retrouve sans cesse sous sa plume. La guérison ne vient pas aussi vite qu'il l'eût voulu. « Ce n'est point, dit-il à Jourdan,
« sous le titre de Bulletin que je vous adresse l'état de ma
« santé mais elle n'est aujourd'hui pas très bonne ; j'espère

---

[1] Lettre à Jourdan du 6 messidor, 24 juin, 1796. (*Arch. hist. M. G.*)
[2] Lettre à Jourdan du 8 messidor, 26 juin 1796. (*Arch. hist. M. G.*)
[3] Il s'agit sans doute de la maladie de peau qu'il avait contractée en Bretagne.
[4] Lettre à Jourdan du 10 messidor, an IV, 28 juin 1796. (*Arch. hist. M. G.*)
Lettre à Jourdan du 12 messidor, an IV, 10 juin 1796. (*Arch. hist. M. G.*)

« cependant du mieux ; on me le fait aussi espérer. Je profi-
« terai de ce moment de repos pour *chercher à me tirer*
« *d'affaire*[1]. » Une si triste expression semble indiquer que Marceau se croyait, se sentait gravement atteint ; elle ne peut nous surprendre ; nous savons qu'il avait toujours manifesté une médiocre confiance dans sa santé.

Voici que Jourdan a de nouveau franchi le Rhin vers Neuwied et fait reculer dans un brillant engagement l'avant-garde des Autrichiens ; il songe à livrer bataille ; Marceau renaît à l'espérance ; cela ne l'empêche pas de reprendre avec Friant les dispositions les plus sages pour le cas où la retraite deviendrait inévitable : « Vigilance et surveillance, » tel est le mot d'ordre quotidien qu'il donne à ses collaborateurs ; il suit tous les mouvements des ennemis ; et c'est souvent la nuit qu'il déjoue leurs plans.

Il faut tout dire ; ses adversaires étaient, dans ce moment, habiles, hardis, surexcités par des succès dont ils avaient naguère perdu l'habitude ; il fallut sa présence d'esprit, l'énergie de Hardy, celle de l'adjudant général Bonami et « le courage extraordinaire de nos gendarmes » pour conjurer les effets d'une sortie de la garnison de Mayence faite dans la nuit du 10 au 11 messidor, à deux heures du matin, par un brouillard épais. Durant près de trois heures on se battit à mitraille, à portée de fusil et les feux de bataillons se faisaient à cent pas ; au plus épais du brouillard, quelques gendarmes de la 31e division se prirent littéralement aux *cheveux* et se battirent corps à corps avec les Autrichiens ; le 11e chasseurs chargea plusieurs fois avec la plus grande bravoure et contribua largement au succès ; il y eut dans cette lutte meurtrière beaucoup d'actions d'éclat ; « elles méritaient, dit Marceau, à la nation
« qui produit de pareils soldats le respect que nos ennemis ne
« peuvent s'empêcher d'avoir pour nous[2]. »

Ces luttes étaient bien honorables si elles ne pouvaient produire de résultats immédiats, mais en se renouvelant sans cesse pendant les deux mois suivants, elles devaient coûter cher à la France ; c'est au milieu d'elles que succombera Marceau.

[1] Lettre du 13 messidor, an IV, 1er juillet 1796. (*Arch. hist. M. G.*)
[2] Rapport de Marceau du 13 thermidor, an IV, 31 juillet 1796. (*Arch. hist. M. G.*)

Malade et chargé des plus lourdes responsabilités, comme général et comme administrateur, Marceau s'épuisait; la perception des dîmes, des impôts l'obligeait à des relations quotidiennes avec les receveurs, régisseurs, etc.; il en était obsédé; il s'écriait[1] : « Quelle engeance, grand Dieu ! Et combien elle est multipliée ! » Ce victorieux prenait souvent pitié des populations que pressurait cette *engeance*; certes, les habitants des bords du Rhin n'étaient pas tous favorables aux Français; ils cherchaient souvent, Marceau le savait bien, à se dédommager sur nous des pertes que leur infligeait la guerre; ils trompaient, cruellement parfois, nos soldats et nos officiers; c'était à force de circonspection et d'énergie qu'on échappait à leurs embûches; cependant, comme Hoche et comme Kléber, Marceau n'entendait pas qu'on les pressurât inutilement; dans l'état de dénuement absolu où il était le plus souvent, quant à l'argent, il levait les sommes nécessaires pour faire face à ses dépenses et s'en tenait là; les malheurs des vaincus ne le trouvaient pas insensible; il disait à Jourdan le 13 Messidor, an IV : « La ville « de Creutznach a tant souffert que je n'ai pas encore osé « l'imposer. »

Un jour on le dénonçait au Ministre de la Guerre comme trop bienveillant pour les Magistrats de Francfort pris en otages[2]; il leur avait, en effet, accordé quelques jours pour se procurer leur rançon, estimant que ce délai ne pouvait tirer à conséquence; voilà le crime qu'on lui reprochait et dont l'histoire lui fait un titre d'honneur ! Les archives d'état de Wiesbaden conservent plus d'une preuve de sa modération, de sa profonde équité. On l'y voit arrêtant ou modérant les réquisitions[3]. A Trèves où il séjourna longtemps, il s'attira les sympathies de tous; à propos de bruits mensongers répandus par la presse et dans lesquels on faisait jouer aux autorités locales de cette ville un rôle peu bienveillant à son égard, les administrateurs et officiers municipaux lui écrivaient, le 29 avril 1796 : « ... Les calomniateurs, par leurs mensonges avérés, se

---

[1] Lettre à Jourdan du 14 messidor, an IV, 2 juillet 1796. — (*Arch. hist. M. G.*)

[2] Lettre de Dubreton, commissaire ordonnateur en chef de l'armée de Sambre-et-Meuse au Ministre de la Guerre Pétiet, datée de Wurtzbourg le 16 thermidor, an IV. (*Arch. hist. M. G.*)

[3] Archives d'état de Wiesbaden; Nassau-Ussingen; Actes généraux VII, 36/22; 195/87, III, 15,662/87.

« sont déclarés vos ennemis et les nôtres... Nous sommes tou-
« jours prêts d'attester unanimement, que, depuis que nous
« vous possédons dans notre ville, vous avez eu l'ordre et la
« justice pour guides dans vos opérations et que vous nous
« avez procuré de la tranquillité pour laquelle nous sommes à
« jamais reconnaissants, en nous recommandant toujours à
« votre bienveillance[1]. »

Une autre fois, en s'adressant à Jourdan le président de la
régence de Nassau-Usingen qui désirait conclure un armistice
et même traiter de la paix, Marceau tenait un langage d'une
rare élévation : « Je ne doute pas que vous acceptiez avec
« empressement le moyen d'enlever à la République un enne-
« mi et de lui donner un allié de plus. S'il n'était pas dans vos
« principes de désirer pour tous les peuples une paix qui leur
« rende la calme jouissance de leurs propriétés et si déjà vous
« ne saviez les maux qu'a endurés le paysan sur lequel pèse le
« fléau de l'invasion je vous ferais un tableau de ce qu'ont eu à
« souffrir dans la présente guerre tous les habitants de cette
« contrée continuellement en butte aux incursions des deux
« armées. Elles ne soupirent que pour la paix qui peut leur
« promettre un mieux. Tous les sacrifices seront faits par eux
« afin de l'obtenir. Mais je ne dois pas vous taire que le pays
« est épuisé et que hors du blé il leur est impossible de rien
« fournir.

« Basez-vous là-dessus, mon cher général, pour la contribu-
« tion que vous pourriez exiger. Témoin de la misère de ces
« pauvres gens, témoin de leur empressement à subvenir aux
« besoins de nos troupes, il m'est pour cela permis de plaider
« un instant leur cause ; elle est celle de l'humanité : elle trou-
« vera dans votre cœur comme dans le mien des sentiments
« favorables, une âme compatissante[2]. »

C'est encore Marceau qui écrivait à sa sœur Emira : « Vous
« me parlez de mes lauriers... ils vous feraient horreur; ils
« sont teints de sang humain[3]. »

---

[1] Lettre signée par les administrateurs et officiers municipaux de Trèves. (*Notices historiques sur le général Marceau*, par Sergent.

[2] Lettre retrouvée par M. Jules Hetzel dans une collection particulière à Coblentz et communiquée par lui à M. Noël Parfait, député d'Eure-et-Loir, qui en a donné lecture à Chartres, aux fêtes de Marceau, en 1887.

[3] Lettre datée de 1796 et citée par Sergent (*Notices historiques sur le général Marceau.*)

Il n'y a pas à se tromper en lisant ces pages touchantes qui en rappellent d'autres de Kléber et de Hoche; celui qui les écrivait est bien, comme ses illustres émules, un des plus nobles fils de cette Révolution faite non seulement pour un peuple mais pour l'Europe, pour le monde !

Ce général qui détestait le pillage et ne voulait pas qu'on abusât de la victoire était pauvre; il réunissait à grand peine 25 louis pour les envoyer à sa mère dans un jour de détresse, après un vol dont elle avait été victime. Robert l'aîné, commissaire des guerres, avait acquis, en Lorraine, à bon compte et avec des facilités de paiement, une petite maison provenant de la vente des propriétés nationales; il offrait de la céder à Marceau son ami; voici la réponse : « Je me trouve ma foi hors « d'état de rien acquérir; je suis ruiné de fond en comble. Il « me reste la cape et l'épée, l'honneur et la vie qui ma foi « devient un fardeau quand elle ne peut présenter des moyens « de bonheur[1]. » Il écrivait cette lettre le 1ᵉʳ août 1796; deux mois avant, en juin, il avait déjà fait à sa sœur bien aimée Emira cet aveu : « Je n'entrevois pas l'avenir sans être inquiet ; « car que deviendrais-je si j'avais un bras, une jambe de « moins? Ma sœur, vous, ma chère sœur, êtes et seriez ma « seule ressource[2]. » Vains soucis pour un avenir que la mort allait briser!

Marceau était encore assombri par l'éloignement et le silence de sa fiancée. Plusieurs fois, la guerre lui avait fait manquer l'occasion de la revoir.

Madame de Châteaugiron avait, nous l'avons dit, autorisé un échange de lettres entre sa fille et son futur gendre; mais cette correspondance était peu suivie. Madame de Châteaugiron le voulait ainsi et sa réserve maternelle était, il faut en convenir, bien excusable avec un homme encore très jeune, constamment éloigné, sans cesse exposé à la mort; elle savait, en outre, qu'Emira n'était pas favorable au projet de mariage[3].

Emira ne croyait pas que son frère pût trouver le bonheur dans cette union; elle redoutait pour Marceau l'influence du

---

[1] Lettre à Robert l'aîné, datée de Wiesbaden, le 14 thermidor, an IV, 1ᵉʳ août 1796.
[2] Lettre du 13 prairial, an IV, 1ᵉʳ juin 1796.
[3] Lettre de madame de Chateaugiron à Emira, à Bâle, citée par Sergent. (*Notices histor... sur le général Marceau*).

milieu où était née la jeune fille et l'hostilité du chef de la famille de Châteaugiron; elle lui fit à ce sujet de vives représentations par écrit et de vive voix, notamment pendant un séjour à Coblentz où elle se rendit avec Sergent. Sans se laisser convaincre, Marceau souffrait encore de l'opposition que faisait à ses plus chers projets une sœur chérie qui avait des titres spéciaux à son affection et exerçait sur lui la plus grande influence.

XIII

RETRAITE DE L'ARMÉE DE SAMBRE-ET-MEUSE
MARCEAU A LIMBOURG ET A FREYLINGEN
SA MORT; SES DOUBLES FUNÉRAILLES
GRANDEUR ET TRISTESSE DE SA DESTINÉE

Le Directoire demandait à Jourdan de prendre ses quartiers d'hiver en Allemagne pour ne pas découvrir Moreau qui avait franchi le Lech et menaçait Munich; Jourdan sentait et exposait au gouvernement les périls de la situation; il n'avait plus foi dans le succès de la campagne, mais il eût cru manquer à l'honneur en quittant la Franconie sans combattre; trompé d'ailleurs par les mouvements du général Nauendorff, il se laissa persuader que l'archiduc Charles venait de se porter sur le Danube; le 3 septembre 1796 il livra bataille à Würtzbourg;

[1] Le croquis qui est en tête de ce chapitre donne une idée du dessin qui fut exécuté par Barbier le jeune et qui représentait la mort de Marceau. Jourdan et Souhait y figurent auprès de Marceau; Kléber et Caffarelli au fond, à gauche, le chasseur Martin à droite. Le dessin de Barbier n'a pas été complètement terminé; il a été, cependant, gravé par Ingouf.

vaincu, grâce surtout à l'infériorité du nombre de ses soldats, il dut se retirer derrière le Lahn.

Alors commença cette retraite pour laquelle tous les historiens n'ont pas été justes, où certaines fautes purent être commises, comme Jourdan lui-même l'a avoué noblement[1], mais qu'on ne saurait, sans une criante injustice, assimiler à une déroute; l'armée de Sambre-et-Meuse y resta digne d'elle-même et Marceau s'y battit encore comme un lion.

Jourdan demandait instamment son rappel; son élève chéri ne se consolait pas de lui voir abandonner l'armée qu'il avait formée et croyant que le maître allait accepter un autre commandement, celui de l'armée du Nord, il le lui reprochait amicalement[2], au nom de sa propre gloire, en homme qui ne savait « *flagorner personne* »; si Jourdan partait, Marceau ne voulait plus conserver que le commandement d'une division ou même il comptait rentrer dans ses foyers; mais l'ennemi était là; il marcha et donna sa vie; le 16 septembre, trois jours avant de tomber frappé par une balle ennemie, il écrivit à Jourdan : « Peu accoutumé à me vanter de ce que j'ai fait ou n'ai pas « fait, je ne cours point après un vain fantôme de gloire. « Remplir mes devoirs fut toujours le comble de mon ambi- « tion... Au moment où cette lettre part, l'ennemi attaque; je « me porte sur le champ de bataille... » Il allait au *devoir*, à la mort, simple, ferme, résigné, sublime.

Chargé de défendre à tout prix le passage de la Lahn, il avait posté le général Castelverd sur les bords de cette rivière vers Nassau et lui avait prescrit de « *ne songer à la retraite qu'après* « *avoir été complètement forcé ou après en avoir reçu l'ordre*[3]. » Il avait confié à Poncet la garde de Limbourg et de Dietz;

---

[1] *Mémoires pour servir à l'Histoire de la campagne de 1796;* Paris, Magimel, Anselin et Pochard. 1818.

[2] (*Arch. hist, M. G.*) Sur cette pièce, qui n'est pas de l'écriture de Marceau mais qui est signée par lui et provient des papiers de Jourdan, se trouve une annotation du général en chef ainsi conçue : « Cette lettre est une preuve bien certaine de l'amitié qui liait les deux généraux, mais le brave général Marceau n'avait pas besoin de recommander à Jourdan de ne point accepter le commandement de l'armée du Nord en quittant celui de l'armée de Sambre-et-Meuse; il était lui-même trop jaloux de sa réputation pour accepter dans cette circonstance un semblable commandement. »

[3] Lettre du 25 fructidor, 11 septembre 1796.

tous ses lieutenants avaient reçu les ordres les plus énergiques ; il était déterminé à vaincre ou à faire payer cher aux Autrichiens la victoire. « Fais de même, disait-il à son lieute-
« nant Hardy, si tu es attaqué. Avec les troupes que tu com-
« mandes on ne doit jamais craindre l'ennemi. Remonte un
« peu leur moral et rappelle-leur les actions qui les ont illus-
« trées ; dis-leur enfin qu'elles sont de ma division qu'elle ne
« fut et ne doit jamais être malheureuse [1]. »

Les Autrichiens avaient sur lui beaucoup d'avance ; il n'avait pas sous la main, surtout en cavalerie, les forces nécessaires. La division Poncet ne comptait que six cents chevaux ; elle soutint néanmoins, le 16 septembre, un combat acharné à Dietz ; trois fois, nos soldats chargèrent ; de neuf heures du matin à cinq heures, le feu ne perdit rien de sa vivacité ; la moitié de notre artillerie était démontée ; Marceau ne voulait plus compter les morts parce qu'il entendait « *tenir contre quoi que ce soit* » comme il l'écrivait sur le champ de bataille à Jourdan, d'une main si fébrile que son écriture en devenait méconnaissable. Toutefois la lutte devenait impossible ; les Français durent abandonner Dietz ; Marceau ne se résignait pas à perdre cette position ; il se préparait à la faire réattaquer, demandait des secours avec insistance et promettait de faire pendant la nuit un suprême effort pour donner aux renforts le temps d'arriver ; mais au début même de cette nuit se produisit l'incident le plus malheureux. Tirant d'une dépêche de l'adjudant-général Becker des inductions absolument fausses, le général Castelverd crut que nous étions forcés à Limbourg comme à Dietz et battit en retraite dès dix heures du soir, avec une inintelligence absolue de la situation et une précipitation déplorable. Marceau était désespéré. « Je ne serai jamais fâché, disait-il, de me trouver pour le service de mon pays, dans des circonstances difficiles ; mais, en vérité, je ne puis m'empêcher de l'être d'avoir de pareilles gens à commander [2]. » Il envoyait en toute hâte à Castelverd l'ordre de marcher sur Nassau et d'occuper les hauteurs en arrière de cette place, mais il ne comptait plus tenir. Trois fois les ennemis avaient

---

[1] Lettre du 27 fructidor, 13 septembre 1796.

[2] Lettre à Jourdan datée du 1er jour complémentaire an IV, 17 septembre 1796 (*Arch. hist. M. G.*)

forcé le débouché de Limbourg et trois fois ils avaient été repoussés avec la plus grande valeur; leurs masses ne pouvaient rien contre la bravoure des Français; un si grand nombre d'entre eux avaient succombé qu'on eût pu faire des retranchements avec leurs cadavres[1]; mais la chaleur était accablante; les républicains étaient exténués de fatigue; ils n'avaient plus de munitions; réduit à l'impuissance, leur chef, qui plusieurs fois avait failli périr et qui avait eu son panache emporté par un biscaïen, se retira en adressant à Jourdan cet appel désespéré : « Tâchez donc de prendre un peu notre « revanche; cela est nécessaire tant pour l'armée que pour le « service de la chose publique [2]. »

Pendant qu'un général français commettait une faute insigne et annihilait les vigoureux efforts de son chef, l'archiduc Charles expédiait de nouvelles troupes sur Dietz et Limbourg; Marceau était hors d'état de soutenir une lutte comme celle de la veille, sur onze lieues de terrain, même avec les secours qu'envoyait Bernadotte, assez lentement du reste; le 1er jour complémentaire, à 9 heures du matin (17 septembre), il fut contraint de reculer; il aurait voulu recueillir tous ses blessés; il se désolait de ne pas le pouvoir; il frémissait de rage pendant que ses soldats défilaient; *il semblait regretter chaque pas qu'il faisait*, dit un témoin oculaire[3]; deux fois, à la tête de ses escadrons, il chargea et étendit à ses pieds nombre d'Autrichiens. Il se dirigea par Molsberg sur Freylingen, décidé à tenir là avec le dernier *acharnement*, mais les ordres de Jourdan ne lui parvenaient même plus; les Autrichiens arrêtaient tous les courriers en route. *Il ne me reste*, disait-il, *que désagréments et déplaisirs;* et cependant, accablé de douleur, il pardonnait à Castelverd[4].

La journée du 18 septembre fut encore remplie par un combat sanglant sur les hauteurs de Freylingen; nous avions contre

---

[1] Lettre de Marceau à Jourdan du 30 fructidor. (*Arch. hist. M. G.*)

[2] Lettre à Jourdan datée des hauteurs de Limbourg, le 1er jour complémentaire, an IV. (*Arch. hist. M. G.*)

[3] Souhait, *Retraite de Limbourg sur la Lahn, du 1er au 3me jour compl., an IV. — Mémoires historiques; armées du Nord et de Sambre-et-Meuse, 1794 — 1796.* (*Arch. hist. M. G.*)

[4] Lettre à Jourdan, datée du 2me jour comp., an IV, 18 septembre 1796. (*Notices historiques sur le général Marceau par Sergent.*)

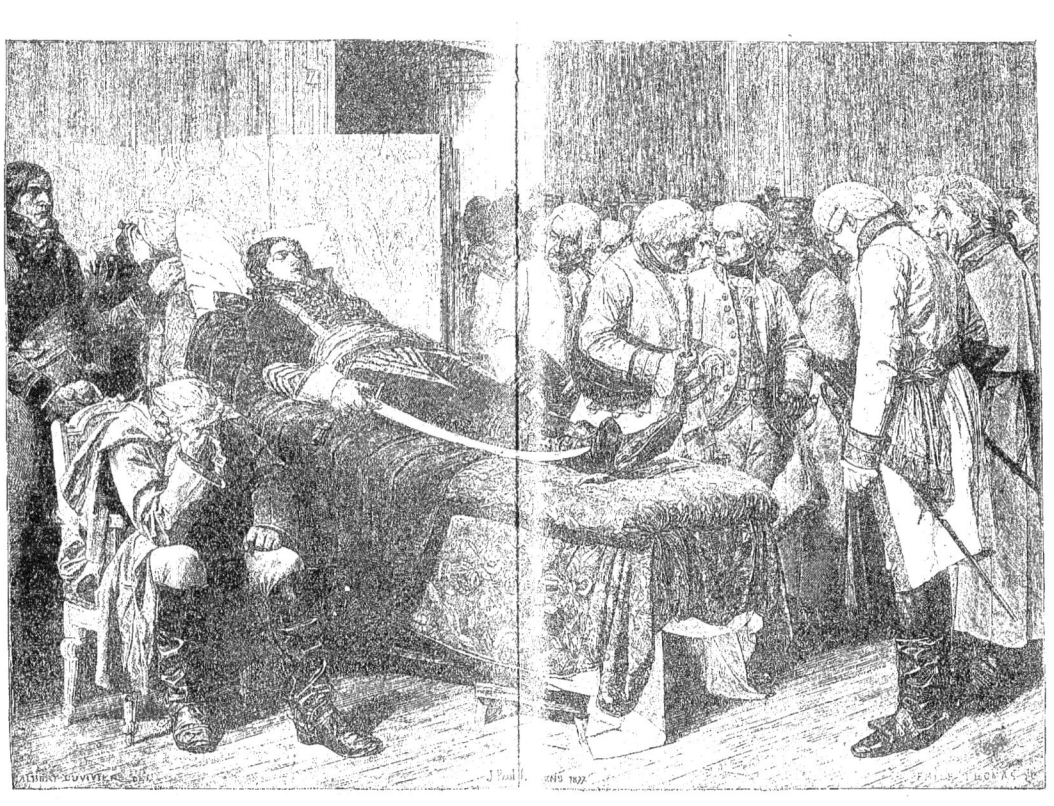

L'ÉTAT-MAJOR AUTRICHIEN
AUTOUR DU CORPS DE MARCEAU

nous et l'ennemi et les paysans armés, réfugiés dans les bois; on se battit pendant sept heures. Un moment, la 15me demi-brigade d'infanterie légère recule; Marceau court à elle : « Soldats de la 15me, s'écrie-t-il, indignes du nom Français que « vous déshonorez en vous sauvant entre les roues des canons, « je suis décidé à ne plus vous envoyer à l'ennemi, à perdre à « jamais votre nom si dans l'instant vous ne chassez de ce bois « cette poussière d'ennemis que votre lâcheté y a introduits. « Courez, vengez votre honneur et vous, Officiers, sachez mourir « avant qu'on brise vos épées. » Enflammée par ces paroles, la 15e demi-brigade fait une charge furieuse; notre cavalerie et notre artillerie achèvent de chasser l'ennemi qui perd plus de mille des siens [1].

La retraite de Jourdan était désormais assurée; Français et Autrichiens le constatent. Ainsi, parmi ces rudes épreuves, au moment même où il allait nous être ravi, Marceau semblait grandir encore; il méritait l'estime de ses adversaires comme la gratitude de ses compatriotes.

Le troisième jour complémentaire (19 septembre), à quatre heures du matin, il se place à l'avant-garde afin de mieux observer l'ennemi et de préparer la marche sur Molsberg; il reçoit une dépêche de Jourdan qui lui prescrit de ne pas quitter sa position avant six heures, afin de donner à l'aile gauche de l'armée le temps de filer vers Altenkirchen : « Eh quoi! s'écrie-t-il, le « général en chef croit-il que nous nous sauvons? Dites-lui « que nous attendons le grand soleil; puisqu'il faut se retirer, « l'ennemi verra si nous avons peur. » Peu après, la bataille s'engage; elle est des plus chaudes; l'aide de camp de Marceau, Deschamps, est fait prisonnier; Marceau lui-même ne doit son salut qu'à des prodiges d'énergie, mais les Autrichiens sont encore une fois repoussés et la retraite se fait en bel ordre à neuf heures seulement. Le chef d'état-major général par intérim, Jacobé Trigny dit dans son rapport : « On n'aurait « qu'à se féliciter de l'issue de cette action si le général « Marceau n'y eût été mortellement blessé [2]. » En effet, Mar-

---

[1] Voir les bulletins de l'armée de Sambre-et-Meuse des 2e et 3e jours compl., et la correspondance *passim* (*Arch. his. M. G.*)

[2] Bulletin du 2e jour compl., (*Arch. hist. M. G.*)

ceau périt au moment même où il venait de sauver l'armée de Sambre-et Meuse.

Vers dix heures, ses troupes avaient entièrement défilé par la route d'Altenkirchen, jusqu'au-delà de la forêt d'Höchstbach.

L'ennemi suivait de près; le général venait de recevoir l'ordre de tenir le plus qu'il pourrait dans sa position afin de couvrir la marche des autres divisions qui défilaient de la Lahn sur Altenkirchen [1]; une partie de sa colonne devait rebrousser chemin et il fallait que l'arrière-garde postée à la lisière du bois pût lui en donner le temps. Après avoir placé six pièces d'artillerie légère sur deux mamelons qui battaient à mitraille la sortie du bois, Marceau s'avance lui-même pour reconnaître l'ennemi, suivi de son ingénieur et de deux ordonnances [2]. Il montait un superbe cheval alezan couvert d'une peau tigrée; il portait le dolman, le pantalon des chasseurs sans écharpe [3] et le chapeau dont le panache avait été coupé par un biscaïen à Limbourg. Un housard de Kayser se trouve devant lui et l'amuse par divers mouvements; il était onze heures du matin; soudain, part un coup de carabine; c'était un tyrolien placé derrière un arbre près de la route qui avait tiré; le général sort du bois sans prononcer un mot, tandis que sa suite sabre le houzard ennemi; le tyrolien s'échappe. A trois cents pas du bois, Marceau se fait descendre de cheval; il se dit mortellement blessé, défend d'en avertir les troupes et recommande seulement qu'on ne le laisse pas aux mains de l'ennemi. On le porte d'abord sur des fusils jusqu'au village et de là sur une mauvaise échelle jusqu'à la rencontre d'un officier de santé.

La balle avait percé les chairs du bras droit, au-dessus du coude, était entrée sous les dernières côtes et était restée sous la peau du côté gauche, d'où elle fut retirée.

Des grenadiers portent Marceau entre les colonnes de ses troupes et celles du général Bernadotte, au milieu de la cons-

---

[1] Nous suivons le récit du capitaine Souhait qui accompagnait Marceau. (*Journal de la mort du général de division Marceau, commandant l'aile droite de l'armée de Sambre-et-Meuse* par le capitaine du génie Souhait). (*Arch. hist. M. G.*)

[2] Martin et Albert. Martin était le serviteur préféré de Marceau; Barbier lui a donné une place dans le dessin où il a représenté la mort du général.

[3] Il attendait une écharpe brodée par Emira et qui n'arriva qu'après sa mort.

ternation universelle. Officiers et soldats se pressaient pour voir encore une fois leur général.

Le transport fut long et pénible; la chaleur était accablante; les grenadiers ne voulurent pas qu'on les relevât; le glorieux blessé, à peine protégé contre les rayons du soleil par des branchages, souffrait cruellement; il était accompagné par le capitaine Souhait, l'adjudant Cleveno, le jeune Mitteau son secrétaire, deux officiers de santé de la division Bonnaud, deux ordonnances et quelques chasseurs commandés par un lieutenant. L'ennemi ne cessait pas de tirer; une balle étendit raide mort un des soldats qui soutenaient le général.

Apres trois heures de marche, on arrive aux portes d'Altenkirchen. Marceau est reçu par Jourdan tout en larmes et par les principaux officiers de l'armée; on veut lui rendre l'espoir; il répond en souriant et ne se plaint que d'être trop regretté; il demande si l'ennemi est vaincu.

A six heures, il est porté chez le gouverneur prussien de la ville; il est très faible et hors d'état d'aller plus loin; il charge l'adjudant-général Dufalgua de prévenir sa sœur Emira; mais, l'ennemi s'avance; l'âme déchirée, Jourdan est réduit à quitter son ami en laissant près de lui Souhait et quelques personnes de confiance; il s'éloigne en le confiant à la générosité de Kray et de l'archiduc Charles [1].

On laissa reposer Marceau et le premier appareil ne fut posé qu'à sept heures du soir.

Il passa tranquillement la nuit, quoique souffrant beaucoup; sa respiration était très gênée et son pouls très agité; il avait peine à parler.

Le 4e jour complémentaire, il reçut, le matin, la visite du capitaine des hussards de Kayser qui commandait les avant-postes. Cet officier écrivit au général Haddick et lui fit passer les lettres de Jourdan. A neuf heures, Haddick et Kray vinrent eux-mêmes et se montrèrent profondément émus d'un tel

---

[1] Jourdan écrivit au Directoire : « J'ai été obligé de laisser Marceau à Altenkirchen. Je ne vous ferai pas l'éloge de ce général, citoyens Directeurs; vous connaissez depuis longtemps son talent et son courage; la République est privée par cet événement d'un de ses meilleurs généraux et moi d'un sincère ami. » Lettre datée de Veyerbuch, le 3e jour complémentaire, an IV, 19 septembre 1796. (*Arch. hist. M. G.*)

malheur; Kray resta longtemps penché sur le lit de Marceau, pressant les mains de son jeune et redoutable adversaire, s'associant sincèrement à la douleur des Français.

Les officiers des hussards de Blankenstein et de Barco, contre lesquels avait sans cesse lutté le vaillant général, voulurent le voir aussi. Lui restait calme, digne; il parlait à tous avec sang-froid, avec cette douceur et cette affabilité qui lui étaient naturelles. Cependant, les douleurs qu'il ressentait au bas ventre et dans la vessie étaient intolérables; pour le soulager, les médecins durent élargir la plaie; il souffrit cette opération avec un courage stoïque; il parla de sa mort comme d'un moment heureux, facile à passer; il consola son entourage; il voulut recommander encore à Jourdan, par une lettre spéciale, son aide de camp Deschamps et l'adjoint Canel qui s'étaient signalés tous deux en maintes occasions et tout récemment à Freylingen; ce billet fut écrit sous sa dictée; il ordonna au capitaine Souhait et à l'adjudant Cleveno de le signer pour lui[1].

Dans la nuit, les symptômes alarmants redoublent; les yeux de l'agonisant s'égarent; il rend beaucoup de sang mêlé d'humeur; il ne peut s'assoupir.

A une heure du matin, il déclare qu'il veut prendre quelques dernières dispositions, les dicte et peut les signer : les voici :

« Sur les 14,400 livres en num. (sic) qui sont entre les mains
« de Noiset, 2,400 livres seront données à mon jeune frère
« Auguste et 1,200 livres restant seront envoyées à ma sœur à
« Bâle pour en disposer pour elle. Il sera donné six chevaux
« de mon écurie, savoir deux à chacun de mes aides de camp,
« un à Souhait et l'autre à mon jeune frère. Toutes mes dettes
« seront payées avec l'autre argent qui est entre les mains de
« Noiset; on donnera mon cheval gris à Kléber, et à Jourdan
« ma jument de Mecklembourg avec les harnais.

MARCEAU[2]. »

Un moment après avoir donné cette suprême signature,

---

[1] Ce document est daté d'Altenkirchen, le 5e jour comp., an IV, 21 septembre 1796. (Arch. hist. M. G.)

[2] Cette pièce a été communiquée par M. de Sainte-Beuve, de Chartres. (Doublet de Boisthibault, Marceau.

Marceau perd connaissance et se met à parler confusément de soldats, de batailles, de sa retraite de Limbourg; il était incommodé par des bourdonnements aux oreilles; il veut se lever, mais retombe sur son lit.

A trois heures du matin, il revient à lui; il reconnaît le général autrichien Elnitz qui le veillait, lui dit son nom, donne quelques ordres et prononce d'une voix affaiblie ces quelques mots : « Mon ami, je ne suis plus rien. » Ce furent ses dernières paroles. Bientôt il s'agita violemment; son pouls se perdit; les extrémités de son corps se glacèrent; ses yeux se fixèrent, se fermèrent et, vers six heures, le 21 septembre, il expira. Il avait vingt-sept ans !

On trouva suspendu à son cou un portrait qui ne le quittait pas depuis deux ans, celui de sa fiancée. Ce portrait qu'il avait fait faire en secret, d'après une miniature que possédait son futur beau-frère, Hippolyte Leprêtre, fut remis par Souhait à Sergent qui le fit parvenir à la famille de Châteaugiron.

Son corps restait aux mains des Autrichiens. L'archiduc Charles, accompagné de ses lieutenants, vint saluer ces glorieux restes, puis les fit transporter avec les plus grands honneurs jusqu'aux avant-postes français.

Le 23 septembre, les funérailles eurent lieu à Coblentz; Marceau fut enterré dans le camp retranché qu'il avait créé; pendant la durée de la cérémonie qui fut toute militaire, l'artillerie autrichienne ne cessa de répondre à la nôtre; parmi les assistants se trouvaient plusieurs habitants de Darmstadt qui voulurent donner au général une marque spéciale de leur reconnaissance.

On ne put d'abord consacrer à Marceau qu'une pyramide de terre mais bientôt Kléber prit l'initiative d'une souscription pour élever à son ami un monument qu'il dessina lui-même; il fit circuler les listes et prépara de sa main celle qui était destinée aux officiers généraux; il s'y inscrivit le premier [1].

Un an plus tard, le 23 septembre 1797, le corps de Marceau fut exhumé [2], enfermé dans un coffre de fer, porté au Petersberg et brûlé en présence de toute l'armée, selon le vœu qui avait été exprimé par Kléber. Le général Hardy qui

---

[1] (*Arch. hist. M. G.*) — Pièce classée au 21 septembre 1796.
[2] Il était intact, sauf les yeux.

commandait à Coblentz prononça l'éloge funèbre de son ancien chef. Les cendres furent recueillies dans une urne de marbre sur laquelle on grava cette inscription : *Hic cineres ubique nomen :* les cendres du héros sont ici ; son nom est partout.

Le même jour, à côté des restes de Marceau on plaça ceux de Hoche ; touchant rapprochement de ces deux grands hommes, de ces deux jeunes victorieux dans la mort et dans la tombe !

La pyramide de pierre rougeâtre dessinée par Kléber s'éleva au Petersberg ; la famille de Châteaugiron contribua largement à l'érection du monument ; on inscrivit d'un côté ces mots : « L'armée de Sambre-et-Meuse au général Marceau », et de l'autre ceux-ci ; Qui que tu sois, ami ou ennemi, respecte les cendres d'un héros. »

Cet appel ne fut pas entendu. En prairial an XII, des voleurs pénétrèrent dans le monument de Marceau, forcèrent l'urne croyant y trouver quelques pièces de monnaie et dispersèrent, en partie du moins, les cendres[2]. Plus tard, par un hasard vraiment étrange et malheureux, la construction des nouveaux retranchements d'Ehrenbreitstein obligea, paraît-il, les Prussiens à déplacer la pyramide ; le monument fut transféré, du reste avec soin, s'il faut en croire le prince de Hardenberg[3]. Quant à l'urne elle-même nous ignorons encore, malgré nos recherches, ce qu'elle est devenue.

Le Directoire prodigua les marques de sympathie à la famille de Marceau ; les Conseils votèrent une pension à sa mère ; la proposition en fut faite aux Cinq-Cents par Jourdan lui-même. A cette occasion il glorifia son ami et revendiqua pour lui les honneurs du Panthéon : « L'instant viendra où « les lois me permettront de réclamer des témoignages écla- « tants de la reconnaissance nationale en faveur de la mémoire

---

[1] Bernadotte fit ouvrir l'urne en 1798 et donna une partie des cendres de Marceau à Emira; (*Notices historiques sur le général Marceau*, par Sergent).

[2] Voir: *Le général F. S. Marceau, sa vie, sa correspondance d'après des documents inédits*, par Hippolyte Maze, Paris, H. E. Martin, 1889. Nous avons donné dans ces volume toutes les pièces relatives à la profanation des restes de Marceau. — H. M.

[3] Lettre du prince de Hardenberg à Sergent datée, de Berlin le 30 octobre 1819; (*Notices historiques sur le général Marceau*, par Sergent).

commandait à Coblentz prononça l'éloge funèbre de son ancien chef. Les cendres furent recueillies dans une urne de marbre sur laquelle on grava cette inscription : *Hic cineres ubique nomen :* les cendres du héros sont ici ; son nom est partout.

Le même jour, à côté des restes de Marceau on plaça ceux de Hoche ; touchant rapprochement de ces deux grands hommes, de ces deux jeunes victorieux dans la mort et dans la tombe !

La pyramide de pierre rougeâtre dessinée par Kléber s'éleva au Petersberg ; la famille de Châteaugiron contribua largement à l'érection du monument ; on inscrivit d'un côté ces mots : « L'armée de Sambre-et-Meuse au général Marceau », et de l'autre ceux-ci ; Qui que tu sois, ami ou ennemi, respecte les cendres d'un héros. »

Cet appel ne fut pas entendu. En prairial an XII, des voleurs pénétrèrent dans le monument de Marceau, forcèrent l'urne croyant y trouver quelques pièces de monnaie et dispersèrent, en partie du moins, les cendres[2]. Plus tard, par un hasard vraiment étrange et malheureux, la construction des nouveaux retranchements d'Ehrenbreitstein obligea, paraît-il, les Prussiens à déplacer la pyramide ; le monument fut transféré, du reste avec soin, s'il faut en croire le prince de Hardenberg[3]. Quant à l'urne elle-même nous ignorons encore, malgré nos recherches, ce qu'elle est devenue.

Le Directoire prodigua les marques de sympathie à la famille de Marceau ; les Conseils votèrent une pension à sa mère ; la proposition en fut faite aux Cinq-Cents par Jourdan lui-même. A cette occasion il glorifia son ami et revendiqua pour lui les honneurs du Panthéon : « L'instant viendra où « les lois me permettront de réclamer des témoignages écla- « tants de la reconnaissance nationale en faveur de la mémoire

---

[1] Bernadotte fit ouvrir l'urne en 1798 et donna une partie des cendres de Marceau à Emira ; (*Notices historiques sur le général Marceau*, par Sergent).

[2] Voir : *Le général F. S. Marceau, sa vie, sa correspondance d'après des documents inédits*, par Hippolyte Maze, Paris, H. E. Martin, 1889. Nous avons donné dans ces volume toutes les pièces relatives à la profanation des restes de Marceau. — H. M.

[3] Lettre du prince de Hardenberg à Sergent datée, de Berlin le 30 octobre 1819 ; (*Notices historiques sur le général Marceau*, par Sergent).

STATUE DE MARCEAU PAR PRÉAULT
ÉLEVÉE A CHARTRES EN 1851

« de Marceau. Ses cendres reposent au camp retranché de
« Coblentz ; j'espère qu'elles reposeront un jour au Panthéon[1]. »
Le député Porte tint un langage analogue. « Nommer le général
« Marceau c'est réveiller dans vos cœurs le souvenir de toutes
« les vertus guerrières. Parler de ses actions, de sa vie de sa
« mort, c'est toujours parler de gloire ; elle l'a accompagné
« jusqu'au tombeau. Un jour, la postérité reconnaissante en
« retirera ses cendres pour les déposer au Panthéon[2]. »

Marceau attend toujours que les promesses de Jourdan et de Porte acclamées, il y a 90 ans, par les représentants du pays, se réalisent ; nous en avons nous-mêmes réclamé l'exécution dans une fête patriotique célébrée à Versailles, le 24 juin 1886 pour le 118e anniversaire de la naissance de Hoche[3] ; le Gouvernement que nous avons saisi de la question aurait pu la prendre en mains avec plus d'énergie et chercher au moins à connaître la vérité sur le sort des restes de Marceau[4].

S'il est exact que ces restes aient entièrement disparu pourquoi la mémoire du héros ne serait-elle pas l'objet d'un hommage spécial au Panthéon ? Ce serait satisfaire, autant que possible, au vœu de Jourdan ; ce serait surtout accomplir un acte de justice. Chartres a élevé une statue à son illustre enfant ; c'est quelque chose ; nous ne croyons pas que ce soit assez. Strasbourg, Versailles et Chartres ont rempli leur devoir envers Kléber, Hoche et Marceau ; la France n'a pas encore rempli le sien[5].

La carrière de ces héros a été traversée par bien des épreuves ; n'est-ce pas une raison de plus pour que la postérité leur paie largement sa dette.

[1] Moniteur du 8 fructidor, an V.
[2] Moniteur du 4 vendémiaire, an IV.
[3] Nous avons demandé alors que les restes de Hoche et de Marceau fussent transférés ensemble de Coblentz au Panthéon.
[4] Le jour de l'inauguration de la statue que Chartres éleva en 1851 à son glorieux enfant, on plaça sous le piédestal la partie des cendres de Marceau que Bernadotte avait données à Emira en 1798. On montre au musée de Chartres une petite urne d'albâtre dans laquelle ces cendres auraient été conservées jusqu'en 1851.
[5] Au moment où cette nouvelle édition de notre livre s'imprime, les Chambres sont sur le point de voter une proposition de loi ayant pour but de rendre un solennel hommage aux cendres de Lazare Carnot, Marceau et Hoche ; on a oublié Kléber. Nous demanderons au Sénat de réparer cette regrettable omission. (Mai 1889). H M.

Marceau a été plus malheureux encore que ses deux célèbres émules; il est mort plus jeune; il a été, plus souvent et jusqu'à son dernier jour, condamné à des tâches obscures, ingrates, alors que son génie était fait pour les grandes actions militaires car Kléber a dit de lui : « Je n'ai jamais connu aucun « général capable comme Marceau de changer avec sang-froid « et discernement un plan de bataille sur le terrain même. » Il a, en outre, beaucoup souffert dans sa vie privée ; persécuté, dès son enfance, dans sa famille, durement traité par sa propre mère, il éprouva plus d'une déception pénible dans ses amitiés et il souffrit constamment dans ses amours; Marie Anne Maugars qui, la première lui inspira un tendre attachement lui fut ravie à 21 ans; l'échafaud lui prit Angélique Des Melliers et à son tour il fut emporté au moment où il allait épouser Agathe de Châteaugiron; le jour du mariage était fixé, dit-on, quand la balle d'un chasseur tyrolien enleva Marceau à sa fiancée et à sa patrie; enfin, après avoir succombé au milieu des ennemis de la France, il n'a pas même trouvé le repos dans la mort et ses restes ont été profanés. Son caractère, son génie, sa tragique destinée font à ce jeune homme une triple auréole ; ils expliquent et justifient les hommages que ses adversaires lui ont rendus, les chants que lui ont consacrés les poètes de l'Angleterre et de l'Allemagne[1], la noble place qu'il occupe dans l'histoire, la tendre admiration que la France lui a vouée.

[1] Byron, notamment, a consacré d'admirables strophes à Marceau dans son poème de Childe-Harold.

TABLE DES MATIÈRES

KLÉBER

La première génération des soldats de la Révolution	5
I. — La jeunesse de Kléber	13
II. — La Révolution. — Kléber à Mayence	19
III. — Kléber en Vendée	25
IV. — Kléber à l'armée de Sambre-et-Meuse. — Campagne de 1794 aux Pays-Bas	33
V. — Kléber à l'armée du Rhin. — Siège de Mayence. — Retour à l'armée de Sambre-et-Meuse. — Opérations sur le Rhin	37
VI. — Campagne en 1796 en Allemagne	43
VII. — Grandes qualités de Kléber. — Son rôle au 18 fructidor. — Le soldat citoyen	51
VIII. — Kléber et Bonaparte en Egypte et en Syrie. — Désertion de Bonaparte	57
IX. — Kléber général en chef de l'armée d'Egypte. — Convention d'El-Arysch	71
X. — Violation de la Convention d'El-Arysch. — Victoire de Kléber à Héliopolis. — Son assassinat	85

HOCHE

I. — Origine et débuts de Hoche	99
II. — Hoche à Dunkerque	107

III. — Hoche général en chef de l'armée de la Moselle, puis des deux armées de la Moselle et du Rhin. — Rôle de Pichegru. — Reprise des lignes de Weissembourg et de Landau. — Rivalité de Hoche et de Saint-Just. — Hoche est appelé à l'armée d'Italie.......... 111
IV. — Mariage de Hoche. — Son arrestation. — Sa captivité. — Il est mis en liberté après le 9 thermidor................................. 117
V. — Hoche en Vendée. — Affaire de Quiberon..................... 121
VI. — Pacification de la Vendée..................................... 133
VII. — Expédition d'Irlande.. 151
VIII. — Hoche à l'armée de Sambre-et-Meuse. — Eclatants succès ; Bonaparte en arrête le cours................................... 157
IX. — Journée du 18 fructidor. — Hoche et Bonaparte............... 163
X. — Hoche commandant en chef de l'armée d'Allemagne. — Sa mort.... 169

MARCEAU

I. — Trois grands noms inséparables.............................. 197
II. — Origine de Marceau. — Son enfance.......................... 199
III. — Débuts de Marceau dans l'armée............................. 203
IV. — Marceau à Verdun... 209
V. — Marceau en Vendée. — Son arrestation. — Il sauve la vie du représentant Bourbotte. — Ses premiers rapports avec Kléber. — Son rôle à Luçon, à Chantonnay, à Mortagne, à Cholet. — Il est fait général de brigade.. 215
VI. — Batailles de Laval et d'Antrain. — Marceau devient général de division, puis général en chef par intérim. — Il triomphe au Mans et sauve Mademoiselle Angélique des Melliers. — Kléber et Marceau jugés par Rossignol.. 223
VII. — Victoire de Savenay. — Marceau et Kléber à Nantes. — Marceau à Châteaubriand et à Rennes. — Projet de mariage avec Mademoiselle Agathe de Châteaugiron.................................. 233
VIII. — Marceau à Paris. — Ses relations avec ses amis. — Il est appelé à l'armée des Ardennes. — Prise de Thuin. — Siège de Charleroi. — Bataille de Fleurus. — Jourdan et Marceau à l'armée de Sambre-et-Meuse.. 243
IX. — Suite de la Campagne de 1794. — Rôle de Marceau dans les batailles de l'Ourthe et de la Roër. — Héroïsme de l'armée de Sambre-et-Meuse.. 253
X. — Marceau s'empare de Coblentz et y séjourne. — Son portrait peint par lui-même. — Ses tristes pressentiments................... 259

XI. — Campagne de 1795. — Blocus d'Ehrenbreitstein. — Affaire du pont de Neuwied. — Marceau dans l'Hundsruck. — Sa victoire à Sultzbach. Il négocie un armistice avec l'Autriche........................ 269

XII. — Campagne de 1796. — Marceau est chargé de relier les opérations de Jourdan et de Moreau ; difficultés de sa tâche ; son attitude, ses rapports avec les vaincus. — Sa pauvreté. — Il est malade et découragé... 279

XIII. — Retraite de l'armée de Sambre et Meuse. — Marceau à Limbourg et à Freylingen. — Sa mort ; ses doubles funérailles. — Grandeur et tristesse de sa destinée.. 291

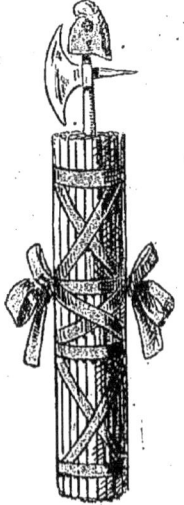

ST-DENIS. — IMPRIMERIE LÉON MOTTE, 20, RUE DE PARIS

www.ingramcontent.com/pod-product-compliance
Lightning Source LLC
Chambersburg PA
CBHW071515160426
43196CB00010B/1529